Perdas e ganhos

FUNDAÇÃO EDITORA DA UNESP

Presidente do Conselho Curador
Mário Sérgio Vasconcelos

Diretor-Presidente
Jézio Hernani Bomfim Gutierre

Superintendente Administrativo e Financeiro
William de Souza Agostinho

Conselho Editorial Acadêmico
Carlos Magno Castelo Branco Fortaleza
Henrique Nunes de Oliveira
João Francisco Galera Monico
João Luís Cardoso Tápias Ceccantini
José Leonardo do Nascimento
Lourenço Chacon Jurado Filho
Paula da Cruz Landim
Rogério Rosenfeld
Rosa Maria Feiteiro Cavalari

Editores-Adjuntos
Anderson Nobara
Leandro Rodrigues

Peter Burke

Perdas e ganhos
Exilados e expatriados na história do conhecimento na Europa e nas Américas, 1500-2000

Tradução
Renato Prelorentzou

© 2017 Editora Unesp

Título original: *Loss and Gain: exiles and expatriates in the history of knowledge in Europe and the Americas, 1500-2000*

Direitos de publicação reservados à:
Fundação Editora da Unesp (FEU)
Praça da Sé, 108
01001-900 – São Paulo – SP
Tel.: (0xx11) 3242-7171
Fax: (0xx11) 3242-7172
www.editoraunesp.com.br
www.livrariaunesp.com.br
feu@editora.unesp.br

Dados Internacionais de Catalogação na Publicação (CIP)
Odilio Hilario Moreira Junior CRB-8/9949

B959p

Burke, Peter
 Perdas e ganhos: exilados e expatriados na história do conhecimento na Europa e nas Américas, 1500-2000 / Peter Burke; tradução de Renato Prelorentzou. – São Paulo: Editora Unesp, 2017.

 Tradução de: *Loss and Gain: exiles and expatriates in the history of knowledge in Europe and the Americas, 1500-2000*
 ISBN: 978-85-393-0706-7

 1. História. 2. Desprovincialização. 3. Culturalismo. 4. Colonialismo. I. Prelorentzou, Renato. II. Título.

2017-546
CDD: 306
CDU: 572.026

Editora afiliada:

Asociación de Editoriales Universitarias de América Latina y el Caribe

Associação Brasileira de Editoras Universitárias

Sumário

Prefácio e agradecimentos 7

Introdução 13
   O vocabulário do exílio 15
   Problemas pessoais 17
   O lado bom 23
   Foco 25
   Método 28

1. O olhar desde as margens, ou os usos do deslocamento 31
   O exílio como educação 32
   O retorno do nativo 33
   Desprovincialização 34
   Visão bifocal 47
   Teoria 50
   Receptividade 52

2. Um tema global 55
   Bizantinos, persas e árabes 56
   Monges itinerantes, cristãos e budistas 58
   Jornalismo 59

3. Exílios do início da Era Moderna   61
As diásporas de gregos, judeus e muçulmanos   61
A diáspora muçulmana   72
A diáspora católica   73
A diáspora protestante   80
O êxodo dos anos 1680   91

4. Três tipos de expatriado   113
Expatriados comerciais   115
Expatriados religiosos: os missionários   131
Expatriados acadêmicos   150
Expatriados do final do período moderno   164

5. O Grande Êxodo   173
Revolução e exílio   173
A diáspora russa   177
O Grande Êxodo   183
Duas instituições imigrantes   203
Duas disciplinas: sociologia e história da arte   206
Outras disciplinas   214
Mediação   219
Distanciamento   221
Síntese   225
A personalidade autoritária   230
Perdas e ganhos   231
Epílogo: depois de 1945   235

Apêndice: cem acadêmicas no exílio na década de 1930   243

Referências bibliográficas   259

Prefácio e agradecimentos

Assim como meus pais, tive a sorte de não viver a experiência do exílio, mas todos os meus quatro avós nasceram fora da Grã-Bretanha. A família de minha mãe era de exilados, no sentido de terem sido refugiados, ou, para usar a dicotomia empregada com tanta frequência nos estudos da migração, "empurrados" para longe do Império Russo, por medo dos *pogroms*. A família de meu pai, por sua vez, era de expatriados, "puxados" do oeste da Irlanda para o norte da Inglaterra pela esperança de uma vida melhor, optando por se mudarem para um lugar que oferecia novas oportunidades.

Como estudante e professor universitário britânico desde 1957, foi impossível não conhecer muitos exilados e expatriados como colegas de academia, não ter feito amizade com alguns deles e não ter entrado em discussões com outros tantos ao longo dos anos. Em Oxford, aprendi muito nos seminários e palestras de Edgar Wind; no St. Antony's College, János Bak me iniciou nos estudos de história húngara, e Juan Maiguashca, nos de história latino-americana e em muito mais. Fora de Oxford, aprendi muito nos diálogos com Arnaldo Momigliano, em uma espécie de conversa prolongada que se

Prefácio e agradecimentos

deu em três países e por mais de vinte anos, assim como nos encontros muito menos frequentes com Ernst Gombrich e Eric Hobsbawm.

De maneira similar, trinta anos de conversas com David Lowenthal e Mark Phillips me ensinaram muito sobre a distância – e também sobre a proximidade.

Nos primórdios da Universidade de Sussex, fiquei muito amigo do sociólogo Zev Barbu, um romeno que se opunha ao regime comunista do pós-guerra, e do historiador da arte Hans Hess, que deixara a Alemanha em 1933. Também tive conversas frequentes com o historiador indiano Ranajit Guha, com o anglo-italiano John Rosselli (filho de Carlo, exilado que fora morto pelos fascistas na França), com o filósofo István Mészáros (ex-aluno de Georg Lukács) e com Eduard Goldstuecker, que se tornou professor de literatura comparada em Sussex depois de ter sido forçado a deixar a Tchecoslováquia, no ano de 1968. Em Cambridge, conheci outros exilados, incluindo mais dois tchecos, Ernest Gellner e Dalibor Vesely, o eslovaco Mikuláš Teich e o húngaro István Hont, bem como Toshio Kusamitsu, expatriado japonês.

Outras dívidas estão mais estreitamente ligadas à elaboração deste livro. O catalisador foi o convite para proferir as conferências Menahem Stern à Sociedade Histórica de Israel, na primavera de 2015. Sou extremamente grato pelo convite e pela organização impecável de Maayan Avineri-Rebhun para minha visita, bem como pela calorosa reação do público presente e pela hospitalidade e as conversas em Jerusalém com Albert I. Baumgarten, Yaacov Deutsch, Aaron L. Katchen e, em especial, Yosef Kaplan.

Pepe González, Tanya Tribe e Ulf Hannerz me convidaram para apresentar artigos sobre o papel dos exilados na história da sociologia e da história da arte na Inglaterra, artigos estes que eu não sabia que se transformariam em um livro. Os conselhos e referências de Pepe me ajudaram a melhorar o que eu havia escrito sobre os exilados espanhóis dos anos 1930 no México e em outros lugares. Joanna Kostylo, expatriada polonesa, permitiu que eu lesse os esboços de seus capítulos sobre médicos italianos protestantes na Polônia do século

8

XVI. Eamon O'Flaherty contribuiu com informações valiosas sobre exilados irlandeses e exilados na Irlanda. David Maxwell me encorajou a estudar os missionários na África e Peter Burschel, a me concentrar no que foi perdido, especialmente pela Alemanha no século XX. Quanto às referências, livros, sugestões e conversas on-line, também gostaria de agradecer a Ângela Barreto Xavier, Antoon de Baets, Alan Baker, Melissa Calaresu, Luke Clossey, Natalie Davis, Simon Franklin, Elihu Katz, David Lane, David Lehmann, Jennifer Platt, Felipe Soza e Nicholas Terpstra. O público presente em palestras sobre esses temas em Ancara, Cambridge, Graz, Madri, Medellín, Rio de Janeiro, Viena e Zurique me deu muitas ideias. Yosef Kaplan, Mikulaš Teich e Joan-Pau Rubiés leram partes do manuscrito, e minha esposa Maria Lúcia García Pallares-Burke leu o livro todo e fez sugestões valiosas, como sempre.

Em memória de meus avós, todos imigrantes.
Para Maria Lúcia, minha expatriada favorita.

Introdução

Em 1891, quando essa observação ainda não era um lugar-comum, o grande historiador de fronteiras Frederick Jackson Turner disse que "cada época reescreve a história do passado à sua maneira, com referência às mais elevadas condições de seu próprio tempo".[1] À medida que avançamos rumo ao futuro, tendemos a olhar para o passado a partir de novos ângulos. A ascensão da demografia histórica nos anos 1950, por exemplo, foi uma resposta aos debates coevos sobre a explosão populacional, e os acontecimentos de maio de 1968 em Paris estimularam os estudos sobre as primeiras revoltas populares modernas publicados nos anos 1970 na França e em toda parte. Nos dias de hoje, parece bem óbvio que a história ambiental responde aos debates atuais sobre o futuro do planeta; a história global, às discussões sobre a globalização; a história das diásporas, às preocupações sobre a migração; e a história do saber, aos debates sobre nossa "sociedade do conhecimento".

---

1 Turner, The Significance of History. In: Mood (org.), *The Early Writings of Frederick Jackson Turner*, p.47-8.

Introdução

Alguns acadêmicos de gerações anteriores chegaram a abordar esses temas. Os imigrantes, por exemplo, foram estudados por historiadores que eram, eles próprios, imigrantes (como Piotr Kovalevsky, que escreveu sobre a diáspora russa) ou então por seus filhos, como é o caso de Oscar Handlin, nascido no Brooklyn de pais judeus russos, autor de *Boston's Immigrants* [Imigrantes de Boston] (1941) e *The Uprooted* [Os desenraizados] (1951), ou, mais recentemente, de Marc Raeff, nascido em Moscou, educado em Berlim e Paris, professor em Nova York e autor de *Russia Abroad: A Cultural History of the Russian Emigration, 1919-1939* [A Rússia no exterior: história cultural da emigração russa] (1990). Ainda assim, é notável o aumento do interesse pela história das diásporas e pela história do conhecimento desde o começo do século XXI.

Partir de preocupações atuais não é motivo para constrangimento, nem individual nem coletivo. Os historiadores profissionais rejeitam aquilo que às vezes chamam de "presentismo", mas é necessário distinguir perguntas e respostas. Sem dúvida, temos todo o direito de fazer *perguntas* provocadas pelo presente, só precisamos é evitar *respostas* provocadas pelo presente, obliterando a alteridade e a estranheza do passado. Dessa forma, os historiadores podem contribuir para a compreensão do presente através do passado, vendo o presente de acordo com a perspectiva do longo prazo.

Este livro se localiza no cruzamento das duas tendências que acabei de mencionar, a história do conhecimento e a história das diásporas, concentrando-se nos exilados e expatriados e no que se poderia chamar de seus saberes "deslocados", "transplantados" ou "traduzidos". Talvez se possa descrevê-lo, a exemplo de meus dois volumes anteriores, como um ensaio em história social, em sociologia histórica ou antropologia histórica do conhecimento, inspirado pelos trabalhos de Pierre Bourdieu, Michel Foucault e Karl Mannheim. Este último, duas vezes exilado, da Hungria para a Alemanha e, depois, da Alemanha para a Inglaterra, defendia que o conhecimento era socialmente situado. Seu argumento tinha a intenção de se aplicar a todo mundo,

Introdução

mas em particular é óbvio no caso dos exilados, que tiveram de responder a grandes mudanças em suas situações.[2]

O vocabulário do exílio

Em hebraico, a palavra que descreve a migração mais ou menos forçada é *galut*. Já *exiles* é um termo antigo de muitas línguas europeias.[3] Em italiano, *esilio* é a palavra que Dante usa para descrever o estado de exílio, o qual ele conhecia muito bem, e *èsule*, termo que se refere a um exílio individual, é usado pelo historiador do século XVI Francesco Guicciardini. Ariosto se refere a *prófugo*, no sentido de alguém que fugiu, e Maquiavel emprega um termo mais neutro, *fuoruscito*, alguém que foi embora. Na Espanha, a palavra *exilio* só começou a ser usada no século XX. O tradicional termo espanhol *destierro*, "desenraizar-se", é vividamente concreto em sua referência à perda da terra natal. Um exilado relativamente otimista, o filósofo espanhol José Gaos, que se refugiou no México depois da Guerra Civil, preferia o neologismo *transtierro*, declarando que não se sentia "desenraizado no México mas [...] transplantado" (*no me sentía en México desterrado, sino... transterrado*). Seu companheiro de exílio Adolfo Sánchez Vázquez, porém, discordava veementemente de Gaos nesse aspecto.[4]

Gaos pode ter tido uma sorte excepcional em seu novo ambiente, mas o conceito que ele apresenta é valioso, assim como a ideia de "transculturação" (*transculturación*), que o sociólogo cubano Fernando Ortiz cunhou para substituir o termo "aculturação", usado pelos

---

2 Mannheim, The Problem of a Sociology of Knowledge. In: _____, *Essays in the Sociology of Knowledge*, p.134-90; Burke, *A Social History of Knowledge from Gutenberg to Diderot*; Id., *A Social History of Knowledge from the Encyclopédie to Wikipedia*.

3 Baer, *Galut*.

4 Gaos, La adaptación de un español a la sociedad hispanoamericana, *Revista de Occidente* 14, p.168-78; Sánchez Vázquez, *Del exilio en Mexico*, p.34 e *passim*. Sobre Gaos, veja Pie, Metáforas del exilio, *Revista de Hispanismo Filosófico* 18, p.71-8, 72-3.

Introdução

antropólogos da época (anos 1940).[5] Diferentemente de "conceitos unilaterais", como aculturação ou assimilação, *transculturación* e *transtierro* indicam que a mudança ocorre para ambos os lados do encontro, como irão sugerir muitos dos exemplos mais adiante.[6] *Refugees* é um substantivo registrado pela primeira vez – de modo muito oportuno – em francês e inglês, em 1685, ano da expulsão dos protestantes da França, depois da revogação do Édito de Nantes. Exemplos da nova palavra incluem a *Histoire de l'établissement des François réfugies dans... Brandebourg* [História do estabelecimento dos refugiados franceses em Brandemburgo], publicado em Berlim por Charles Ancillon, ele mesmo um refugiado, em 1690, e o *Avis important aux réfugiés sur leur prochain retour en France* [Importante aviso aos refugiados em seu próximo regresso à França], publicado anonimamente na Holanda, no mesmo ano. O termo alemão *Flüchtling*, alguém que fugiu, também data do século XVII, ao passo que *Verfolgte*, que se refere a alguém procurado ou perseguido, é mais recente. A expressão *displaced persons* [pessoas deslocadas] tem cunhagem relativamente nova, registrada pela primeira vez ao fim da Segunda Guerra Mundial, embora uma *List of Displaced German Scholars* [Lista dos acadêmicos alemães deslocados] tenha sido publicada em Londres no ano de 1936.[7]

Quanto a *expatriates*, no sentido de migrantes voluntários, o termo aparece em inglês no início do século XIX. Os expatriados às vezes são descritos como alguém que foi "puxado" para um novo país, e não "empurrado" para fora da terra natal. Essa linguagem mecanicista obscurece as escolhas que os refugiados tinham de fazer, mesmo que elas fossem difíceis e limitadas. Em outras palavras, a diferença entre a migração voluntária e a forçada nem sempre é clara, trata-se de

---

5 Ortiz, *Contrapunteo cubano*. A palavra *transculturación* aparece no subtítulo do livro.

6 Baets, Exile and Acculturation, *International History Review* 28, p.316-35, esp. 329.

7 Sobre os termos em inglês, veja *Oxford English Dictionary*; sobre os termos em francês, veja Basnage, Dictionnaire. In: Van der Linden, *Experiencing Exile*, p.11n.

Introdução

uma distinção de grau, não de natureza.[8] Para citar exemplos que serão discutidos mais adiante, nos anos 1930 alguns acadêmicos judeus alemães na Turquia e alguns acadêmicos republicanos espanhóis no México podiam ser descritos como exilados (uma vez que foram praticamente forçados a deixar a terra natal), mas também como expatriados (pois foram convidados pelos países de destino). Do mesmo modo, nos anos 1970, alguns intelectuais latino-americanos não foram expulsos nem corriam grandes riscos, mas partiram porque repudiavam os regimes antidemocráticos. Nos casos duvidosos, irei recorrer aos termos neutros "emigrante" ou *émigré*, que também serão empregados quando discutirmos exilados e expatriados em conjunto.

Problemas pessoais

De um ponto de vista subjetivo, às vezes é difícil aceitar o rótulo de "refugiado" ou "exilado". O escritor chileno Ariel Dorfman rejeitava o termo "refugiado", preferia se dizer "exilado". A filósofa alemã Hannah Arendt declarou em 1943: "Não gostamos que nos chamem de 'refugiados'. Nós mesmos nos chamamos de 'recém-chegados' ou 'imigrantes'". De maneira similar, John Herz (cujo nome de origem era Hans Hermann Herz), um importante cientista político que se mudou da Alemanha para os Estados Unidos nos anos 1930, não falava de exílio, mas sim de "emigração".[9]

Algumas pessoas não aceitavam nenhum desses rótulos. Ficaram em negação durante um bom tempo depois de sua chegada, pensando que iriam se ausentar da terra natal apenas por um breve período. A socióloga Nina Rubinstein, filha de refugiados da Rússia e, mais tarde,

---

8 Lucassen; Lucassen (orgs.), *Migration, Migration History, History*, p.11.
9 Arendt, We Refugees. In: Feldman (org.), *The Jew as Pariah*, p.55-66, esp. 55; Dorfman, cit. em Sznajder; Roniger, *The Politics of Exile in Latin America*, p.28. Sobre Herz, veja Stirk, International Law, Émigrés and the Foundation of International Relations. In: Rösch (org.), *Émigré Scholars and the Genesis of International Relations*, p.61-80, esp. 75.

Introdução

refugiada da Alemanha a partir de 1933, escreveu que essa fase inicial de negação ou descrença foi recorrente na história dos deslocamentos. A negação é bem clara no caso de alguns huguenotes que nos anos 1680 deixaram a França com a expectativa de pronto retorno, como o pastor Pierre Jurieu. Em 1935, dois anos depois de sua chegada à Grã-Bretanha, o historiador da arte Nikolaus Pevsner "não se via como emigrante nem como refugiado".[10] A negação é uma das histórias a se contar sobre os exílios. Há outras tantas, e muitas delas implicam a perda à qual se refere o título deste livro. Transplantar-se da terra natal para o que seria conveniente chamar de "terra acolhedora" envolve o trauma do deslocamento e a ruptura na carreira, sensações de insegurança, isolamento e nostalgia, além de problemas práticos, como desemprego, pobreza, dificuldades com o idioma estrangeiro, conflitos com outros exilados e com algumas das pessoas do local (pois o medo e o ódio contra os imigrantes não são novidade).[11] Não se deve esquecer a perda do *status* profissional que se segue à imigração, como nos lembram os vários casos do "Grande Êxodo" de acadêmicos judeus nos anos 1930 (Karl Mannheim, Victor Ehrenberg e Eugen Täubler, por exemplo, que serão discutidos no Capítulo 4).

O choque do exílio também inclui a perda da antiga identidade individual. Sem dúvida, foi muito significativo que, ao escrever sob um pseudônimo, a historiadora da arte Kate Steinitz tenha escolhido "Annette C. Nobody" [Annette C. Ninguém]. A mudança de nome muitas vezes simbolizou a luta para se construir uma nova identidade. Assim, o crítico e jornalista austríaco Otto Karpfen se tornou Otto Maria Carpeaux em sua nova vida no Brasil, e o sociólogo polonês

---

10 Sobre a negação, veja Rubinstein, *Die französische Emigration nach 1789*, p.93, 176. Veja também uma entrevista com Rubinstein em 1987, cit. por Kettler; Loader; Meja, *Karl Mannheim and the Legacy of Max Weber*, p.148-9. Sobre Jurieu e os huguenotes, veja Labrousse, *Pierre Bayle*, p.203, 209. Sobre Pevsner, veja Harries, *Nikolaus Pevsner*, p.190.

11 Laguerre, The Transglobal Network Nation. In: Ben-Rafael; Sternberg, *Transnationalism*, p.195-210. Em alemão, o termo *Gastland*, no sentido de terra de acolhimento, é mais antigo: Rubinstein, op. cit., p.92.

Introdução

Stanisłas Andrzejewski, ao perceber que os ingleses não conseguiam pronunciar seu nome, mudou-o para Stanislav Andreski.[12]

Em suma, o exílio provou ser uma experiência traumática para muitas pessoas, o que às vezes as levou ao suicídio, como aconteceu com o escritor Stefan Zweig e também com Edgar Zilsel, filósofo e historiador da ciência que um colega descreveu como "extraordinariamente brilhante". Os dois eram judeus austríacos que fugiram em 1938, quando a Alemanha nazista invadiu seu país. Zweig foi parar no Brasil, Zilsel nos Estados Unidos. Zweig ainda é bastante conhecido, Zilsel foi quase esquecido. Ele obteve uma bolsa de pesquisa da Fundação Rockefeller e um cargo de professor no Mills College, na Califórnia, mas se matou com uma overdose de remédios para dormir, em 1944. A carreira interrompida desse pioneiro da sociologia histórica da ciência foi considerada "um trágico caso de fracasso em passar o conhecimento".[13] Zilsel não foi o único intelectual exilado a cometer suicídio. Outros exemplos incluem o romanista Wilhelm Friedmann, o medievalista Theodor Mommsen, o historiador espanhol Ramón Iglesia, a historiadora alemã Hedwig Hintze e a historiadora da arte alemã Aenne Liebreich (assim como Walter Benjamin, as duas se mataram quando viram sua fuga bloqueada).

Um grande problema para os exilados do século XX, em particular, foi a necessidade de ser fluente em um novo idioma. Sob esse aspecto, a situação de muitos exilados do início do período moderno foi mais fácil, pois o latim era a *lingua franca* dos acadêmicos na época da *Republica literarum*, e o francês era falado e compreendido em muitos lugares da Europa. Escritores imaginativos como Zweig provavelmente sentiram mais fundo essa perda da oportunidade de usar a

---

12 Ouvi Andreski dizer essas palavras nos anos 1960, quando de sua visita à Universidade de Sussex.

13 Stadler, Transfer and Transformation of Logical Empiricism. In: Hardcastle; Richardson (org.), *Logical Empiricism in North America*, p.216-33, esp. 222. Veja também Raven; Krohn, Edgar Zilsel. In: Zilsel, *The Social Origins of Modern Science*, p.xix-lix.

Introdução

língua nativa no exterior. Pensemos, por exemplo, no destino trágico do romancista húngaro Sándor Márai, um dos escritores de maior sucesso na Hungria dos anos 1930 e 1940. Opositor do novo regime comunista, Márai deixou o país em 1948. O regime reagiu banindo seus livros da Hungria. Fora do país, eles circulavam livremente, mas só podiam ser lidos pelas poucas pessoas que sabiam húngaro. Não é de surpreender que Márai tenha escrito muito pouco nos quarenta anos de vida que lhe restaram antes de se suicidar. Os exilados acadêmicos também sofreram com isso, mas em menor grau. Um pesquisador que deu testemunho vívido desse problema foi o historiador da arte austríaco Hans Tietze, que tinha 58 anos quando se exilou, "comparando sua nova fala com o uso forçado de uma peneira que deixava escoar todas as sutilezas e inflexões". Outro caso foi o do estudioso de literatura italiano Leonardo Olschki, que se refugiou nos Estados Unidos em 1939 e escreveu, com humor ácido, que, entre seus colegas de exílio, eles se referiam ao tipo de inglês que estavam aprendendo a falar como "Desperanto".[14]

Outra testemunha foi o historiador da arte alemão Erwin Panofsky, que observou que um acadêmico de humanidades vivendo no exterior

se encontra diante de uma verdadeira encruzilhada. Nele, a formulação estilística é parte intrínseca do sentido que tenta transmitir. Em consequência, quando escreve em uma língua que não a sua, ele machuca os ouvidos do leitor com palavras, ritmos e construções pouco familiares; quando pede para alguém traduzir seu texto, ele se dirige a seu público usando peruca e nariz falso.

Como sugere essa passagem, Panofsky, aqui escrevendo em inglês, logrou escapar da encruzilhada, mas alguns de seus colegas jamais

---

14 Leonardo Olschki a Karl Vossler, 9 fev. 1947, citado in: Christmann; Hausmann (orgs.), *Deutsche und österreichische Romanisten als Verfolgte des National Sozialismus*, p.255.

Introdução

conseguiram. Como o exilado Pevsner notou ao analisar a versão inglesa do estudo clássico de Paul Frankl sobre o gótico, o resultado era que o "sentido se perdia".[15] W. G. Sebald, vivendo como expatriado na Inglaterra (mas escrevendo no alemão nativo), destilou em seus romances muitos relatos de sobrevivência e morte, adaptação e recusa em se adaptar, incluindo as quatro histórias vividamente imaginadas de *Os emigrantes* (1992). Essas histórias de vida ilustram o argumento que Theodor Adorno defendeu, com seu usual dogmatismo, depois de voltar do exílio nos Estados Unidos: "Todo intelectual emigrado está, sem exceção, mutilado (*beschädigt*)".[16] Os exilados são, tanto intelectual quanto emocionalmente, deslocados.

Para dar um exemplo do século XVI, podemos citar o estudioso e tipógrafo Henri Estienne, protestante que fugiu de Paris para Genebra. Seu genro, o erudito Isaac Casaubon, disse que Estienne "não conseguia voltar para casa nem encontrar um bom lugar noutra parte". Essa descrição pode lembrar a alguns leitores do escritor austríaco Stefan Zweig as palavras que ele usou para descrever a si mesmo, "desabrigado em todos os países", ou então as do crítico Edward Said, "fora do lugar em toda parte".[17]

Pensando na insegurança dos exilados, podemos tomar o caso de dois húngaros, ambos judeus, que fugiram de seu país em 1919, quando o regime de inspiração soviética de Béla Kun foi derrubado pelo almirante Horthy, dando início ao Terror Branco. Morando em Viena, o crítico e filósofo Georg Lukács andava com uma pistola no bolso, para se proteger de alguém que pudesse sequestrá-lo e levá-lo de volta para a Hungria. O físico Leo Szílárd, que em 1933 vivia em Berlim, mantinha

---

15 Eisler, *Kunstgeschichte* American Style. In: Fleming; Bailyn (orgs.), *The Intellectual Migration*, p.544-629, esp. 578; Panofsky, carta a Abraham Flexner, 1938, citado in: Michels, *Transplantierte Wisssenschaft*, p.119; Pevsner citado ibid., p.123.

16 Adorno, *Minima Moralia*, p.13.

17 Casaubon citado in: Considine, *Dictionaries in Early Modern Europe*, p.98; Zweig citado in: Prochnik, *The Impossible Exile*, p.40; Said, *Out of Place*.

Introdução

os pertences mais importantes guardados em duas malas, pois assim estaria pronto para se deslocar de imediato, a qualquer momento.[18] Os expatriados também tiveram de encarar problemas sérios de vez em quando. Eles sofriam com a nostalgia, mesmo que pudessem voltar para casa, caso quisessem. Como sugerem os diários de Malinowski publicados depois de sua morte, os antropólogos às vezes têm uma sensação de isolamento quando fazem trabalho de campo entre pessoas com hábitos muito diferentes dos seus. Os expatriados, até mesmo os mais hábeis, podem encontrar dificuldades para fazer carreira no país que escolheram. Vejamos o caso de Rüdiger Bilden, pioneiro nos estudos brasileiros e latino-americanos. Bilden era um alemão que decidiu emigrar para os Estados Unidos ainda jovem, aos 21 anos, chegando ao país pouco antes da eclosão da Primeira Guerra Mundial. Estudava na Universidade Columbia, onde acadêmicos do calibre de Franz Boas achavam que ele tinha um futuro brilhante pela frente. Esse futuro nunca se realizou. Bilden jamais obteve um cargo acadêmico permanente e, embora tivesse um monte de ideias, publicava muito pouco. Foi, em parte, vítima de seu próprio perfeccionismo e não chegou a terminar a tese de doutorado, mas também teve a infelicidade de estar no lugar errado na hora errada, alemão nos Estados Unidos durante duas guerras mundiais e a Grande Depressão. Morreu pobre e desconhecido, enquanto um jovem amigo dele, o brasileiro Gilberto Freyre, construiu sua reputação desenvolvendo ideias que Bilden apresentara anos antes.[19] Na história dos exilados e expatriados, assim como na história em geral, há perdedores e vencedores.[20]

---

18 Congdon, *Exile and Social Thought*; Szilard, Reminiscences. In: Fleming; Bailyn, *The Intellectual Migration*, p.94-151, esp. 95.

19 Pallares-Burke, *O triunfo do fracasso*.

20 Epstein, *Schicksalsgeschichte*: refugee historians in the United States. In: Lehmann; Sheehan (orgs.), *An Interrupted Past*, p.116-35.

Introdução

Uma vez ouvidas, é difícil esquecer as histórias dos perdedores, assim como os problemas cotidianos dos exilados, mesmo os da vida dos mais bem-sucedidos. Pouco depois de chegar à Inglaterra, Pevsner escreveu à esposa: "Não vai ser fácil nadar nessas águas. Cada frase, cada palestra, cada livro, cada conversa aqui significa algo completamente diferente do que significaria em casa".[21] O fato de alguns *emigrés* terem se mudado de um país a outro, a vários outros, sugere que o estabelecer-se não era um processo simples. "Novos nichos apresentam novas exigências para a sobrevivência."[22] Para se sair bem no exterior, muitas vezes é necessário se reinventar, entrar em um novo campo ou dominar uma nova disciplina.

O lado bom

Este livro se concentra em algumas consequências positivas do exílio, no lado bom das coisas, vendo-as como uma das "bênçãos da adversidade", como diz o antropólogo holandês Anton Blok. Ele argumenta que pessoas que ficaram famosas por serem inovadoras normalmente passaram por dificuldades incomuns na vida e na carreira, desafios aos quais responderam de maneira criativa.[23] No entanto, não creio que tenha sido melhor assim. O tema central deste estudo, as singulares contribuições dos exilados e expatriados à criação e à disseminação do conhecimento, privilegia necessariamente os aspectos positivos. Mas não podemos esquecer as carreiras interrompidas, os livros que talvez fossem escritos e as contribuições ao saber que poderiam ter ocorrido se não fosse o exílio, ainda que não consigamos calcular essas perdas. Mesmo os ganhos são, muitas vezes, "imensuráveis", como no caso dos historiadores alemães refugiados dos

---

21 Citado in: Games, *Pevsner*, p.202.
22 Hoch; Platt, Migration and the Denationalization of Science. In: Crawford et al. (org.), *Denationalizing Science*, p.133-52, esp. 143.
23 Blok, *The Blessings of Adversity*.

Introdução

anos 1930, de quem se diz que a "maior influência" na Grã-Bretanha e nos Estados Unidos foram o ensino e os encontros pessoais, e não as publicações.[24]

Muitos exilados conseguiram certo sucesso ao transplantar-se seguindo uma das três estratégias que o advogado Franz Neumann listou nos anos 1950: assimilação da cultura da terra acolhedora, resistência a tal cultura ou, a mais fecunda das três, a integração ou síntese de elementos das duas culturas.[25] A segunda estratégia dos exilados era a segregação voluntária, uma tentativa de reconstruir a antiga comunidade em terra estrangeira, vivendo perto dos companheiros de exílio, falando a língua nativa, frequentando as próprias escolas, lendo os próprios jornais, orando nas próprias igrejas, sinagogas e mesquitas, e assim criando uma Pequena Itália, uma Pequena Alemanha, uma Pequena Rússia com seus próprios padrões de sociabilidade. O texto de Nina Rubinstein sobre os refugiados da Revolução Francesa enfatizou seu desejo de permanecer juntos, e não de se ajustar à cultura do país que os acolhera.[26] Como Neumann indicou, também era possível seguir um tipo de caminho do meio. Este livro sugere que as contribuições ao conhecimento vieram, em especial, de estudiosos que se localizavam em algum ponto entre os dois extremos.

A experiência do exílio também variou conforme as gerações. A adaptação à cultura da terra acolhedora geralmente era mais difícil para a primeira geração de adultos migrantes e mais fácil para as gerações mais novas. Como resultado, os papéis às vezes se invertiam, com os filhos se tornando "guardiões e provedores" dos pais – como no caso do editor George Weidenfeld, que chegou a Londres com a família no ano de 1938.[27] Quanto à terceira geração, a dos netos, podia ser que eles nem se considerassem exilados, embora ainda estivessem

---

24 Epstein, op. cit., p.135.
25 Neumann, The Social Sciences. In: Neumann (org.), *The Cultural Migration*, p.4-26.
26 Rubinstein, *Die französische Emigration*.
27 Weidenfeld, *Remembering My Good Friends*, p.94.

Introdução

marcados pela experiência de crescer em uma família mais ou menos estrangeira. Pessoas de todas as três gerações tiveram papel importante tanto na criação quanto na circulação de conhecimento. A recepção das ideias dos exilados no novo lar também variou de acordo com as gerações. A contribuição mais importante que os recém-chegados tinham a dar não era informação, mas um jeito de pensar, uma mentalidade ou *habitus* diferentes daqueles que predominavam no país em que se estabeleceram. Em consequência, os refugiados nem sempre foram bem compreendidos ou apreciados pelos membros de sua geração ou das gerações mais velhas. A geração seguinte, por outro lado, incluindo aí os alunos dos exilados, esteve mais aberta às suas ideias. No longo prazo, a chegada dos exilados fez muita diferença nos países que os acolheram, embora muitos deles não tenham vivido o bastante para vê-lo.

Foco

Este livro apresenta uma seleção de estudos de caso da história do conhecimento na Europa e nas Américas ao longo dos últimos quinhentos anos, ou, mais precisamente, de 1453, quando os otomanos tomaram Constantinopla, até 1976, quando um regime militar se estabeleceu na Argentina. Para manusear esse tema imenso, foi preciso limitá-lo. Apesar da importância da "migração de habilidades", as páginas a seguir se concentram em cientistas e acadêmicos e em suas contribuições para a "comunidade de aprendizagem" e a "república da ciência".

Dentro do mundo acadêmico, falarei relativamente pouco sobre as ciências naturais, embora breves referências às várias ciências venham a aparecer de quando em quando, com propósitos comparativos. Essa omissão se deve, até certo ponto, àquilo que a Igreja Católica chama, ou chamava, de uma "ignorância invencível" de minha parte. Em todo caso, a produção de conhecimento dos cientistas depende menos de onde eles vivem do que no caso das humanidades, mesmo que eles descubram novas plantas no exterior ou elaborem novas hipóteses em

25

Introdução

discussões com colegas estrangeiros. Nas ciências humanas e sociais, os efeitos do deslocamento na produção do saber são mais pervasivos.

Ao discutir esses efeitos, às vezes tomarei exemplos de minha profissão, algo apropriado a um estudo que foi ganhando forma a partir de palestras que dei na Sociedade Histórica de Israel. Como se preocupa com a produção e também com a disseminação do conhecimento, este livro reserva um lugar especial a alguns grupos não acadêmicos, em especial a tradutores, tipógrafos, jornalistas e editores, que aparecerão com frequência nas próximas páginas, ao lado de alguns bibliotecários – desde Walter Gottschalk, da Universidade de Istambul, até Willi Gutsmann, da Universidade de East Anglia. De fato, alguns dos tipógrafos-editores dos primórdios da Europa moderna, como os exilados Prosper Marchand e Jean-Frédéric Bernard, achavam que seu principal papel era a propagação de certos tipos de conhecimento, e o mesmo se pode dizer sobre editores russos na Berlim dos anos 1920 ou editores espanhóis na Cidade do México e em Buenos Aires na década de 1940.

Estreitando um pouco mais o tema, viajantes, estudantes e diplomatas ficarão todos de fora da categoria de expatriados aqui discutida, sob o argumento de que eles tendem a morar em outro país durante um período relativamente curto. O mesmo vale para os exilados internos, que se opõem ao sistema político ou religioso e tentam viver em seu próprio país como se estivessem no exterior. Os primórdios da Europa moderna fornecem inúmeros exemplos de pessoas que não aceitavam a religião oficial em seu pedaço do mundo, mas ficaram de cabeça baixa – judeus e muçulmanos em países cristãos, católicos em países protestantes (e vice-versa) e grupos cujas opiniões eram heterodoxas em toda parte, como a *Familia Caritatis*, cujos membros provavelmente incluíam o tipógrafo Christophe Plantin, o geógrafo Abraham Ortelius e o estudioso da Bíblia Benito Arias Montano. No século XX, os dissidentes políticos foram desde o linguista judeu Victor Klemperer, que sobreviveu na Alemanha de Hitler e confiou seus pensamentos subversivos a um diário, até o físico nuclear russo Andrei Sakharov,

Introdução

que fez campanha pelos direitos humanos e sofreu um exílio interno, banido de Moscou para Gorki.

Romancistas e poetas exilados e expatriados – Camões, Cervantes, Conrad, Mickiewicz, Joyce e Nabokov, por exemplo – também ficaram de fora deste estudo, porque em algum momento a gente tem de botar um ponto final, e, ainda assim, o tema deste livro continua bem extenso, para dizer o mínimo. Não seria difícil escrever um estudo sobre escritores imaginativos no exílio com essa mesma escala. O distanciamento com que Henry James observou tanto a Grã-Bretanha quanto os Estados Unidos se encaixa muito bem em um dos tópicos centrais deste livro.[28] De maneira similar, os romances de Ruth Prawer Jhabvala, que nasceu na Alemanha, cresceu na Inglaterra e por décadas viveu na Índia e nos Estados Unidos, revelam a perspicácia do olhar forasteiro. Voltando esse olhar aguçado para a própria condição, Jhabvala declarou em um discurso público no ano de 1979: "Estou diante de vocês como uma escritora sem nenhum chão a partir do qual escrever: soprada de um país a outro, de uma cultura a outra, até me sentir, até ser, nada. Mas acontece que gosto disso". Ela voltou ao assunto em outras ocasiões:

> Uma vez refugiada, sempre refugiada. Não consigo me lembrar de uma vez em que não me sentisse bem onde quer que estivesse, mas você não presta toda a sua fidelidade a um lugar, nem quer se identificar totalmente com a sociedade na qual está vivendo.[29]

O que este livro tentará revelar é a contribuição extraordinária, desproporcional dos exilados e expatriados não apenas para a disseminação do conhecimento, mas também para sua criação. Vivendo na Grã-Bretanha dos dias de hoje, é difícil não se dar conta dos aportes

---

28 Sobre as artes, veja Jackman; Borden (orgs.). *The Muses Flee Hitler*; Snowman, *The Hitler Emigrés*.

29 Ambas as passagens citadas em seu obituário, *The Independent*, 4 abr. 2013.

de exilados e outros imigrantes à vida intelectual do país (mesmo que algumas pessoas, incluindo ministros de Estado, consigam fazê-lo).

Ainda assim, antes de começar a trabalhar neste livro, eu não sabia o quanto os exilados haviam contribuído, não apenas na Grã-Bretanha (e ainda mais nos Estados Unidos, terra de imigrantes), mas também em outras partes do mundo.

Método

Para mensurar a contribuição dos exilados ao conhecimento, seria necessário comparar suas realizações com as de um grupo de controle de não exilados, equiparados aos primeiros em todos os outros aspectos – condições estas praticamente impossíveis aos historiadores. Então, as páginas a seguir se concentram em alguns estudos de caso. O foco estará na relação entre as contribuições ao conhecimento feitas pelos exilados e a situação dos grupos ou indivíduos que as fizeram.

Embora minha abordagem não seja de fato global, ela será ao menos comparativa. Um dos objetivos é traçar um panorama, um relato dos principais movimentos de exilados acadêmicos no Ocidente ao longo de mais de cinco séculos, apresentando alguns estudos de caso com mais detalhes e, espero, mais profundidade. Outro objetivo é manter um equilíbrio entre a ênfase em processos recorrentes e o destaque de contextos específicos, por meio de comparações e contrastes explícitos.

Os historiadores comparativos costumam se preocupar com diferentes lugares, e não com diferentes épocas. Mas, a meu ver, comparações e contrastes sistemáticos entre diferentes períodos da história também são necessários para se estabelecer a especificidade de cada tempo. Quais são, por exemplo, as diferenças cruciais entre o início da modernidade e a modernidade tardia? Como parte de uma tentativa de longo prazo de promover um diálogo entre historiadores de uma época e outra, este livro se ocupa de ambos os períodos. Os estudos de caso de expatriados comparam e contrastam, por exemplo, acadêmicos

Introdução

alemães que trabalharam na Rússia do século XVIII com intelectuais franceses que estudaram e lecionaram no Brasil dos anos 1930.

A comparação – e o contraste – central que aqui se oferece é entre os exilados protestantes do século XVII e os judeus do século XX. O paralelo entre as duas diásporas é bem evidente, e não foi por acaso que muitos historiadores israelenses – entre eles Myriam Yardeni, que deixou a Romênia ainda criança, depois da Segunda Guerra Mundial – escreveram sobre a primeira época enquanto pensavam na segunda. Irene Scouloudi, filha de um imigrante grego e por muito tempo secretária da Sociedade Huguenote de Londres, também se inspirou no paralelo entre passado e presente.

Algumas diferenças entre as duas diásporas também são bem evidentes: por exemplo, a importância do clero no primeiro caso, em uma época de migração confessional, contra a importância dos professores na segunda diáspora, quando o papel das universidades na cultura do conhecimento era maior do que nunca – maior até do que tem sido desde 1930. No segundo estudo de caso, também haverá comparações e contrastes entre os efeitos da chegada dos refugiados acadêmicos em duas culturas, a britânica e a americana, e entre sua influência em duas disciplinas, a sociologia e a história da arte.

As análises oferecidas neste livro se baseiam na biografia coletiva, ou "prosopografia", um método empregado por historiadores alemães da Roma antiga e introduzido na Inglaterra pelo historiador *émigré* Lewis Namier. O principal problema dessa abordagem ao estudo de acadêmicos exilados e expatriados pode ser descrito como o "problema do iceberg". Ou seja, os exilados bem documentados, os "imigrantes ilustres", são apenas a ponta mais visível de um conjunto muito maior.[30] Muitas vezes, temos pouco mais do que os nomes de acadêmicos do início do período moderno, e é bem provável que importantes contribuições ao conhecimento tenham sido feitas por muitas outras pessoas cujos nomes se perderam na história. É só no

---

30 Fermi, *Illustrious Immigrants*.

Introdução

caso da grande diáspora judaica dos anos 1930 que existe informação suficiente sobre um número considerável de acadêmicos para permitir análises de percentagens. Ainda assim, como no caso de algumas acadêmicas mencionadas no apêndice, faltam detalhes cruciais, mesmo nas obras de referência.

Apesar dessas lacunas, as biografias coletivas fornecem detalhes importantes, minoram as generalizações precipitadas e mostram mais do iceberg do que normalmente se vê. Elas nos lembram da importância das contribuições dos acadêmicos de categoria inferior e evitam que sucumbamos ao que o sociólogo Robert Merton chamou de "Efeito Mateus" (referindo-se à passagem do Novo Testamento que diz: "àquele que tem mais se dará"), notando que, muitas vezes, as descobertas e ideias de cientistas menos conhecidos foram atribuídas a uns poucos pesquisadores mais famosos.[31]

É claro que as histórias individuais dos intelectuais refugiados do século XX são, graças a suas cartas e memórias, bem mais conhecidas do que as de seus colegas do início da época moderna. As fontes secundárias também são muito mais ricas. Por esse motivo, tentarei praticar uma forma daquilo que Marc Bloch chamou de "método regressivo", fazendo algumas das perguntas que os acadêmicos se fizeram sobre os anos 1930, sobre o início do período moderno e, em particular, sobre os anos 1680, mas tentando respondê-las de maneiras apropriadas a um tempo mais remoto.

---

31 Merton, The Matthew Effect in Science, *Science* 159, p.56-63.

1
O olhar desde as margens, ou os usos do deslocamento

Como se trata de um livro sobre as contribuições especiais dos exilados para o conhecimento, corre-se o risco daquilo que se pode chamar de "triunfalismo", ou seja, insistir nos êxitos e esquecer os fracassos. Então, é importante enfatizar, desde o início, que os *outsiders* sofrem com limitações, sobretudo com a falta de conhecimento local ou interno. Por outro lado, os *insiders* gozam dos chamados "privilégios cognitivos" tanto quanto os *outsiders*, mas suas contribuições ao conhecimento não são o tema deste livro. Também já se disse que "nem toda obra de história escrita no exílio é significativa ou inovadora [...] emigrantes costumam ter seus preconceitos, defesas e ressentimentos".[1] E essa observação certamente vale para outras disciplinas além da história. Ainda assim, o conflito aberto entre diferentes preconceitos pode levar a novas ideias.

A razão deste estudo não é apenas listar as várias contribuições que os exilados trouxeram ao conhecimento, mas também perguntar

---

1 Hoffmann, The Contribution of German-speaking Jewish Immigrants to British Historiography. In: Mosse (org.), *Second Chance*, p.153-76, esp. 154.

O que tornou ímpares esses aportes. O livro irá examinar tanto o "processo" quanto o "produto", tentando descobrir como foram realizadas as várias contribuições dos *émigrés*.[2] Essa pergunta pode ser respondida com uma única palavra: "desprovincialização". Mais precisamente, o encontro entre exilados e seus anfitriões ocasionou um processo de dupla "desprovincialização". Os exilados se desprovincializaram ao passar de uma cultura a outra, mas também ajudaram a desprovincializar seus anfitriões ao lhes apresentar não apenas novos saberes, mas, sobretudo, novos jeitos de pensar. Em suma, o exílio e, em menor medida, a expatriação foram uma educação para ambos os lados desse encontro.

O exílio como educação

A pergunta fundamental que este livro tenta responder é se os exilados e expatriados de diferentes tempos e lugares fizeram ou não uma contribuição distintiva ao conhecimento. Esta seção oferece uma prévia das conclusões deste estudo, as quais os próximos capítulos tentarão justificar. Sugere-se que o exílio é uma forma de educação, uma educação dura para os exilados e uma educação mais branda para algumas das pessoas que se encontraram com eles na terra de acolhida.

Ao apresentar o exílio como uma educação – algo que se poderia chamar de educação não sentimental –, o livro corre o risco óbvio de subestimar o lado negativo dos acontecimentos. Os emigrantes que se segregam não aprendem nada e não esquecem nada, como Talleyrand disse sobre a família real quando eles voltaram à França depois de 1815. Por outro lado, muitas vezes os anfitriões não conseguem aprender com os recém-chegados, e então surgem os desentendimentos.

Ainda assim, em muitos casos, os dois lados do encontro aprendem algo importante. Exilados ganham novas ideias, um tipo de

---

2 Ash, Forced Migration and Scientific Change. In: Scazzieri; Simili (orgs.), *The Migration of Ideas*, p.161-78, esp. 162, 166.

O olhar desde as margens, ou os usos do deslocamento

recompensa pela luta para sobreviver em uma cultura estrangeira. Expatriados também aprendem com suas experiências no exterior, embora as pressões não sejam tão fortes em seu caso, uma vez que eles sempre têm um plano de fuga. De certa forma, levam no bolso uma passagem de volta, junto com a expectativa de retornar em algum momento. Quanto aos cidadãos do país de destino, os estudantes que cruzaram com acadêmicos exilados quase sempre descobriram algo que não teriam aprendido com outros professores, e eu posso testemunhar isso a partir de minha experiência pessoal na Oxford dos anos 1950. O mesmo se pode dizer sobre os estudantes da terra natal para onde os exilados voltaram.

O retorno do nativo

Boa parte deste estudo diz respeito à interação entre exilados ou expatriados e a cultura do país para onde eles se mudaram, mas também há algo a dizer sobre as consequências para o conhecimento na terra natal dos emigrantes. As consequências negativas da "fuga de cérebros" são bem óbvias, mas às vezes também existem consequências positivas, pelo menos quando os exilados retornam ou "reemigram". Como veremos em um dos capítulos a seguir, muitos dos exilados trouxeram consigo novas ideias e novos métodos para a Alemanha pós-1945.

Outro exemplo notável de "retorno do nativo" é o do historiador e sociólogo brasileiro Gilberto Freyre, que aos 18 anos foi mandado pela família para estudar nos Estados Unidos, por um período de quase cinco anos. Dois meses intensos na Inglaterra, principalmente em Oxford, foram suficientes para convencê-lo de que ele deveria ter nascido inglês. Quando visitou Lisboa, ele observou a cidade "com olhos ingleses, não brasileiros". Pode-se dizer que ele viu o Brasil de um jeito parecido ao retornar à terra natal, Pernambuco, no ano de 1923. O antropólogo Darcy Ribeiro, um dos críticos mais perspicazes de Freyre, atribuiu a força de *Casa-grande e senzala* (1933), o livro que o

O olhar desde as margens, ou os usos do deslocamento

tornou famoso e que vê o Brasil colonial pelo prisma das fazendas de açúcar, à combinação de perspectivas do *insider* e do *outsider*, graças às duas identidades do autor: "o pernambucano e o inglês".[3]

Desprovincialização

Pode-se resumir o tipo de educação descrita anteriormente como um alargamento de horizontes, ou um processo de "desprovincialização". O teólogo alemão Paul Tillich observou que só quando vivia nos Estados Unidos "tomou consciência" de seu "provincialismo até então inconsciente", o qual "começou a retroceder" aos poucos, de modo que ele deixou de ver a Alemanha como centro dos estudos teológicos. De acordo com um estudo de comunidade de dois antropólogos, os habitantes da aldeia de Átány costumavam brincar com a expressão: "A Hungria está no centro do mundo, Átány está no centro da Hungria".[4] Brincadeiras à parte, uma definição possível de provincialismo é acreditar que sua comunidade está no centro do mundo (o sociólogo americano William G. Sumner definiu etnocentrismo como "a ideia de que seu próprio grupo está no centro de tudo").[5] O testemunho de Tillich não é o único relato em primeira mão sobre esse processo. O historiador alemão Hajo Holborn, por exemplo, que se mudou para os Estados Unidos em 1934 e se tornou professor em Yale, declarou: "Minha transformação em americano me deu uma perspectiva muito mais vasta sobre todas as coisas da Alemanha".[6]

De maneira similar, o jornalista e teórico peruano José Maria Mariátegui, que viveu na Itália durante os anos 1920, disse que os anos

---

3 Freyre, *Ingleses*, p.115; Ribeiro, Gilberto Freyre. In: Freyre, *Casa-grande e senzala*, p.1026-37, esp. 1031. Veja Burke; Pallares-Burke, *Gilberto Freyre*, cap.2.
4 Tillich, The Conquest of Theological Provincialism. In: Neumann, *The Cultural Migration*, p.138-56, esp. 138; Fél; Hofer, *Proper Peasants* p.17.
5 Sumner, *Folkways*, p.13.
6 Citado por Pflanze, The Americanization of Hajo Holborn. In: Lehmann; Sheehan, *An Interrupted Past*, p.170-9, esp. 176.

O olhar desde as margens, ou os usos do deslocamento

no exterior ampliaram seus horizontes e que "partia para um país estrangeiro não em busca do segredo dos outros, mas em busca de nosso próprio segredo". Como certa vez escreveu o escritor inglês G. K. Chesterton, "o objetivo da viagem não é pôr os pés em terra estrangeira; é enfim pôr os pés no próprio país como em uma terra estrangeira". O jornalista (e, mais tarde, historiador) brasileiro Sérgio Buarque, que passou os anos 1929-1930 em Berlim, disse já no fim da vida: "Só quando você vai bem longe é que começa a ver todo o seu país".[7] Como o historiador alemão Ernst Kantorowicz escreveu, "em cada desvantagem habita uma vantagem".[8]

"Desprovincialização" é o que se tem chamado de "termo guarda-chuva", um conceito erguido sobre processos diferentes. Talvez seja útil distinguir três desses processos. O primeiro é a mediação; o segundo, o distanciamento; e o terceiro, a hibridização.

Mediação

Escrevendo sobre o que chamava de "função" dos refugiados, Karl Mannheim enfatizou suas oportunidades de fazer a mediação entre a cultura de seus locais de origem e a dos países para onde fugiram.[9] A mediação inclui a disseminação e, por esse motivo, vários tipógrafos e editores irão aparecer neste estudo. As tentativas de disseminação enfrentam evidentes obstáculos linguísticos. Ainda assim, a língua nativa dos exilados pode ser tanto uma desvantagem quanto uma vantagem no novo lar. É uma forma de capital intelectual, que lhes permite ganhar a vida ensinando idiomas ou produzindo gramáticas e dicionários. Alguns dos gregos refugiados da conquista otomana de

---

7 Sznajder; Roniger, *The Politics of Exile*, p.288; Chesterton, *Tremendous Trifles*, p.204; Graham, An Interview with Sergio Buarque de Holanda, *Hispanic American Historical Review* 62, p.3-18, esp. 5.

8 Kantorowicz a Bernard Flexner, 1941, citado in: Greenberg, Refugee Historians and American Academe. In: Lehmann; Sheehan, op. cit., p.94-101, esp. 98n.

9 Mannheim, The Function of the Refugee, *New English Weekly*, 19 abr. 1945.

O olhar desde as margens, ou os usos do deslocamento

Bizâncio deram aulas de grego antigo, e vários franceses protestantes exilados em Amsterdã, Londres e Berlim trabalharam como professores de línguas. O deslocamento transformou muitos exilados em *translators* [tradutores], algo bastante apropriado, pois eles próprios foram *translated* [traduzidos] no sentido arcaico do verbo em inglês: em outras palavras, transladados de um lugar a outro. A mediação entre idiomas logo se estende para a mediação entre culturas. Estudiosos gregos da Renascença italiana apresentaram o mundo da Grécia antiga a alguns de seus anfitriões. Refugiados huguenotes disseminaram o conhecimento da cultura francesa. Exilados russos na Grã-Bretanha e nos Estados Unidos – entre eles Isaiah Berlin, George Florovsky e George Vernadsky – difundiram o conhecimento da cultura russa. Acadêmicos judeus da Alemanha que a partir de 1930 foram para a Grã-Bretanha e os Estados Unidos ensinaram história alemã e publicaram livros a respeito. Movidos pela nostalgia ou pela necessidade de emprego, alguns acadêmicos no exílio trocaram a antiga especialidade pelo estudo da cultura natal, como Konstantin Mochulsky, especialista em literatura românica que se refugiou da Revolução Bolchevique em Paris e passou a publicar livros em russo sobre escritores russos, notadamente Dostoiévski.

Por outro lado, alguns exilados se tornaram especialistas na cultura do novo lar. O huguenote Paul de Rapin-Thoyras ficou famoso por sua história da Inglaterra, escrita em francês e lida em muitas partes da Europa. Ao traduzir textos e publicar artigos em revistas, outros refugiados huguenotes difundiram o conhecimento das culturas inglesa e alemã na França e em outros lugares. Eduard Bernstein, socialista alemão que se exilou em Londres entre 1888 e 1901, pesquisou sobre pensadores ingleses radicais do século XVII e foi o primeiro a chamar atenção para os escritos de um deles, Gerard Winstanley. Israel Gollancz, refugiado de segunda geração e renomado estudioso de Shakespeare, foi professor de inglês no King's College de Londres de 1903 a 1930.

Um historiador russo exilado na Itália, Nikolay Ottokar, tornou-se especialista na história de Florença. Dois exilados russos que vieram

O olhar desde as margens, ou os usos do deslocamento

para a Grã-Bretanha, Paul Vinogradoff, no início dos anos 1900, e Michael Postan, na década de 1920, viram autoridades no estudo da sociedade inglesa medieval, assim como o polonês Lewis Namier no caso da Inglaterra do século XVIII. Entre os refugiados que chegaram nos anos 1930, Geoffrey Elton se tornou referência no estudo da Inglaterra sob os Tudor, e Nikolaus Pevsner, autoridade em arquitetura inglesa. Peter Hennock (cujo nome de nascença era Ernst Peter Henoch), que escolheu a Inglaterra do século XIX como campo de estudo, observou que os imigrantes estão muitas vezes "preocupados com o país que adotaram" e que, "como historiadores, eles às vezes se sentiam capazes de identificar os elementos cruciais dos países adotados com mais clareza do que os historiadores nativos". Como imigrante, explicou Hennock, ele jamais poderia tomar a história inglesa como lugar-comum (o que ilustra, uma vez mais, os usos do distanciamento).[10]

Não foi apenas na Inglaterra que os imigrantes ajudaram os nativos a compreender sua própria cultura. Otto Maria Carpeaux, vienense que fugiu para o Brasil em 1938, se tornou um dos principais críticos da literatura brasileira e apresentou aos leitores brasileiros muitos dos mais importantes escritores europeus, em especial Franz Kafka e Robert Musil.

Na qualidade de intérpretes, os antropólogos oferecem bons exemplos de mediadores profissionais, tradutores entre a cultura natal e a cultura em que realizam seu trabalho de campo (um exílio temporário). A própria ideia de "tradução cultural" veio de um antropólogo britânico, Edward Evans-Pritchard. Não deveríamos nos surpreender, portanto, ao vermos que exilados e expatriados desempenharam um papel importante na história da antropologia, em especial na Grã-Bretanha e nos Estados Unidos. No caso da Grã-Bretanha, o polonês Bronisław Malinowski praticamente fundou a disciplina. Na América, o papel de fundador coube ao imigrante alemão Franz

---

10 Hennock, Myself as Historian. In: Alter (org.), *Out of the Third Reich*, p.73-98, esp. 85.

O olhar desde as margens, ou os usos do deslocamento

Boas. Entre seus alunos, Robert Lowie (anteriormente Löwe) chegou de Viena e Paul Radin, da Polônia russa, ao passo que Alfred Kroeber, nascido nos Estados Unidos, era filho de imigrantes que falavam alemão em casa.

Acadêmicos que ficaram na terra natal também puderam ser mediadores, ocupando aquilo que já chamaram de "centros de cálculo", sobretudo nas grandes cidades, coletando e compondo sínteses sobre informações providas por exilados e expatriados.[11] Um exemplo óbvio é o do jesuíta alemão Athanasius Kircher, que morava em Roma mas conseguia fazer uso das informações trazidas pelos colegas jesuítas. Alguns deles lhe escreviam, enviando observações (sobre o cometa de 1652, por exemplo) e respondendo às suas perguntas. Outros conversavam com Kircher quando voltavam, depois de anos de trabalho missionário na China, Índia e outros lugares.[12] Graças a essa rede jesuíta, Kircher pôde publicar livros sobre vários assuntos – China, geologia, medicina e assim por diante. Sua contribuição ao conhecimento dependeu do trabalho de campo dos missionários, assim como estes dependiam, por sua vez, dos encontros cara a cara com as fontes.

Distanciamento

Assim como a "desprovincialização", o conceito de "distanciamento" é um guarda-chuva que cobre várias das consequências da distância. Uma das mais importantes é a habilidade de ver o que tantas vezes chamam de *big picture*. Certa vez, Alexis de Tocqueville comparou o teórico a um viajante que escala uma colina para, pela primeira vez, ver a cidade inteira: "*pour la première fois, il en saisit la forme*" [pela

---

11 Latour, *Science in Action*, 1987.

12 No campo da astronomia, Kircher recebia relatórios do jesuíta tcheco Valentin Stansel, na Bahia; do italiano Nicolò Mascardi, no Chile; e do flamengo Jean Raymond Coninck, no Peru: Prieto, *Missionary Scientists*, p.130-1.

O olhar desde as margens, ou os usos do deslocamento

primeira vez, captura sua forma]. O historiador August Schlözer já usara a mesma imagem para argumentar: "você pode conhecer cada uma das ruas de uma grande cidade, mas, sem um mapa ou a vista de um ponto elevado, não terá a sensação do todo".[13] A distância imposta pelo exílio permitiu que alguns acadêmicos alçassem um voo de pássaro e vissem a *big picture* com mais clareza que antes. Erich Auerbach, por exemplo, que trocou a Universidade de Marburg por Istambul depois de ser dispensado da cátedra, em 1935, transformou a desvantagem da perda de acesso às bibliotecas alemãs em vantagem ao elaborar *Mimesis* (1946), seu famoso panorama sobre a literatura ocidental, desde a Bíblia e Homero até Virginia Woolf.

De maneira similar, o historiador e sociólogo brasileiro Gilberto Freyre escreveu no exílio seu livro mais famoso, *Casa-grande e senzala* (1933), primeiro em Lisboa e depois em Stanford, pouco depois da Revolução de 1930, pela qual Getúlio Vargas ascendeu ao poder. Rodrigo Mello Franco de Andrade, amigo de Freyre, disse que *Casa--grande* foi uma das únicas consequências positivas da revolução.[14] De modo semelhante, o espanhol Américo Castro trabalhou principalmente como filólogo medieval enquanto viveu em seu país, mas, no exílio nos Estados Unidos, ficou mais ambicioso e escreveu o livro pelo qual é mais lembrado: uma interpretação extremamente original – e controversa – da história espanhola, que tentava explicar a origem da intolerância e punha ênfase naquilo que apartara a Espanha dos outros países.[15]

Nem todos os acadêmicos exilados responderam ao desafio da distância da mesma maneira que Auerbach, Freyre e Castro. O filólogo

---

13 Tocqueville, *De la démocratie en Amérique* 1835-40, p.310; Schlözer, *Weltgeschichte*, 1792, citado e traduzido in: Breisach, *Historiography*, p.318. Alguns estudos importantes sobre o distanciamento e a distância cultural são: Lowenthal, *The Past is a Foreign Country*; Ginzburg, *Wooden Eyes*; Phillips, *On Historical Distance*.

14 Nicolazzi, *Um estilo de história*, p.50.

15 Auerbach, *Mimesis*; Castro, *The Structure of Spanish History*.

O olhar desde as margens, ou os usos do deslocamento

austríaco Leo Spitzer, por exemplo, companheiro de Auerbach no exílio em Istambul, continuou preferindo a microanálise à macroanálise, a busca pelo detalhe significativo à pintura dos grandes quadros panorâmicos. Ainda assim, o interesse pela *big picture* é recorrente na história intelectual de exilados e expatriados.

Fernand Braudel é um exemplo famoso de expatriado cujas principais obras foram marcadas por seus anos no exterior. Braudel foi exilado em dois campos de prisioneiros na Alemanha, mas, antes disso, vivera por mais de uma década na Argélia, lecionando em um *lycée* (onde conheceu sua futura esposa), e também passara dois anos no Brasil, dando palestras na recém-fundada Universidade de São Paulo (1935-1937). Certa vez, Braudel descreveu a distância e o distanciamento *(le dépaysement, l'éloignement)* como instrumentos fundamentais do conhecimento *(grands moyens de connaissance*: é intrigante, para dizer o mínimo, que ele não tenha dito nada sobre o valor da proximidade). Seu livro sobre o Mediterrâneo, com um ponto de vista olímpico, oferece uma vívida ilustração de seu desejo e necessidade de ver a *big picture, "mon désir et mon besoin de voir grand"*, como ele mesmo disse. Sua escolha pela visão distanciada se unia a seu interesse pela *longue durée*, um período de tempo muito maior do que qualquer experiência humana poderia abarcar.[16]

A experiência do exílio encoraja essa abordagem distanciada. O sociólogo alemão Georg Simmel escreveu sobre o que chamou de "objetividade do estrangeiro", descrevendo-a não como um "mero afastamento", mas como um composto de "indiferença e envolvimento". Mannheim, por sua vez, deu ênfase à "aquisição de perspectiva", em outras palavras, uma consciência das alternativas e um distanciamento do saber convencional que encorajam a inovação,

---

16 Braudel, Histoire et sciences sociales. In: _____, *Ambitions de l'histoire*, p.149-79, esp. 162; id., *La Méditerranée et le monde méditerranéen à l'époque de Philippe II*, p.17. Veja Marino, The Exile and His Kingdom, *Journal of Modern History* 75, p.622-52.

tanto na terra natal quanto na terra acolhedora.[17] Não chega a ser surpreendente encontrar exilados – literalmente desconectados de casa e ainda não conectados ao lugar que os recebeu – falando e escrevendo sobre ambas as culturas do ponto de vista do *outsider*. Um exemplo óbvio é o de Pierre Bayle, que fugiu da República Holandesa depois da perseguição aos protestantes franceses nos anos 1680 (tema discutido no próximo capítulo). Bayle pode ser descrito como um Mannheim do século XVII, um observador impassível da humanidade, fascinado pelas diferenças nas opiniões e preconceitos. Certa vez, ele confessou que não lia os historiadores para saber o que acontecera no passado, mas simplesmente para descobrir "o que se diz em cada nação e em cada círculo".[18]

Outro exemplo notável de distanciamento é o de Lewis Namier, que veio da Polônia russa com o nome de Ludwik Bernsztajn Niemirowski. Ele chegou à Inglaterra em 1907, estudou no Balliol College em Oxford e se tornou súdito britânico – mudando de nome – pouco antes da eclosão da Primeira Guerra Mundial. Não é fácil definir sua identidade. Namier era *outsider* na Inglaterra por ser imigrante polonês. Era *outsider* na Polônia por ser judeu. E *outsider* entre os judeus por ser filho de um proprietário de terras e ter sido criado no catolicismo. Namier acabou se identificando com a Inglaterra, pelo menos em alguns aspectos, e sua obra a respeito da história do Parlamento expressou essa identificação. No entanto, também se pode dizer que seu distanciamento da cultura inglesa e sua falta de investimento emocional nos mitos ingleses, incluindo aí a sabedoria convencional dos historiadores, permitiram que ele lançasse um olhar renovado sobre a história inglesa – e, especialmente, que desmistificasse o sistema partidário do século XVIII. É justo acrescentar que essa desmistificação provocou críticas, algumas delas bem palpáveis. Namier foi acusado de deixar de

---

17 Simmel, The Stranger. In: Lemert (org.), *Social Theory*; Mannheim, *Ideology and Utopia*, p.253.

18 Bayle, *Critique générale de l'histoire du calvinisme*, citado in: Momigliano, Ancient History and the Antiquarian, reimpresso in: *Studies in Historiography*, p.1-39, esp. 10.

O olhar desde as margens, ou os usos do deslocamento

lado ideias e ideais como a devoção pela liberdade e, assim, de reduzir a história política à luta pelo poder.[19] No lado positivo, o fato de Namier saber o que se passava nos estudos históricos de outros lugares da Europa possibilitou que ele trouxesse para a Inglaterra a prosopografia, embora o método das biografias coletivas às vezes fosse criticado como "mecanicamente científico".[20] Quem fornece outro exemplo vívido de distanciamento é o cosmopolita Eric Hobsbawm, que nasceu em Alexandria e morou em Viena e Berlim antes de se mudar com os tios para a Inglaterra, em 1933, aos 16 anos, e completar os estudos em Londres e Cambridge. Mesmo vivendo os últimos oitenta anos de sua longa vida na Inglaterra, ele sempre manteve uma certa distância do país que adotara. Por exemplo, descreveu a Cambridge de seus tempos de estudante como "isolada e paroquial" e ainda comentou o que chamava de "extraordinário provincialismo dos britânicos nos anos 1930".[21]

De maneira similar, Ernest Gellner, que veio da Tchecoslováquia e, a exemplo de Hobsbawm, frequentou a escola primária inglesa antes da Segunda Guerra Mundial, publicou uma famosa crítica à tradição dominante da filosofia inglesa em *Words and Things* [Palavras e coisas] (1959), contribuindo para a sociologia do conhecimento e, ao mesmo tempo, observando os ingleses com um olhar distante e antropológico. Ao se perguntar por que a "filosofia linguística" se tornara "tão aceitável" em determinado tempo e lugar, Gellner a descreveu como uma filosofia "eminentemente apropriada aos cavalheiros" e, sobretudo, aos "*narodniks* do norte de Oxford". Como diz seu biógrafo, "Gellner era um *outsider* olhando para um mundo que sua criação

---

19 Namier, *The Structure of Politics at the Accession of George III*. Veja Colley, *Lewis Namier*, esp. p.6-20; Butterfield, *George III and the Historians*, p.206, 297.
20 Namier, The Biography of Ordinary Men, reimpresso in: *Crossroads of Power*, p.1-6. Veja Gelzer, *Die Nobilität der römanischen Republik*. Sobre as críticas, veja Butterfield, op. cit., p.296.
21 Hobsbawm, *Interesting Times*, p.103; id., The Historians' Group of the Communist Party. In: Cornforth (org.) *Rebels and Their Causes*, p.21-48, esp. 23.

O olhar desde as margens, ou os usos do deslocamento

e experiência lhe tornaram estranho".[22] Como crítico da filosofia dominante, Gellner tinha poucas chances de conseguir um emprego acadêmico na Grã-Bretanha, então se transferiu para outro campo intelectual, a antropologia social. Mas nunca deixou de ser *outsider*: enquanto começava a carreira no departamento de sociologia da London School of Economics, Gellner era visto como antropólogo pelos filósofos e como filósofo por alguns antropólogos.

A antropologia é uma disciplina marcada pelo distanciamento e também pela mediação, praticando o que Claude Lévi-Strauss chamava de "o olhar distanciado" (*le regard eloigné*).[23] Mesmo assim, alguns antropólogos se mantêm mais distantes do que outros. Alguns provavelmente foram criados dessa maneira. Um grupo substancial de antropólogos anglófonos veio de famílias judaicas da África do Sul, sem pertencer à minoria branca nem à maioria negra.[24] Outros aprenderam a se distanciar depois que deixaram a terra natal. Pierre Bourdieu, a exemplo de Fernand Braudel, passou muitos anos na Argélia, o que acabou por distanciá-lo da cultura francesa, especialmente da cultura burguesa, a qual ele observou de longe em *A distinção* (1979). O sociólogo americano Thorstein Veblen fizera algo similar no caso da burguesia americana da Era Dourada em seu *A teoria da classe ociosa* (1899). Veblen era filho de fazendeiros nor.uegueses imigrantes, e Bourdieu, filho do carteiro de uma pequena cidade do interior, então ambos se viam apartados da classe social que estudavam – quando não em franca rebelião contra ela.

Da mesma maneira, Albert Hirschman, um economista cuja prática se aproximava da antropologia, nasceu em Berlim e foi parar nos Estados Unidos naquilo que chamava de sua "quarta – ou quinta? – emigração". Hirschman foi descrito como triplamente apartado: das

---

22 Gellner, *Words and Things*, p.237-9; Hall, *Ernest Gellner*, p.104.
23 Lévi-Strauss, *Le regard éloigné*.
24 Alguns exemplos são Meyer Fortes, Max Gluckman, Isaac Schapera, Adam Kuper e John Comaroff.

43

O olhar desde as margens, ou os usos do deslocamento

universidades nas quais trabalhava, da sabedoria convencional de seus colegas e dos grupos políticos, chegando a declarar: "fico longe dos radicais" e "fico longe dos liberais".[25] Comparações efetivas dependem do distanciamento em relação aos objetos comparados. Não é de admirar, portanto, que exilados e expatriados tenham cumprido um papel desproporcional à sua quantidade nessa forma de análise: na religião comparada (o alemão Max Müller em Oxford e o romeno Mircea Eliade em Chicago), na história comparada (o polonês Joachim Lelewel na Bélgica e o alemão Fritz Redlich nos Estados Unidos), na sociologia comparada (o alemão Reinhart Bendix nos Estados Unidos e o polonês Shmuel Eisenstadt em Israel).

No caso da história, Helmut Koenigsberger, que frequentou a escola inglesa ao chegar da Alemanha, ficou impressionado com a ênfase das aulas na história do Parlamento e perguntou ao professor por que historiadores alemães não davam a mesma ênfase a seus parlamentos. Anos depois, tanto ele quanto seu companheiro refugiado Francis Carsten se dedicaram à história comparativa dos parlamentos.[26] O campo da literatura comparada fornece ainda mais exemplos do papel dos exilados, incluindo o austríaco Leo Spitzer em Istambul e Baltimore, o alemão-neo-zelandês Peter Dronke em Cambridge, o tcheco René Wellek em Harvard e dois italianos, Renato Poggioli em Harvard e Franco Moretti em Nova York e Stanford. Como as generalizações dependem das comparações, os exilados também deram uma contribuição desproporcional à teoria social e cultural.

Em certo sentido, o exilado (e, em menor medida, o expatriado) é o intelectual *par excellence*, pois ele ou ela é "extraterritorial", como se descreveu o historiador e crítico alemão Siegfried Kracauer, um

---

25 Adelman, *Worldly Philosopher*, p.4, 88, 186, 383, 401, 452.
26 Koenigsberger, Fragments of an Unwritten Biography. In: Alter (org.), *Out of the Third Reich*, p.99-118, esp. 104, 109, 111.

outsider que não pertence nem à terra natal nem à terra de acolhida.[27] Nem todos os exilados manifestam essa consciência, mas a experiência do exílio com certeza a encoraja. Por isso, os exilados, assim como as crianças, tendem a ver o mundo ao redor com novos olhares. Pevsner, por exemplo, dedicou todo um livro a um tema que aos acadêmicos locais simplesmente passava despercebido: a "inglesidade" da arte inglesa.

Karl Mannheim descreveu o distanciamento de forma um tanto exagerada quando, seguindo seu colega Alfred Weber, disse que os intelectuais "flutuavam livremente" (*freischwebende*), um "estrato desancorado, relativamente sem classe".[28] Poderíamos, então, falar de um "paradoxo de Mannheim", em outras palavras, da aparente contradição ou conflito entre a ideia de conhecimento "situado", que ele enfatiza tanto, e a ideia de um "flutuar" livre, metáfora tão atraente quanto perigosa. O perigo é encorajar aquilo que o historiador napolitano Giambattista Vico poderia ter chamado de arrogância (*boria*) dos intelectuais, ou seja, seu sentimento de superioridade em relação aos outros, a quem consideram presos no lodo do localismo e dos preconceitos que o acompanham. Atenuando a descrição de Mannheim, poderíamos dizer que os intelectuais exilados tinham e têm um distanciamento apenas relativo. Eles não flutuam livres de toda e qualquer amarra, mas se localizam nas margens de duas culturas. Essa localização é, muitas vezes, desconfortável, mas traz novas percepções, sobretudo a consciência aguda das formas alternativas de pensamento, uma percepção que escapa aos indivíduos que estão confortavelmente enraizados em solo nativo e, portanto, sob o risco do provincialismo ou mesmo do paroquialismo.

Norbert Elias, antigo assistente de Mannheim que se refugiou na Inglaterra a partir de 1933, não apenas escreveu *com* distanciamento, mas também *sobre* distanciamento. Ele enfatizou o perigo de "formas envolvidas de pensamento", associando-as ao "autoengano",

---

27 Jay, *Permanent Exiles*, p.152.
28 Mannheim, op. cit., p.137-8.

O olhar desde as margens, ou os usos do deslocamento

aos "sentimentos de curto prazo" e à "incapacidade de se distanciar das atitudes tradicionais". Por outro lado, Elias associava a ascensão da ciência moderna à "passagem do domínio do envolvimento para o domínio do distanciamento no saber humano".[29] Assim como Braudel, ele não tinha quase nada a dizer sobre o lado negativo do distanciamento, nem sobre as possíveis vantagens intelectuais do envolvimento em determinado tópico. Várias das publicações de Elias podem ser vistas como respostas à sua experiência de exílio, começando com um breve ensaio sobre a expulsão dos huguenotes da França e incluindo não apenas o ensaio sobre o distanciamento, mas também um livro inteiro sobre os *outsiders*.[30]

Hibridização

Os exilados e expatriados ilustram aquilo que um estudo de George Sarton, historiador da ciência belga que passou a maior parte da carreira nos Estados Unidos, chamou de "papel do *émigré* ou *outsider* em catalisar o desenvolvimento intelectual e social".[31] O sociólogo americano Robert Park observou que um dos resultados da imigração era o aparecimento de "um novo tipo de personalidade" – que ele denominava "híbrido cultural" – "vivendo e compartilhando o íntimo da vida cultural e das tradições de dois povos distintos". O exemplo de Park era o "judeu emancipado", termo que ligava seu artigo a um ensaio anterior sobre "The Intellectual Pre-Eminence of Jews in Modern Europe" [A preeminência intelectual dos judeus na Europa moderna], escrito por outro sociólogo americano, Thorstein Veblen (ele próprio filho de imigrantes, como vimos). Veblen sugeria que os judeus se tornaram mais criativos naquele momento em que haviam

---

29 Elias, Problems of Involvement and Detachment, *British Journal of Sociology* 7, p.226-52.
30 Elias; Scotson, *The Established and the Outsiders*.
31 Thackray; Merton, On Discipline Building, *Isis* 63, p.472-95.

O olhar desde as margens, ou os usos do deslocamento

escapado de sua própria tradição mas ainda não assimilavam a de seus vizinhos gentios. Em outras palavras, eles ficaram entre dois mundos. E iriam se ver entre mundos mais uma vez nos anos 1930 – pelo menos se tivessem previdência ou sorte de deixar sua casa a tempo.[32] Alguns exilados desenvolveram uma consciência aguda dos pontos fortes e fracos tanto da terra natal quanto da terra acolhedora. Diz-se que Adorno, "como americano, era obviamente um europeu deslocado e, como europeu, fora profundamente afetado por seus anos na América. Assim, foi capaz de se manter em exílio permanente em ambos os contextos".[33] De maneira similar, um crítico descreveu Bernhard Groethuysen – que nasceu em Berlim mas morou em Paris e publicou seu famoso *Origines de l'esprit bourgeois* [Origens do espírito burguês] (1927) e outros trabalhos em francês – como um "andarilho entre dois mundos, Alemanha e França".[34]

Visão bifocal

O historiador Fritz Stern, que ainda era criança quando deixou a Alemanha e partiu para os Estados Unidos, também pode ser descrito como andarilho. Em sua autobiografia, Stern sugere que foi "aos poucos adquirindo algo como uma visão bifocal [...]. Tendo a ver as coisas alemãs com olhos americanos e as coisas americanas com olhos alemães". Do mesmo modo, mas fazendo uso de uma metáfora diferente, o historiador e filósofo da ciência Yehuda Elkanah, que nasceu na Iugoslávia e viveu em Israel, Alemanha e Hungria, disse em uma entrevista que, "na Europa, eu me pego falando com uma voz americana, mas, nos Estados Unidos, falo com uma voz europeia".[35] Menos

---

32 Park, Human Migration and the Marginal Man, *American Journal of Sociology* 33, p.881-93, esp. 888, 892. Veja Veblen, The Intellectual Pre-Eminence of Jews in Modern Europe, *Political Science Quarterly* 34, p.33-42.

33 Jay, op. cit., p.137.

34 Hartig, citado por Kracht, *Zwischen Berlin und Paris*, p.196.

35 Stern, *Five Germanies I Have Known*, p.14; Elkanah, *Leben in Contexten*, p.76.

O olhar desde as margens, ou os usos do deslocamento

confortável com a situação, um terceiro exilado, Henry Pachter, relembrou: "Eu me via sempre preso entre dois campos – explicando a Europa para os americanos e a América para os europeus".[36] Esses exilados estavam à altura da tarefa que Franz Neumann, também exilado, chamou de "integração" de duas tradições, hibridização. A tarefa é, por certo, coletiva, uma vez que tanto os exilados quanto os "nativos" participam dela, como no caso – discutido em detalhes mais adiante – do encontro da teoria alemã com o empirismo anglo-americano. As analogias percebidas entre elementos de duas tradições distintas ocasionaram convergências, como no famoso caso da analogia entre a Virgem Maria da tradição católica e a deusa da Misericórdia (Kuan Yin, Kwannon) do budismo.

Os expatriados também contribuem para a hibridização dos conhecimentos, ensinando ou aprendendo em um novo ambiente, ou fazendo ambos. Um recente ensaio sobre conhecimento e colonialismo discutiu o encontro entre médicos britânicos e curandeiros locais na Índia e na África, sob o vívido título *pidgin-knowledge* [conhecimento de língua franca].[37] De maneira similar, embora olhando para pequenos grupos no presente e não para grandes grupos no longo prazo, o psicólogo americano Scott Page argumentou no livro *The Difference* [A diferença] que, para resolver problemas, mais importante que habilidade é aquilo que ele chama de "diversidade cognitiva". Em outras palavras, dois ou três pontos de vista são melhores do que um, e é bem provável que um grupo que contenha indivíduos de diferentes culturas apresente esse tipo de diversidade.[38] Às vezes, a inovação é definida em termos de um "deslocamento de conceitos".[39] E não é raro que esses conceitos venham de pessoas deslocadas.

---

36 Citado por Boyers (org.), *The Legacy of the German Refugee Intellectuals*, p.33.
37 Fischer-Tiné, *Pidgin-Knowledge*.
38 Page, *The Difference*.
39 Schön, *Displacement of Concepts*.

O olhar desde as margens, ou os usos do deslocamento

A disseminação do saber muitas vezes depende do movimento de textos e também de outros objetos, como demonstra o impacto de uma longa série de exposições internacionais a partir de 1851. Ainda assim, a disseminação é mais eficaz quando resulta de encontros face a face, argumento que o filósofo húngaro Michael Polanyi – mais um exilado – defendeu de maneira memorável em seu relato sobre o conhecimento pessoal. Em síntese, "é dentro das pessoas que as ideias se movem".[40] Como sublinha um geógrafo sueco, "a informação não rotineira requer contatos pessoais diretos".[41] O conhecimento implícito, em particular, é difícil de ser comunicado de outras maneiras. Os ofícios fornecem exemplos óbvios, pois os aprendizes aprendem ao observar o mestre e, então, ao tentar imitar seu trabalho, enquanto o mestre observa e corrige a imitação.

Encontros face a face propiciam a inovação e também a transmissão de tradições. Veremos que novas ideias são, muitas vezes, resultado de encontros entre pessoas que pensam de jeitos diferentes e, portanto, veem o mesmo problema de ângulos distintos. O que se chamou de "deslocamento de conceitos" é fator importante no processo de inovação, e é muito frequente que os indivíduos que tratam os conceitos dessa maneira criativa sejam eles próprios pessoas deslocadas, vagando entre um campo e outro, quando não de um país a outro.[42]

Não é incomum que os historiadores acreditem que sejam suas muitas descobertas que, na verdade, foram das pessoas sobre as quais eles estão escrevendo, e vale notar que algumas das ideias centrais que

---

40 Polanyi, *Personal Knowledge*; Ziman, *Ideas Move Around Inside People*.

41 Törnqvist, Creativity and the Renewal of Regional Life. In: Buttimer (org.), *Creativity and Context*, p.91-112, esp. 96; veja Cipolla, The Diffusion of Innovations in Early Modern Europe, *Comparative Studies in Society and History* 14, p.46-52; Ziman, op. cit.

42 Schön, op. cit.; Mulkay, Conceptual Displacement and Migration in Science, *Science Studies* 4, p.205-34; Hoch, Institutional versus Intellectual Migrations in the Nucleation of New Scientific Specialities, *Studies in the History and Philosophy of Science* 18, p.481-500; Paulus; Nijstad (orgs.), *Group Creativity*; Page, op. cit.

aqui se apresentam foram originalmente formuladas por exilados do século XX, como Karl Mannheim, Franz Neumann e Norbert Elias. Tanto Mannheim quanto Elias analisaram ideias associadas ao distanciamento, e Neumann, como já vimos, descreveu as estratégias possíveis para cientistas e acadêmicos exilados. Todos os três têm seu lugar em uma tradição que talvez possa ser definida como teoria do exílio, que remonta a mais de um século.

Teoria

Georg Simmel, que não foi nomeado para uma cátedra na Alemanha por ser judeu, ou, melhor dizendo, por não ser exatamente alemão, publicou em 1908 um famoso ensaio sobre "o estrangeiro" (*der Fremde*), concentrando-se nas contribuições inovadoras feitas por pessoas que, assim como ele próprio, estavam ao mesmo tempo dentro e fora de determinado grupo social. Oitenta anos depois, outro sociólogo, Zygmunt Bauman, judeu polonês exilado na Inglaterra, descreveu os judeus como "a própria epítome dos estrangeiros de Simmel – sempre fora mesmo quando dentro, examinando o familiar como se fosse um objeto estranho, fazendo perguntas que ninguém mais fez, questionando o inquestionável e contestando o incontestável".[43]

Quem disse coisa semelhante foi Robert Park, figura proeminente da chamada "Escola de Chicago" de sociologia, a qual se concentrava na cidade e em seus habitantes, incluindo os imigrantes. Em 1928, Park publicou um artigo sugerindo que a migração produzia um "tipo de personalidade transformada" que ele chamou de "homem marginal", um "indivíduo emancipado" que "aprende a olhar para o mundo em que nasceu e cresceu com algo do distanciamento de um estrangeiro".[44]

---

43 Simmel, op. cit., p.184-9; veja Bauman, *Modernity and the Holocaust*, p.53.
44 Park, op. cit.

O olhar desde as margens, ou os usos do deslocamento

Escritores que vieram depois forneceram variações sobre esse mesmo tema, observando que às vezes os exilados desprovincializam seus anfitriões, ou pelo menos alguns de seus anfitriões, ao confrontá--los com pontos de vista desconhecidos, como descreveram de maneira memorável dois exilados poloneses dos anos 1960 e 1970, o filósofo Leszek Kołakowski e o sociólogo Zygmunt Bauman. Kołakowski, que se exilou da Polônia depois de criticar o regime na década de 1960, deu a um de seus ensaios provocativos o título "Em louvor ao exílio". No texto, ele partia da ideia de que "é bem conhecido e inquestionável o fato de a posição do estrangeiro propiciar um privilégio cognitivo" e chegava a sugerir que o exílio é menos um infortúnio do que um desafio, especialmente um desafio de confrontar diferentes perspectivas.[45]

Em uma entrevista, ao lhe perguntarem se havia se ajustado à cultura inglesa, Bauman respondeu: "O ajuste nunca foi prioridade". O verdadeiro desafio era "revelar o significado de minhas diferenças a meus alunos e colegas ingleses e, quem sabe, convencê-los a procurar algum interesse ou utilidade naquilo que lhes era originalmente alheio". Desenvolvendo o que acabara de dizer, Bauman destacou que "o único jeito de retribuir a hospitalidade de meus anfitriões ingleses foi lhes oferecer algo que eles ainda não tinham ou que não poderiam adquirir sem um encontro face a face com uma forma alternativa de pensar e agir", uma forma que "os enriquecesse da mesma maneira como meu encontro com a vida cotidiana na Grã-Bretanha me enriqueceu". E concluiu dizendo que os ganhos de se estar "fora do lugar" são muito maiores do que as perdas. "Estar 'dentro', mas um pouco 'fora' é [...] um jeito de preservar o frescor, a inocência e a abençoada ingenuidade do olhar."[46]

Mais ambivalente foi Edward Said, expatriado nos Estados Unidos mas, antes disso, também refugiado da Palestina. Said dizia que o exílio era uma "experiência terrível", mas encontrou compensações

---

45 Kołakowski, In Praise of Exile, reimpresso em seu *Modernity on Endless Trial*, p.55-9.
46 Bauman, em entrevista a Pallares-Burke: *Tempo Social* 16, p.301-25, esp. 312-3.

O olhar desde as margens, ou os usos do deslocamento

para essa "perda desorientadora": notadamente aquilo que, com seu adjetivo predileto, chamava de um olhar "em contraponto" [*contrapuntal vision*], uma "perspectiva dupla" na qual "uma ideia ou experiência é sempre contraposta a outra [...] fazendo que ambas apareçam sob uma luz às vezes nova e imprevisível". Em suma, os exilados, eles próprios desassossegados, têm o poder de desassossegar os outros.[47]

Receptividade

Exílio e expatriação são formas de encontro cultural que, obviamente, precisam ser examinadas de ambos os lados. Assim como pessoas ou comunidades diaspóricas inteiras foram mais ou menos abertas às culturas das terras de acolhimento, também essas terras foram mais ou menos receptivas aos estrangeiros, ou a diferentes tipos de estrangeiros. Os acadêmicos gregos que fugiram para a Itália tiveram a sorte (pensando em termos relativos) de encontrar italianos que queriam aprender o que eles tinham a ensinar. Os estudiosos huguenotes que chegaram a Amsterdã, Londres ou Berlim se depararam com uma situação semelhante. Para pegar exemplos dos anos 1930, a adaptação à nova cultura foi mais fácil para os espanhóis no México do que para os alemães na Grã-Bretanha, pois os espanhóis falavam a mesma língua dos anfitriões (ou mais ou menos a mesma língua, como um deles comentou, não sem ironia). Graças à sua tradição de acolher exilados, a Grã-Bretanha era relativamente aberta aos estrangeiros nos anos 1930, e os Estados Unidos estavam ainda mais abertos naquela época. No microcosmo dos departamentos acadêmicos, universidades em expansão de Istambul à Cidade do México aceitavam pesquisadores estrangeiros com mais facilidade do que as universidades que não dispunham de fundos para mais contratações.

---

47 Said, Reflections on Exile, reimpresso em seu *Reflections on Exile*, p.173-86; id., *Representations of the Intellectual*, p.35-48.

O olhar desde as margens, ou os usos do deslocamento

Nesse momento, vale lembrar o testemunho de dois acadêmicos exilados da década de 1930. Erwin Panofsky escreveu sobre o que chamou de "sincronia providencial" entre a necessidade de os historiadores da arte judeus escaparem da Alemanha e o surgimento da disciplina de história da arte nos Estados Unidos. Da mesma maneira, a psicóloga social Marie Jahoda registrou o que ela chamava de "intricada interação" entre o que os imigrantes traziam e "o que eles encontravam na nova cultura de acolhimento".[48]

A questão da receptividade por parte dos países de acolhida ou, mais precisamente, de grupos e indivíduos nesses países de acolhida, será tema recorrente nestas páginas. Na verdade, todo o livro pode ser descrito como um estudo sobre a história da recepção, em um duplo sentido que inclui tanto a recepção fria ou calorosa dos exilados pelos indivíduos nos países de acolhida quanto a recepção ativa ou criativa de suas ideias e dos conhecimentos que eles traziam consigo. As páginas a seguir se concentram em casos da Europa e das Américas do Sul e do Norte. No entanto, o tema é global, então pode ser esclarecedor emoldurar os casos ocidentais com um breve relato das contribuições ao conhecimento feitas por exilados do antigo Oriente Asiático e dos mundos árabes modernos.

---

48 Panofsky, *Meaning in the Visual Arts*, p.332; Jahoda, The Migration of Psychoanalysis. In: Fleming; Bailyn, op. cit., p.371-419, esp. 421, 445.

2
Um tema global

A contribuição dos exilados para o conhecimento é, naturalmente, um tema global, como sugerem alguns exemplos antigos, medievais e modernos.

Na Antiguidade clássica, as opiniões sobre o exílio variam de positivas a negativas, desde a declaração lapidar de Ovídio, "exílio é morte" (*exilium mors est*), até a frase de Plutarco, que consola um amigo lhe dizendo que, em certo sentido, todos os seres humanos são exilados.[1] Galeno, expatriado, e Políbio, exilado, foram membros proeminentes de um grupo de estudiosos gregos que viveram em Roma, em uma época na qual as origens gregas conferiam prestígio aos eruditos, assim como as origens italianas o fariam durante a Renascença. Galeno de Pérgamo, que ficou famoso por seus muitos tratados médicos, estabeleceu-se em Roma no ano de 162 e serviu a três imperadores na condição de médico da corte. É bem provável que a posição de Galeno em tal metrópole o tenha ajudado a formular e disseminar suas ideias.[2]

---

1 Plutarco, On Exile. In: _____, *Moralia*, p.519-71.
2 Sarton, *Galen of Pergamon*.

Um tema global

Dois dos mais famosos historiadores do mundo antigo, Políbio e Josefo, foram exilados. No ano de 167, Políbio, que morava na cidade grega de Megalópolis, na região da Arcádia, foi levado a Roma como refém, junto com muitos de seus patrícios. Lá ficou por dezessete anos. Suas experiências como grego vivendo em Roma e frequentando os círculos aristocráticos serviram de preparação para suas *Histórias*, cujo tema central era a ascensão de Roma. Políbio escreveu "pensando tanto no público grego quanto no romano", mas, principalmente, colocando-se como mediador, explicando Roma para seus compatriotas gregos.[3] A diáspora de estudiosos judeus depois que o Templo de Jerusalém foi destruído pelos romanos, no ano 70, fornece outro exemplo famoso das consequências intelectuais do exílio, embora a "dispersão dos judeus houvesse começado muito antes de o Templo cair" (o exílio babilônico durou de 597 a 538 a.C.). O equivalente judeu de Políbio foi Tito Flávio Josefo, que lutou contra os judeus, depois serviu a dois imperadores como intérprete e, por fim, adotou um nome romano antes de escrever (em grego) sua história sobre *A guerra dos judeus*.[4] O trunfo intelectual de ambos os historiadores, obviamente associado à sua situação, foi a capacidade de ver os romanos a partir de fora, mas também de dentro.

Bizantinos, persas e árabes

Durante aquilo que os historiadores ocidentais chamam de Antiguidade tardia ou princípio da Idade Média, os contatos entre bizantinos, persas e árabes promoveram a disseminação de conhecimentos e ideias. Depois que a academia nestoriana de Edessa (atual Turquia) foi fechada no ano de 489 pelo imperador bizantino [Zenão I], que via os cristãos nestorianos como hereges, as funções da academia como

---

3 Walbank, *Polybius*, p.3, 21.
4 Gruen, *Diaspora*, p.vii; id., Polybius and Josephus on Rome. In: Gibson; Harrison (orgs.), *Polybius and his World*, p.255-65.

Um tema global

centro de ensino médico e filosófico foram assumidas por instituições similares, notadamente uma em Gundeshapur (Jundisabur, agora no Irã). Essa escola se tornou um ponto de encontro de conhecimentos gregos, persas e também indianos. Da mesma maneira, depois do ano 529, quando o imperador bizantino [Justiniano I] fechou a famosa academia platônica em Atenas, vários filósofos gregos migraram para o Império Sassânida, domínio rival dos gregos, centrado no atual Irã. O governante sassânida, Cosroes I, foi um mecenas do conhecimento e também tradutor de sânscrito e grego. Cosroes convidou eruditos indianos e chineses para visitar sua corte, ofereceu refúgio a cristãos nestorianos do Império Bizantino e encomendou traduções do grego e do siríaco (língua próxima ao aramaico) para o pahlavi (persa antigo). Assim, encontros pessoais entre eruditos de diferentes culturas incentivaram a disseminação de diferentes conhecimentos.

Por exemplo: o *Organon* de Aristóteles (estudos sobre Lógica) e o *Almagesto* de Ptolomeu (estudos sobre astronomia) foram traduzidos do grego para o pahlavi nessa época, junto com vários textos de medicina. Tempos depois, com a conquista árabe da Pérsia, esses escritos receberam novas traduções, dessa vez do pahlavi para o árabe. Foram os árabes que transmitiram esses textos para o Ocidente medieval, onde foram traduzidos uma vez mais, agora para o latim. Assim, a Pérsia e, em particular, Cosroes – junto com os imperadores bizantinos, o que não deixa de ser irônico –, desempenharam um papel crucial nesse empreendimento coletivo que foi a transmissão do conhecimento dos gregos antigos. Diante dessas inúmeras retraduções, não é preciso dizer que o processo de transmissão se deu pela hibridização, pela adaptação consciente ou inconsciente dos textos às culturas que os receberam.[5]

---

5 Labourt, *Le christianisme dans l'empire Perse*; Frye, *The Golden Age of Persia*, p.163-5; Nasr, Life Sciences, Alchemy and Medicine. In: Frye (org.), *The Cambridge History of Iran*, p.396-418; Gutas, *Greek Thought, Arabic Culture*.

Um tema global

Monges itinerantes, cristãos e budistas

Os monges itinerantes foram protagonistas da história da difusão do cristianismo e do budismo – e também de certa parte do conhecimento secular. Na Europa do século VI, o missionário irlandês Columbano e seus discípulos fundaram mosteiros que se tornaram importantes não apenas para o estabelecimento do cristianismo, mas também para a preservação e a transmissão de ensinamentos clássicos. Columbano construiu Bobbio, no norte da Itália, e Luxeuil, na Borgonha. Um de seus seguidores fundou São Galo, na Suíça, e monges de Luxeuil ergueram Corbie, na Picardia. Todas essas quatro abadias se tornaram grandes centros de conhecimento no princípio da Europa medieval.

A recepção do budismo na China, na Coreia e no Japão também deve muito aos expatriados que buscaram assimilar e transmitir conhecimento ao longo dos séculos. Do século IV ao XIV, os monges Kumārajīva, Xuanzang, Jianzheng, Ennin e Dhyanabhadra estiveram entre as principais figuras dessa transmissão. No século IV, o monge indiano Kumārajīva se mudou para a cidade chinesa de Changan, onde traduziu textos sagrados do sânscrito para o chinês. No século VII, o monge chinês Xuanzang fez uma viagem épica de dezessete anos entre a China e a Índia, de onde voltou com muitos textos sagrados em sânscrito, os quais passou o resto da vida traduzindo. No século VIII, Jianzheng, outro monge chinês, foi para o Japão, onde viveu os últimos dez anos de sua vida. Conhecido como Ganjin pelos japoneses, ele fundou um templo, uma escola e ensinou à aristocracia japonesa as doutrinas de Buda. No século IX, o monge japonês Ennin viajou à China, onde passou nove anos estudando com monges e copiando as escrituras budistas, depois voltou ao Japão para difundir o conhecimento da tradição tântrica de meditação. No século XIV, o monge indiano Dhyanabhadra chegou à Coreia e inaugurou um monastério nos moldes da famosa faculdade de Nalanda.

Esse processo de recepção continuou no início do período moderno, passando do antigo budismo indiano para o movimento

58

zen que se desenvolveu na China e depois foi levado para o Japão. No século XVII, por exemplo, o monge chinês Yinyuan Longqi viajou ao Japão com seus discípulos para ali fundar um templo zen. Como Ganjin, ele ficou no Japão pelo resto da vida.[6]

Jornalismo

Exilados e expatriados também tiveram um papel importante ao criar e transmitir conhecimento no mundo islâmico, durante aquilo que os ocidentais chamam de Idade Média. Assim como no mundo antigo, essa foi uma época em que as fronteiras tinham muito menos importância do que viriam a ter mais tarde. Tanto o árabe clássico quanto aquilo que os linguistas chamam de "novo persa" eram muito difundidos entre os letrados. Mesmo assim, as diferenças entre as culturas ainda eram significativas, fato que alguns estudiosos conheceram por experiência própria. O astrônomo persa Abu Ma'shar (conhecido no Ocidente como Albumasar) estudou em Benares e trabalhou em Bagdá. O filósofo (ou melhor, polímata) persa Al-Farabi, conhecido na época como um segundo Aristóteles (sobre o qual escreveu diversos comentários), veio de uma cidade que ficava no atual Cazaquistão e viveu em Bagdá e Damasco. O geógrafo Al-Idrisi saiu do Marrocos e trabalhou em Palermo. O gramático Abu Hayyan veio de Granada, mas viveu no Cairo. O historiador Ibn Khaldun veio de Túnis e depois morou em Fez, Granada e Cairo.

De volta ao mundo moderno, poucos são os exilados que se destacam pelo impacto que suas ideias tiveram sobre os intelectuais ocidentais, sobre seus colegas muçulmanos ou sobre ambos. Um deles é Edward Said, que não poderia ter mais consciência de sua posição de exilado, para o bem e para o mal. Um outro exemplo é Jamal al-Din

---

6 Colcutt, *Five Mountains*; Wu, The Taikun's Zen Master from China, *East Asian History* 38, p.75-96.

Um tema global

al-Afgani, que nasceu no Irã, viveu na Índia e no Egito e desenvolveu uma crítica ao imperialismo ocidental.

Um significativo exemplo coletivo da importância dos exilados para a disseminação do conhecimento vem da história do jornalismo. Vários grandes jornais e periódicos foram fundados por árabes da Síria que haviam se mudado para o Egito, porque ali a censura era menos rigorosa na época do quediva Ismail e de lorde Cromer, cônsul-geral britânico. Esses jornalistas árabes incluíam os irmãos Salim e Bishara Taqla, que fundaram o *Al-Ahram* (1875); Farah Antun, que escrevia para o *Al-Ahram*; Faris Nimr, que fundou vários periódicos, entre eles o *al-Muqattam*; e o reformista muçulmano Muhammad Rashid Rida, que escrevia para o *al-Manar*. Esses escritores moravam em Alexandria ou no Cairo, mas seus textos se endereçavam a todo o mundo árabe, o que, graças à escrita comum, não era algo difícil de alcançar.[7]

O jornalismo é uma ocupação comum a muitos exilados políticos de diferentes lugares e tempos. Alguns exemplos famosos são o sul-americano Andrés Bello, que publicou o *Repertorio Americano* (1826) enquanto morava em Londres; o russo Alexander Herzen, cujo periódico *Kolokol* (O Sino) também era produzido em Londres (1857-1865); e o reformista chinês Liang Qichao, que fugiu para o Japão e ali criou um jornal em chinês, o *Xinmin Congbao* (O Novo Cidadão, 1902-1907). Outros exemplos, especialmente de exilados protestantes em Berlim, Londres e na República Holandesa, irão aparecer em uma próxima seção.

Exemplos como estes são importantes porque nos lembram que a contribuição dos exilados e expatriados para o conhecimento nos últimos quinhentos anos não se restringiu ao Ocidente, como podem sugerir os estudos de caso oferecidos no restante deste livro. Mas agora voltaremos a tais estudos, começando pelos exilados do início da Europa moderna.

---

7 Reid, *The Odyssey of Farah Antun*, p.42-62; Haim (org.), *Arab Nationalism*, p.19-25.

3
Exílios do início da Era Moderna

Este capítulo trata daquilo que o historiador alemão Heinz Schilling certa vez chamou de "migração confessional" dos séculos XVI e XVII, quando "os refugiados religiosos se tornaram um fenômeno de massa", quiçá pela primeira vez na história.[1] Veremos quais consequências trouxeram para o conhecimento os exílios de cinco grupos religiosos: judeus, muçulmanos, cristãos ortodoxos, católicos e protestantes.

As diásporas de gregos, judeus e muçulmanos

Os gregos

Do ponto de vista do deslocamento, pode-se dizer que o período moderno começou em 1453, com a queda de Constantinopla, capital dos restos de Bizâncio, diante das forças do sultão otomano Maomé II,

---

1 Schilling, Innovation through Migration: the Settlements of Calvinistic Netherlanders in Sixteenth- and Seventeenth-Century Central and Western Europe, *Histoire Sociale-Social History* 16, p.7-34, esp. 32; Terpstra, *Religious Refugees in the Early Modern World*, p.4.

Exílios do início da Era Moderna

"o conquistador". À queda da cidade se seguiu a fuga de muitos gregos para a Itália, entre eles alguns eruditos famosos. Na verdade, essa fuga começara ainda antes, ao longo do avanço otomano. Afinal, Constantinopla estivera "sob um cerco quase constante" desde 1422.[2] O movimento de refugiados também continuou para muito além de 1453, a partir de ilhas gregas como Corfu e, especialmente, Creta.

Quanto às consequências desse movimento, tradicionalmente se diz que o ano de 1453 marcou o começo do Renascimento, ou pelo menos do humanismo renascentista. A alegação pode ser descrita como "o mito de 1453", pois dramatiza um processo ao apresentá-lo como um evento singular, com data precisa, tornando-o, portanto, mais memorável. Essa história remonta ao próprio século XV. Já nos anos 1460, o humanista Pier Candido Decembrio alegava: "Quando os bárbaros infiéis destruíram a cidade de Constantinopla [...] é difícil de acreditar, mas muitos italianos se tornaram gregos". A ideia ainda era levada a sério trezentos anos depois, por Voltaire, por exemplo, embora alguns estudiosos da época já a criticassem.[3] Afinal, é bem óbvio que o reflorescimento da tradição clássica na literatura, no conhecimento e também nas artes visuais começou na Itália muito antes do ano de 1453, na época de Petrarca (1304-1374), Lovato Lovati (1241-1309) ou ainda antes. Alguns humanistas italianos passaram anos na Grécia antes de 1453, entre eles Giovanni Aurispa, que se estabeleceu em Quios e reuniu uma coleção de manuscritos de Sófocles, Tucídides e outros escritores antigos; Guarino de Verona, que estudou com Manuel Crisoloras em Constantinopla; e Francesco Filelfo, que estudou com Janos, sobrinho de Manuel.

Pode-se argumentar que o êxodo de eruditos gregos ocorreu em um momento relativamente oportuno. Ao contrário do que reza o mito, os estudiosos chegaram quando os primórdios da Renascença

---

2 Geanakoplos, *Greek Scholars in Venice*, p.77.
3 Burke, The Myth of 1453: Notes and Reflections. In: Erbe et al. (orgs.), *Querdenken*, p.23-30, esp. 24, 27-8.

Exílios do início da Era Moderna

já estavam em marcha, ocasionando uma crescente demanda pelo conhecimento da língua e da filosofia gregas, justo no instante em que os exilados podiam ofertá-lo, o que acabou por disseminar esse conhecimento, primeiro na Itália, depois em outros lugares da Europa. A maior disponibilidade de estudiosos gregos acompanhou uma maior receptividade entre seus colegas italianos.

Não é difícil fazer uma lista de cerca de cinquenta gregos que contribuíram para essa disseminação. Uma das figuras mais notáveis foi Manuel Crisoloras, que a convite de Coluccio Salutati chegou a Florença em 1397, onde ensinou grego a importantes humanistas, como Leonardo Bruni, Ambrogio Traversari e Guarino de Verona, e publicou uma gramática da língua grega. Outro foi Teodoro Gaza, que era de Tessalônica (hoje Salonica) e fugiu para a Itália depois de a cidade cair ante os turcos, em 1430. Ele ensinou grego em Ferrara antes de se mudar para Roma, onde foi tradutor e estudioso de filosofia grega, depois ainda viveu em Nápoles. Um terceiro foi Demetrius Chalcondyles, que saiu de Atenas e chegou à Itália em 1447, tornando-se o primeiro professor de grego da Universidade de Pádua e ensinando também em Perugia, Florença e Milão. Um quarto foi Ioannis Argyropoulos [João Argirópulo], refugiado de Constantinopla, onde fora capturado em 1453. Assim como Crisoloras, lecionou em Florença.

Graças a professores como esses, vários humanistas italianos aprenderam a ler Aristóteles e Platão no original, escapando assim dos equívocos que resultavam da leitura das traduções latinas feitas a partir de traduções árabes (pois os árabes é que haviam transmitido o conhecimento grego para o Ocidente na Idade Média). O lema humanista *ad fontes*, "às fontes", não poderia ser posto em prática sem a ajuda desses exilados – ou de seu companheiro de exílio, o judeu Yohanan Alemanno, que nasceu em Constantinopla, se mudou para a Itália por volta de 1453, escreveu sobre filosofia e deu aulas de hebraico para o humanista Giovanni Pico della Mirandola.

Alguns dos exilados traduziram livros do grego ao latim para uma parte menos instruída do público. Gaza, por exemplo, traduziu

63

Aristóteles. Demetrius Chalcondyles ajudou Ficino com sua tradução de Platão. Jorge de Trebizonda (Trapezuntius) traduziu tanto Aristóteles quanto Platão (embora suas traduções tenham sido criticadas à época, porque imprecisas). Em uma geração posterior, Maximos Margounios, cretense que se tornou bispo da ilha grega de Citera (Kythira), viveu em Veneza, escreveu poesia e traduziu para o latim obras de teólogos de língua grega, como Gregório de Nissa e João de Damasco. De origem miscigenada (seu pai era grego e sua mãe, veneziana), Margounios teve de mediar não apenas linguagens, mas também crenças, pois tentou fazer a reconciliação entre católicos, luteranos e gregos ortodoxos. Suas tentativas não tiveram sucesso.

Os exilados passaram o conhecimento da língua e da cultura gregas não apenas aos italianos, mas também a outros europeus. Chalcondyles, por exemplo, foi professor do alemão Johann Reuchlin e dos ingleses William Grocyn e Thomas Linacre, e Andrônico Calisto, primo de Teodoro Gaza, ensinou ao humanista espanhol Antonio Nebrija. Esses estrangeiros vieram estudar na Itália, mas, tempos depois, eruditos gregos se mudaram para a França e outros países. Georgios Hermonymos veio de Esparta e se mudou para Paris, onde teve alunos como Erasmo e Guillaume Budé. João Láscaris, que fugiu de Constantinopla em 1453, também foi para Paris depois de ensinar grego na Itália. Demetrios Doukas, cretense que se mudou para Veneza, foi convidado a viver na Espanha, onde ensinou grego na nova Universidade de Alcalá e se uniu ao grupo que estava trabalhando em uma edição multilíngue da Bíblia, a chamada "Poliglota Complutense".

Estudiosos menos conhecidos também ensinaram grego na Itália e em outros lugares, e outros exilados fizeram contribuições ao conhecimento de diferentes maneiras. Alguns eram médicos, uma profissão que os imigrantes podem praticar facilmente (ao contrário do direito, por exemplo). Thomas Frank, que, apesar do nome, era grego, veio a ser médico pessoal do cardeal Beaufort na Inglaterra e, depois, do rei Carlos VII da França. Outros exilados ganharam a vida copiando manuscritos gregos, os quais contavam com uma demanda crescente.

Janos Bessarion, bispo grego que se mudou para a Itália e se tornou cardeal, foi patrono de vários escribas e, no fim da vida, era dono de quase oitocentos manuscritos gregos, os quais deixou para a igreja de San Marco, em Veneza. Do trabalho como escriba para o ofício de tipógrafo ou revisor de textos gregos era apenas um passo. Tipógrafos não fugiram de Constantinopla – a nova invenção ainda não havia chegado a Bizâncio em 1453 –, mas alguns refugiados se tornaram tipógrafos. Demetrios Damilas, por exemplo, veio de Creta e trabalhou como escriba e tipógrafo em Milão e outras cidades. Entre os livros que ele produziu estava uma gramática grega. Zacharias Calliergis, também cretense, mudou-se para Veneza e ficou famoso por causa de sua bela caligrafia antes de se tornar tipógrafo em 1515, quando elaborou uma fonte de tipo grego e contratou conterrâneos para trabalhar como compositores e revisores. Ao final do século XV havia cerca de 4 mil gregos vivendo em Veneza, a maioria cretenses, então Calliergis contava com um amplo potencial de recrutas. O famoso erudito e tipógrafo Aldo Manúcio, que viera dos Estados Papais, mudou-se para Veneza e ali montou sua prensa, em 1494. Como se especializara em textos gregos, é provável que Aldo tenha estabelecido seu negócio em Veneza para ficar mais perto da força de trabalho grega (incluindo estudiosos como Marcus Musurus) e também da matéria-prima: os manuscritos que Bessarion legara à cidade.

Esses professores, tradutores, copistas, tipógrafos e revisores podem ser descritos como mediadores, não tanto entre a cultura das terras que os acolheram e sua própria cultura bizantina e cristã oriental, mas entre as terras acolhedoras e a Grécia antiga. No entanto, os exilados e seus alunos na Itália e em outros lugares também se interessavam pelos "Pais da Igreja" de língua grega. O exilado cretense Jorge de Trebizonda traduziu o tratado *Praeparatio evangelica*, do cristão primitivo Eusébio, e o humanista Leonardo Bruni, que aprendeu grego com o exilado Manuel Crisoloras, traduziu obras de Basílio de Cesareia, teólogo do século IV.

Exílios do início da Era Moderna

A diáspora judaica

A próxima data importante na história dos exilados europeus é 1492, ano em que os judeus começaram a fugir da Espanha para escapar da conversão à força, pouco depois da conquista cristã de Granada. A fuga (como em outros casos discutidos neste livro, de 1453 a 1933) não foi apenas um evento, mas parte de um processo maior, de modo que é preciso pôr a data dentro de um contexto mais amplo, "a vasta sombra de 1391", tempo de *pogroms* e conversões forçadas.[4] Os exilados judeus que fugiram para evitar a conversão em 1492 provavelmente somavam mais de 100 mil pessoas (embora estimativas mais antigas chegassem a 200 mil). Mais da metade fugiu para Portugal, onde, em 1497, os judeus mais uma vez enfrentaram duas alternativas: conversão ou fuga.

Abraham Zacuto, por exemplo, então professor de astronomia na Universidade de Salamanca, fugiu para Portugal em 1492 e, depois, se mudou para Túnis. Não foi o único acadêmico a buscar refúgio no norte da África: Jacob Beirav partiu da Espanha para Fez (passando por Egito, Jerusalém, Damasco e, por fim, Safed) e Abraham ben Salomon de Torrutiel, mais conhecido como cronista, foi levado da Espanha para Fez ainda criança. Outros refugiados foram para a Itália, como o rabino Isaac Abravanel e seu filho Judá, que deixaram a Espanha e seguiram para Nápoles, ou Jacob Mantino ben Samuel, que se mudou para a Itália, estudou na Universidade de Pádua e passou boa parte da carreira traduzindo livros hebreus para o latim.[5]

Outros fugiram para o Império Otomano, especialmente para Istambul, Salonica e Safed.[6] Entre estes, estudiosos como o advogado

---

4 Ray, *After Expulsion*, p.8, 18-23.
5 Sobre Isaac Abravanel, Baer, *Galut*, p.60-8; Netanyahu, *Don Isaac Abravanel, Statesman and Philosopher*, p.53-60.
6 Kamen, The Mediterranean and the Expulsion of the Spanish Jews in 1492, *Past & Present* 119, p.30-55; id., *The Disinherited*, p.1-52; Beinart, *The Expulsion of the Jews from Spain*; Soyer, *The Persecution of the Jews and Muslims of Portugal*, p.241-81.

Exílios do início da Era Moderna

e místico Joseph Caro; o talmudista e cabalista Joseph Taitatzak, que partiu para Salonica; e Moshe Hamon, de Granada, que foi levado para Istambul ainda criança, tornou-se médico do sultão Solimão, o Magnífico, colecionou livros, escreveu tratados e foi patrono do ensino.[7] O conhecimento da Cabala se espalhou da Espanha para o Império Otomano, particularmente para Safed.

Outros estudiosos, nascidos de famílias espanholas e portuguesas que haviam se convertido ao cristianismo, emigraram e se assumiram como judeus. Entre os exemplos mais famosos, dois médicos humanistas: Amato Lusitano, que se mudou para Salonica na metade do século XVI, e Didacus Pyrrhus Lusitanus, que o fez para Ragusa. Em meados do século XVII, Safed e Salonica (que veio a ser chamada de "segunda Jerusalém") haviam se tornado centros de estudos rabínicos e cabalísticos. Istambul, Salonica e Safed "substituíram Toledo, Córdoba e Barcelona como polos do saber e da vida intelectual judaica".[8]

Lendo os relatos das realizações dos acadêmicos dessa diáspora, é difícil resistir à impressão de que os exilados mantiveram suas tradições do estudo da Bíblia, da Torá e da Cabala, em vez de aprenderem ou contribuírem com as culturas dos lugares onde se estabeleceram. Nesse aspecto, foram bem distintos de seus equivalentes da Grande Diáspora dos anos 1930. Talvez fosse amplamente compartilhada a opinião expressa pelo rabino Yosef Yavetz, que trocou a Espanha pela Itália, de que os judeus espanhóis não estavam muito interessados no conhecimento secular.

Ainda assim, o tratado do próprio Yavetz ilustra uma importante exceção a esse tradicionalismo: a escrita da história. A história não tivera papel de destaque nas tradições culturais dos judeus durante a Idade Média. Mas, depois de 1492, alguns estudiosos se voltaram para essa direção. O trauma de 1492 levou uma série de indivíduos a registrar e interpretar o que acontecera: Isaac Abravanel, Moses

---

7 Sobre Caro, Werblowsky, *Joseph Caro, Lawyer and Mystic*.

8 Levy, *The Sephardim in the Ottoman Empire*, p.37.

Almosnino, Abraham Ardutiel, Joseph ha Cohen, Shem Tov ibn Jamil, Gedaliah ibn Yahya e Abraham Zacuto, por exemplo. A expulsão daquele ano foi vista como uma reedição da história judaica, um novo êxodo. Também foi interpretada como castigo divino pelos pecados dos judeus. Outra reação, a de Isaac Abravanel, por exemplo, foi confiar na Providência e aguardar a iminente vinda do Messias, assim respondendo às provocações cristãs que acompanharam a expulsão. Em suma, nas palavras de Yosef Yerushalmi, "o estímulo primordial para a ascensão da historiografia no século XVI foi a grande catástrofe".[9] De maneira similar, a invasão francesa da Itália em 1494 e a consequente necessidade psicológica de explicar o desastre inspiraram diversas histórias sobre o evento e seus desdobramentos, incluindo *História da Itália*, obra-prima de Francesco Guicciardini.

Uma segunda onda de exilados deixou a Espanha, Portugal e os Países Baixos Espanhóis no século XVII, a maioria com destino a Amsterdã, conhecida à época como "Jerusalém do Norte".[10] Entre os mais famosos eruditos judeus desse movimento estavam: Menasseh ben Israel, pregador e teólogo que se correspondia com alguns dos maiores acadêmicos europeus daqueles tempos, como Hugo Grotius e Claudius Salmasius; Uriel da Costa, cuja crítica ao judaísmo tradicional – revelando o distanciamento típico de alguns exilados – levou à sua excomunhão e, por fim, ao suicídio; e, é claro, o filósofo Baruch Spinoza, que, graças a suas crenças pouco ortodoxas, acabou expulso da comunidade judaica de Amsterdã em 1656.

A família de Spinoza fora expulsa da Espanha em 1492, migrara para Portugal e, mais tarde, para a França e a República Holandesa, onde Baruch nasceu. No entanto, sua língua materna era o português.

---

9 Netanyahu, op. cit., p.130-49; Yerushalmi, *Zakhor*, p.57-76, esp. 58-9; Ray, op. cit., p.145-55; Genot-Bismuth, L'argument de l'histoire dans la tradition espagnole de polémique judéo-chrétienne. In: Stillman; Stillman (orgs.), *From Iberia to Diaspora*, p.197-213.

10 Kaplan, La Jérusalem du Nord. In: Méchoulan (org.), *Les juifs d'Espagne*, p.191-209.

Enxergasse ou não a cultura holandesa através de olhos sefarditas e a cultura sefardita através de olhos holandeses, sua vida entre culturas provavelmente o libertou de qualquer tipo de ortodoxia e o encorajou a desenvolver ideias originais.

Essas migrações todas privaram diversos países de saberes valiosos. Um agente diplomático francês em Istambul notou que entre os refugiados judeus na cidade havia artesãos que estavam ensinando os turcos a fabricar armas de fogo e munições.[11] Muitos médicos da Espanha e de Portugal eram judeus, e vários deles partiram depois de 1492.

Por outro lado, ao contrário de seus colegas gregos na Itália, eruditos judeus exilados ensinaram e escreveram seus livros principalmente para outros judeus, com raras exceções, como Elia del Medigo, filho de refugiados da Alemanha que morou em Perugia e ensinou um pouco de hebraico e árabe ao famoso humanista Pico della Mirandola.

Tipógrafos judeus, que já estavam bem estabelecidos na Espanha em 1492, fizeram parte do êxodo geral e montaram suas prensas em novos lugares. Duas famílias de tipógrafos foram particularmente importantes nesse aspecto, os Soncino e os Ibn Namias, que fundaram prensas em Istambul, Salonica e Manastýr no final do século XV e início do XVI. Como imprimiam livros em hebraico para leitores judeus, estavam livres das proibições gerais do sultão. De maneira similar, tipógrafos judeus na Amsterdã do século XVII (por exemplo, Joseph Athias, Immanuel Benveniste, David de Castro Tartas e Menasseh ben Israel, que já foi mencionado como erudito) se especializaram em livros em hebraico, mas também publicaram textos judaicos em traduções espanholas.

No entanto, Athias não restringiu suas atividades a esse tipo de livro. Ele afirmou ter produzido mais de 1 milhão de Bíblias inglesas, além de livros litúrgicos católicos.[12] Tartas publicou diversos livros em iídiche, inclusive uma novela sobre o rei Arthur, testemunhando

---

11 Mazower, *Salonica, City of Ghosts*, p.48.

12 Heller, *The Seventeenth-Century Hebrew Book*, p.xxix.

Exílios do início da Era Moderna

o grande apelo por romances de cavalaria na época. E ele não estava só. Sabe-se que 318 tipógrafos judeus trabalharam em Amsterdã entre 1600 e 1732, produzindo livros em iídiche a fim de exportar para a Polônia e em hebraico para a comunidade judaica local, e também para exportação.[13] Quanto ao conhecimento secular, Joseph Penso de la Vega, culto mercador sefardita, publicou em Amsterdã, no ano de 1688, um livro notável em espanhol, sob o intrigante título *Confusión de confusiones* [Confusão de confusões]. Na forma de um diálogo animado entre "um filósofo sutil, um mercador prudente e um corretor versado", a obra descreve o mercado de ações. O autor fala sobre os estratagemas dos especuladores e traz as primeiras referências escritas aos *bulls* (ou touros, aqueles que contam com a alta do mercado, a quem ele chama de *amantes*) e aos *bears* (ou ursos, aqueles que contam com a queda do mercado, a quem o autor chama de *contraminores*). Ele apresenta o mercado de ações como um "labirinto intricado" e também como o teatro onde acontece a melhor das comédias humanas. Não é difícil imaginar como ele teria escrito sobre confusões posteriores, como a bolha da Companhia dos Mares do Sul em 1720, que afetou Amsterdã e Londres, ou então sobre a bolha internacional de 2008.[14]

Foi na Amsterdã do século XVII que os judeus asquenazes do Leste Europeu – fugindo da Guerra dos Trinta Anos e dos *pogroms* que ocorreram nos primórdios da revolta de Bohdan Khmelnytsky na Ucrânia – encontraram os judeus sefarditas da Península Ibérica.[15] É difícil dizer se esse encontro teve ou não importantes consequências intelectuais, mas algumas evidências sugerem uma resposta positiva.

---

13 Davies, *The World of the Elseviers*, p.129; Fuks-Mansfield, The Hebrew Book Trade in Amsterdam in the 17th Century. In: Berkvens-Stevelinck et al. (orgs.), *Le magasin de l'univers*, p.155-68.

14 Penso de la Vega, *Confusión de Confusiones*, p.82, 156 e *passim*. Sobre esse contexto, veja Israel, Jews and the Stock Exchange. In: _____, *Diasporas within a Diaspora*, p.449-88, esp. 472-4, 483-5.

15 Kaplan, The Portuguese Community in Seventeenth-Century Amsterdam and the Ashkenazi World. In: Michman (org.), *Dutch Jewish History*, p.23-45.

Por exemplo: Uri Phoebus Halevi – que nasceu em Amsterdã e trabalhou como tipógrafo na cidade e, por um tempo, também na Polônia – frequentou tanto a congregação asquenaze quanto a sefardita e deu emprego a compositores de ambos os grupos. David de Castro Tartas, filho de "cristãos-novos" de Portugal e financiado por mercadores asquenazes, publicou livros e jornais para os dois públicos: a *Gazeta de Amsterdam*, em espanhol, para um, e o *Dinstagishe un Freytagishe Kuranten*, em iídiche, para o outro.[16] Saul Levi Mortera, autoridade no Talmude, entre cujos pupilos se encontrava Spinoza, era um asquenaze de Veneza que, de maneira muito pouco usual, acabou se tornando rabino da comunidade sefardita de Amsterdã. Outro asquenaze muito ativo entre os sefarditas foi Shabetai Bass, conhecido por ter compilado a primeira bibliografia impressa de livros hebraicos, sob o poético título de *Sifte yeshenim* [Os lábios dos adormecidos] (1680). Alguns compositores e revisores asquenazes trabalharam em tipografias sefarditas na cidade.[17]

Em suma, a contribuição que os exilados judeus trouxeram para o conhecimento foi menos a mediação entre duas culturas do que a tentativa de preservar suas tradições religiosas em circunstâncias adversas. Os exemplos mais óbvios de mediação foram os intérpretes judeus (conhecidos como *línguas*), que trabalhavam para os portugueses que os haviam expulsado da Índia e de outros domínios do Império Português. Os intérpretes judeus foram empregados por Vasco da Gama e também pelo descobridor do Brasil, Pedro Álvares Cabral.[18]

O melhor exemplo de exilado judeu atuando como mediador provavelmente é o de Garcia de Orta, "cristão-novo", filho de refugiados espanhóis e médico do rei João III de Portugal. Aos 30 e poucos anos,

---

16 Fuks; Fuks-Mansfeld, *Hebrew Typography in the Northern Netherlands*, p.233-47, 340-1.

17 Gostaria de calorosamente agradecer a Yosef Kaplan por essa informação.

18 Couto, The Role of Interpreters, or *Linguas*, in the Portuguese Empire in the Sixteenth Century. Disponível em: www.brown.edu/Departments/Portuguese_Brazilian_Studies/ ejph/html/issue2/html.

Garcia de Orta se mudou para Goa, talvez para evitar as investigações da Inquisição. Ele estudou as plantas medicinais nativas e publicou um diálogo sobre elas, *Colóquios dos simples*, cuja tradução latina se tornou bastante conhecida na Europa. Um dos participantes do diálogo é um médico indiano, o que sugere que Garcia aprendeu com as plantas e também com as pessoas locais.[19]

Outro exemplo é Jacob Castro Sarmento, que fugiu de Portugal para a Inglaterra em 1720, para escapar dos olhares da Inquisição. Ele publicou o primeiro livro em português sobre as ideias de Isaac Newton, um estudo sobre a teoria das marés, lançado em Londres no ano de 1737. Não se sabe ao certo se tal livro encontrou muitos leitores. É provável que a gramática inglesa que Castro publicou em português, na cidade de Lisboa, em 1751, tenha gozado de melhor sorte.[20]

A diáspora muçulmana

Assim como os judeus, os muçulmanos da Espanha e de Portugal foram forçados a escolher entre a conversão e o exílio. Muitos deixaram Granada a partir de 1492, Portugal depois de 1497, Castela após 1502 e Aragão ao longo dos anos 1520. É provável que 100 mil muçulmanos tenham deixado a Espanha, principalmente para o norte da África, seguidos por números menores de muçulmanos de Portugal.[21] Uma segunda onda sobreveio em 1609-1614, quando o governo espanhol expulsou os "mouriscos" – em outras palavras, os muçulmanos que haviam se convertido (pelo menos oficialmente) ao cristianismo. Cerca de 300 mil partiram da Espanha, um terço só de Valência. A maioria seguiu para Tunísia ou Marrocos, alguns para Argélia ou Istambul. Essa "migração de habilidades" foi uma perda inestimável para a Espanha: uma perda de comerciantes, tecelões de seda, ceramistas (que

---

19 Raj, Beyond Postcolonialism, *Isis* 104, p.337-47.
20 Andrade; Guimarães, *Jacob de Carlos Sarmento*.
21 Vincent, *1492*, p.118-20; Soyer, op. cit., p.241-81; Kamen, op. cit., p.53-93.

Exílios do início da Era Moderna

trabalhavam inclusive com os famosos azulejos), pedreiros e carpinteiros. Sabe-se menos ainda sobre a perda de eruditos.

A exemplo dos judeus, os exilados muçulmanos não parecem ter desempenhado um papel importante como mediadores, embora Sidi Ali, que viera de Granada, tenha ido para a Índia na condição de intérprete do vice-rei português, Afonso de Albuquerque. Mas pouco se sabe (pelo menos entre os historiadores que não leem árabe) sobre o impacto desses exilados da Espanha no exterior, então qualquer tipo de conclusão seria imprudente.

Na verdade, o exemplo mais notável de mediação intelectual foi um tanto relutante. Hasan al-Wazzân – conhecido no Ocidente como Leão, o Africano – nasceu em Granada e em 1492 se mudou com os pais para Fez, onde estudou e seguiu carreira diplomática. Com pouco menos de 30 anos, foi capturado por piratas cristãos e levado para Roma, onde se batizou como "Leão", em homenagem a seu amo, o papa Leão X. Ensinou árabe em Bologna, elaborou uma gramática do idioma e, a pedido do papa, escreveu sua famosa *Descrittione dell'Africa* [Descrição da África], publicada em italiano no ano de 1550. Traduzido para francês, latim e inglês ainda antes de 1600, o texto trouxe uma importante contribuição para o conhecimento ocidental da África, particularmente do norte do continente.[22] Junto com o estudioso judeu italiano Jacob Mantino, al-Wazzân trabalhou em um dicionário árabe-hebraico-latim, assim constituindo um bom exemplo de contribuição ao conhecimento via hibridização.

A diáspora católica

Depois de 1492, as diásporas importantes seguintes foram as que sobrevieram à Reforma, e elas não se associaram a datas precisas, pelo menos não até a revogação do Édito de Nantes, em 1685, tema que discutiremos mais adiante. Os católicos fugiram dos países que se

---

22 Zhiri, *L'Afrique au miroir de l'Europe*; Davis, *Trickster Travels*.

Exílios do início da Era Moderna

tornaram oficialmente protestantes, como Inglaterra, Escócia, Suécia e a nova República Holandesa, ao passo que os protestantes fugiram de países que permaneceram católicos, especialmente Itália e Espanha.

Uma característica importante do exílio católico foi a fundação de *colleges* para os exilados, entre eles o Collegium Germanicum et Hungaricum (1552), o English College (1579), e o College of St. Isidore (para os irlandeses, 1625), todos eles em Roma; o English College de Douai, na França (1561); o Royal English College, em Valladolid (1589); o College of St. Gregory, em Sevilha (1592); o Royal Irish College, em Salamanca (1593); o College of St. Omer (1593); e o Royal Scots College, em Madri (1627).[23] Que tipo de contribuição esses exilados trouxeram ao conhecimento? Embora oferecessem uma educação geral, o maior objetivo desses *colleges* era formar sacerdotes que voltassem a suas terras de origem. Em outras palavras, assim como no caso dos judeus, a principal função intelectual dos exilados católicos foi ensinar outros exilados para manter as tradições religiosas, e não fazer mediações entre culturas ou produzir novos conhecimentos. O mesmo se pode dizer a respeito dos livros que esses exilados escreveram. O franciscano irlandês Luke Wadding, por exemplo, foi reitor do College of St. Isidore e dedicou muitos anos da vida à escrita de anais da sua ordem. Já o inglês Richard Smith, professor de teologia em Oxford, tornou-se reitor da universidade fundada pelo rei Filipe da Espanha em Douai. Defendendo a fé católica ou atacando Calvino, Teodoro de Beza e Filipe Melâncton, Smith provavelmente escrevia não tanto para convencer os protestantes, mas sim para evitar que os católicos fraquejassem. Por outro lado, o padre Richard Lassels, secretário latino de Smith, atuou como mediador. Ele traduziu uma obra do historiador católico Cesare Baronio, mas ficou mais conhecido por sua *Description of Italy*

---

23 Sánchez, Los misioneros de la restauración católica: la formación en los colegios ingleses. In: Castelnau-L'Estoile (org.), *Missions d'évangélisation et circulation des savoirs*, p.87-110.

[Descrição da Itália], um relato da cultura italiana para leitores ingleses que surgira de sua experiência como guia de membros das classes mais altas em seus passeios pelo país.[24] Outras exceções a essa regra também são dignas de nota. Em primeiro lugar, os exilados disseminaram o conhecimento das novas tendências do Catolicismo, muitas vezes descritas como "Contrarreforma".[25] Católicos ingleses, por exemplo, descobriram novas maneiras de devoção com seus compatriotas que viviam na França, em Flandres, na Itália e Espanha. No século XVII, católicos do sul da Holanda aprenderam a teologia conhecida como "jansenismo" com líderes franceses do movimento, tais como Antoine Arnauld e Pasquier Quesnel, ambos refugiados em Bruxelas.

A tradução, é claro, foi muito importante nesse disseminar das novas formas de catolicismo. O tipógrafo inglês John Heigham, exilado em Douai e St. Omer, traduziu obras de escritores devocionais italianos, espanhóis e franceses. Mateo Martinez Waucquier – que trocara Middelburg, no norte da Holanda, pela Antuérpia, no sul, para escapar da Reforma – passou boa parte da vida traduzindo para o latim trabalhos de devoção católica (de Teresa de Ávila e Francisco de Sales, por exemplo), para que tais escritos pudessem se disseminar ainda mais. De maneira similar, Michael ab Isselt, outro refugiado do norte da Holanda (nesse caso, de Amersfoort), mudou-se para Colônia e ali verteu textos devocionais do escritor espanhol Luís de Granada para o latim. Isselt também editou o *Mercurius Gallo-Belgicus*, periódico publicado em Colônia, de 1592 até 1597, ano de sua morte. Junto com Roma e Antuérpia, Colônia (onde muitos trabalhos de devoção católica foram publicados em latim) se tornou um importante centro de circulação de conhecimento católico da época.

---

24 *Oxford Dictionary of National Biography*, [s.v.], "Lassels, Richard".

25 Janssen, The Counter-Reformation of the Refugee, *Journal of Ecclesiastical History* 63, p.671-92.

Em alguns casos, os exilados católicos desempenharam um papel importante também na disseminação do conhecimento secular. Os primeiros exemplos são os de Johannes Magnus, arcebispo de Uppsala, e seu irmão Olaus, que deixaram a Suécia quando o rei Gustavo Vasa impôs o protestantismo e foram viver em Veneza e, a partir de 1537, em Roma. Como é comum aos exilados, eles se voltaram ao estudo da terra natal. Johannes escreveu um relato sobre os reis dos godos (os quais os suecos acreditavam ser seus ancestrais), e Olaus publicou uma história do norte da Europa, difundindo assim o conhecimento sobre a Escandinávia. Uma geração depois, o irlandês Richard Stanihurst, alquimista e historiador que se mudara para a Holanda, publicou uma história da Irlanda (1584) e da vida de São Patrício (1587), ambas na Antuérpia.[26] A exemplo dos irmãos Magnus, podemos dizer que suas pesquisas foram motivadas pela nostalgia.

Pelo menos um exilado católico se dedicou à tradução de obras seculares. Aegidius Albertinus saiu de Deventer, no norte da Holanda, seguiu para a Espanha e, depois, para Munique, onde se tornou bibliotecário da corte e traduziu o moralista espanhol Antonio de Guevara para o latim e a novela picaresca *Guzmán de Alfarache* para o alemão.

Alguns exilados católicos, como o inglês Thomas Stephens, tornaram-se jesuítas e partiram em missões (no caso de Stephens, para a Índia). Os jesuítas irão aparecer mais à frente no papel de expatriados e não de exilados, mas há uma importante exceção coletiva que merece ser mencionada aqui. Quando o rei Carlos III da Espanha expulsou os jesuítas de seus domínios, em 1767, mais de 2 mil deixaram a Espanha e a América espanhola, seguindo principalmente para a Itália.[27]

---

26 Lennon, *Richard Stanihurst the Dubliner*.

27 Cian, *L'immigrazione dei gesuiti spagnuoli letterati in Italia*; Batllori, *La cultura hispano-italiana de los jesuitas expulsos*; Tietz; Briesemeister (orgs.), *Los jesuitas españoles expulsos*; Guasti, The Exile of the Spanish Jesuits in Italy. In: Burston; Wright (orgs.), *The Jesuit Suppression in Global Context*, p.248-61.

Entre os jesuítas espanhóis se encontravam alguns eruditos, como o linguista Lorenzo Hervás, por exemplo, que foi descrito como "a grande figura esquecida do Iluminismo espanhol". Embora às vezes se diga que ele foi missionário no Novo Mundo, Hervás jamais saiu da Europa. Foi em Roma, ainda um centro de conhecimento, que ele, assim como fizera Athanasius Kircher, recolheu informações de missionários que haviam aprendido línguas ameríndias no trabalho de campo, informações estas que ele repassou para Wilhelm von Humboldt, que as usou em seus estudos sobre linguística comparada. Hervás viveu boa parte da vida na Itália, compilando um catálogo de idiomas do mundo, com a vantagem do acesso às bibliotecas de Roma. Ao mesmo tempo, além de colecionador era também teórico, e forneceu a Humboldt não apenas informação, mas sobretudo ideias que o estudioso alemão veio a desenvolver.[28]

De maneira similar, Juan Andrés, outro jesuíta espanhol, passou parte do exílio escrevendo a história da origem e progresso de "toda" literatura. Nem todos os eruditos jesuítas da Espanha compartilhavam o que já se chamou de intuito "enciclopédico" de Hervás e Andrés, mas muitos parecem ter se sentido mais europeus na Itália do que na terra natal e contribuíram para o que foi descrito como "hibridização" das culturas espanhola e italiana (una compenetración de culturas).[29]

Alguns dos jesuítas hispano-americanos, por outro lado, escreveram histórias sobre suas regiões. Juan Ignacio Molina, nascido no atual Chile, publicou seu Compendio della storia geografica, natural e civili del regno del Cile [Compêndio da história geográfica, natural e civil do reino do Chile] em italiano (1776). Recentemente, foi elogiado por

---

28 Hervás y Panduro, Catalogo delle lingue conosciute; González Montero, Lorenzo Hervás y Panduro, el gran olvidado de la Ilustración española; Hassler, Teoría lingüística y antropología en las obras de Lorenzo Hervás y Panduro. In: Tietz; Briesemeister, op. cit., p.379-400; Zimmermann, Los aportes de Hervás a la lingüística, p.647-68.

29 Andrés y Morell, Dell'origine, progressi e stato d'ogni attuale letteratura, p.24, 84.

Exílios do início da Era Moderna

seu talento para a observação e a descrição precisa. Miguel de Olivares, também do Chile, escreveu uma história da conquista espanhola da região.[30] Juan de Velasco, nascido no que hoje é conhecido como Equador, escreveu a *Historia del Reino de Quito* (1789). Francisco Javer Alegre, do México, escreveu uma história dos jesuítas na Nova Espanha. O mais importante de todos, Francisco Javier Clavijero, produziu sua *Historia Antigua de México* (1780-1781). Clavijero falava náuatle e deu ênfase à importância das fontes nativas para a escrita da história do México, argumentando que os mexicanos já formavam povos civilizados antes da chegada dos espanhóis. Esses estudiosos, todos crioulos, qualificaram de infantis ou degeneradas as críticas que escritores e eruditos europeus, como Comte de Buffon e Cornelis de Pauw, lançavam contra o Novo Mundo.[31]

Ainda é intrigante pensar que esses cinco jesuítas produziram suas obras mais relevantes no exterior, movidos pela nostalgia da *patria* ou simplesmente pela vontade de fazer bom uso de seu tempo livre. Um estudo recente sobre esses jesuítas indagou se eles teriam escrito os mesmos livros caso não estivessem no exílio. Embora a resposta do autor seja "provavelmente sim", o subtítulo do ensaio, "tristeza criativa", sugere o contrário.[32]

Os exilados elisabetanos

Neste ponto, talvez seja produtivo centrar o foco nos exilados católicos da Inglaterra que deixaram a terra natal sob os reinados de Eduardo VI e Isabel I. A maioria seguiu para os Países Baixos, especialmente Lovaina (Louvain) e Antuérpia, ou para a França, sobretudo

---

30 Meier, Los jesuitas expulsados de Chile. In: Tietz; Briesemeister, op. cit., p.423-41; cf. Prieto, *Missionary Scientists*, p.223-7.

31 Gerbi, *La disputa del nuovo mondo*; Brading, *The First America*, p.447-64.

32 Pinedo, El exílio de los jesuitas latinoamericanos. In: Sanhueza; Pinedo (orgs.), *La patria interrumpida*, p.35-57, esp. 47.

78

Rouen, Reims e Douai. Por volta do ano 1580, Rouen era "uma espécie de centro de tipografias católicas inglesas", com a vantagem de não ficar longe da Inglaterra, possibilitando que os livros fossem contrabandeados por via marítima.[33] Dois empreendimentos coletivos dos exilados católicos são particularmente dignos de nota. Um foi a nova tradução da Bíblia para o inglês, feita por Gregory Martin, em Douai, com a assistência de outros exilados, entre eles William Allen, Richard Bristow, William Reynolds e Thomas Worthington. O outro foram os ataques à Igreja da Inglaterra e seus defensores (notadamente John Jewel, bispo de Salisbury e autor de uma *Apologia* para os anglicanos), perpetrado por um grupo de amigos que estudara no New College de Oxford e se mudara para Lovaina: Thomas Dorman, Thomas Harding e Thomas Stapleton. Esses livros foram publicados por John Fowler, mais um exilado inglês na cidade, que também estudara no New College. Fowler publicou um outro ataque a Jewel, escrito por John Rastell, também egresso do New College, que se mudara para a Alemanha.

É difícil afastar a impressão de que muitos exilados ingleses resistiram à assimilação, estudando e lecionando em *colleges* ingleses na França, Espanha ou Itália e escrevendo livros em inglês, publicados em Douai ou Lovaina por tipógrafos ingleses como John Fowler, Henry Jaye e Laurence Kellam (eles próprios exilados), para serem lidos por católicos na terra natal.

Houve, no entanto, importantes exceções a essa regra. Nicholas Sanders, por exemplo, escreveu uma história latina sobre o "cisma" inglês, *De origine ac progressu schismatis Anglicani* (1585), cujo sucesso internacional se atestou com muitas edições publicadas em Colônia, Ingolstadt, Roma e outras cidades. William Reynolds traduziu obras de seus amigos Allen e Harding para o latim, para que alcançassem leitores em outros países. E Richard Verstegan, que se estabelecera na Antuérpia, hoje é lembrado como autor de um estudo sobre os povos

---

33 Benedict, *Rouen during the Wars of Religion*, p.170.

Exílios do início da Era Moderna

antigos da Inglaterra, *The Restitution of Decayed Intelligence* [A restituição da inteligência decaída] (1605), mais um produto da nostalgia pela terra natal. Mas, como aponta seu biógrafo, ele também foi um importante "intermediário cultural", fluente em francês, flamengo e espanhol, muito ativo como tipógrafo, tradutor, redator de notícias para um periódico chamado *Nieuwe Tijdinghen*, organizador de uma rede de informações e autor do *Theatrum Crudelitatum Haereticorum Nostri Temporis* [Teatro das crueldades dos hereges de nossos tempos] (1586).[34]

Nessa época de conflitos religiosos, alguns tipógrafos foram mercenários, publicando tanto obras católicas quanto protestantes, desde que achassem que venderiam bem. Mas outros, como os exilados mencionados, publicaram apenas para servir à causa.

A diáspora protestante

As diásporas de judeus, muçulmanos e católicos surtiram grande impacto nas culturas do conhecimento na Europa e em outros lugares, mas tal impacto foi mais bem documentado, mais óbvio e provavelmente mais importante no caso dos protestantes, como se tentará demonstrar a seguir. A chegada dos exilados muitas vezes teve efeitos relevantes na situação do conhecimento local, de maneira mais rápida e evidente no domínio dos ofícios e de forma mais gradual e posterior no caso dos estudiosos.

Italianos

A diáspora protestante veio de maneira predominante, mas não inteiramente, do norte da Europa. No sul, a Espanha contribuiu com Miguel Servet, por exemplo, que foi queimado por heresia em

---

34 Johannesson, *The Renaissance of the Goths in Sixteenth-Century Sweden*; Parry, *The Trophies of Time*, p.49-69; Arblaster, *Antwerp and the World*, p.265-7.

Genebra; Francisco Enzinas, que traduziu o Novo Testamento para o espanhol; e Cipriano de Val, que escolheu a Inglaterra como refúgio. Mas os italianos foram muito mais numerosos. Depois do estabelecimento da Inquisição romana, em 1542, diferentes grupos de protestantes italianos (de calvinistas a unitários) deixaram a península para vários destinos, como Suíça, Inglaterra, Alemanha, Transilvânia e Polônia. Lá chegando, eles muitas vezes atuaram como mediadores, contribuindo para a disseminação do conhecimento ao transmitir a seus anfitriões algo da cultura e dos saberes da Itália renascentista.[35] Muitos dos refugiados eram médicos, alguns deles formados na Universidade de Pádua. Niccolò Buccella e Gianbattista Gemma, por exemplo, tornaram-se médicos de Estêvão Báthory, rei da Polônia, e é provável que tenham disseminado pelo leste e centro da Europa o conhecimento das novas descobertas médicas feitas em Pádua e em outras cidades da Itália.[36] Outro refugiado, o engenheiro Jacopo Aconcio, trabalhou na Inglaterra drenando pântanos e inspecionando fortificações. Ele também escreveu um livro sobre a leitura e a escrita da história que recebeu uma tradução livre em inglês e foi publicado em 1574.

Já outros refugiados se ocupavam das humanidades, como o crítico literário Ludovico Castelvetro, que fugiu da Itália para Lyon, Genebra e Viena e, depois, foi celebrado por seu comentário a respeito da *Poética* de Aristóteles. Seu sobrinho, Giacomo, subsidiou na cidade de Londres a publicação em italiano de dois famosos poemas pastorais: *Aminta*, de Torquato Tasso, e *Pastor Fido*, de Giambattista Guarini. O advogado Scipione Gentili, também refugiado, traduziu para o latim o épico de Tasso, *Jerusalém libertada*, e seu sobrinho Robert, nascido em Londres, foi um poliglota que fez a vida traduzindo para o inglês livros em latim, italiano, espanhol e francês. Um tradutor mais famoso,

---

35 Tedeschi, Italian Reformers and the Diffusion of Renaissance Culture, *Sixteenth-Century Journal* 5, p.79-94.

36 Cantimori, *Eretici italiani del Cinquecento*; Kostylo, *Medicine and Dissent in Reformation Europe*.

Exílios do início da Era Moderna

John Florio (cujo nome híbrido sugere uma identidade híbrida), também nasceu em Londres, filho do refugiado Michelangelo Florio. Pai e filho publicaram manuais da língua italiana, e John, que também ensinava francês, hoje é lembrado por sua versão inglesa dos ensaios de Montaigne. O centro mais importante das traduções do italiano era a Basileia, onde livros de Maquiavel, dos historiadores Francesco Guicciardini e Paolo Giovio e de outros humanistas foram vertidos ao latim por exilados como Celio Secundo Curione, professor de retórica na universidade; Giovanni Niccolò Stoppani, médico e também professor na Basileia; Francesco Negri, ex-monge beneditino; e Silvestro Teglio, tradutor de *O príncipe*, de Maquiavel. Alguns desses tradutores foram publicados por outro exilado protestante de origem italiana, o ex-frade dominicano Pietro Perna, que se estabeleceu na Basileia e publicou vários outros escritores protestantes.[37] A mediação no sentido oposto ficou a cargo de Ortensio Lando, monge agostiniano que se converteu ao protestantismo, trabalhou como revisor na Basileia e traduziu a *Utopia* de Thomas More para o italiano (1548).[38]

Neerlandeses

Um dos primeiros exemplos de refugiado dos Países Baixos que fez uma importante contribuição à disseminação do conhecimento foi Daniel Bomberg, tipógrafo que trocou a Antuérpia por Veneza, em 1516, e continuou imprimindo livros em hebraico até sua morte, no ano de 1549. Bomberg era cristão, mas contratou estudiosos judeus como compositores e revisores, assim como Aldus contratara gregos.

As maiores ondas de refugiados vieram depois. Entre 1567 e 1573, cerca de 60 mil protestantes partiram para evitar a perseguição do

---

37 Kutter, *Celio Secondo Curione*; Perini, *La vita e tempi di Pietro Perna*.
38 Braccesi; Ragagli, Lando, Ortensio. In: *Dizionario Biografico degli Italiani*. Disponível em: www.treccani.it/.../ortensio-lando_(Dizionario_Biografico_degli_Italiani).

Exílios do início da Era Moderna

regime do comandante espanhol, o duque de Alba, que governava os Países Baixos em nome do rei Filipe II da Espanha. Uma segunda onda de 100 mil a 150 mil protestantes deixou o sul nos anos 1580, quando as forças espanholas retomaram o controle da Antuérpia e de outras cidades. Essa segunda onda foi considerada "uma das quatro maiores migrações da Europa Ocidental no início da Era Moderna", comparável à dos judeus em 1492 e à dos protestantes nos anos 1560 e 1680.[39] Muitos neerlandeses se mudaram para a Alemanha e a Inglaterra. Entre eles, mercadores, banqueiros (como Johann von Bodeck, que fugiu da Antuérpia em 1584 e se estabeleceu em Frankfurt) e muitos artesãos, todos trazendo saberes, instalando indústrias sofisticadas e introduzindo inovações, "novas técnicas e novas formas de organizar o trabalho e de produzir em massa". Por exemplo: os refugiados transformaram a florescente cidade de Danzig (hoje Gdańsk) em um grande centro de fabricação de vidros e móveis.[40] O gravador Théodore de Bry, que viera de Liège, mudou-se para Estrasburgo, depois Antuérpia e, por fim, Frankfurt, onde se tornou tipógrafo e editor, especializando--se em livros ilustrados sobre o Novo Mundo e ensinando o ofício a seu filho Jean-Théodore.

Outros refugiados protestantes dos Países Baixos seguiram para a Inglaterra, especialmente Londres e East Anglia. Entre eles se encontravam pelo menos cinco pastores que fizeram mediações entre suas culturas e a de seus anfitriões, aprendendo inglês (língua compreendida por pouquíssimos estrangeiros à época) e traduzindo para o holandês obras de devoção escritas, por exemplo, pelo famoso teólogo William Perkins. Vincent Meursevoet, que por um tempo morou em Norwich, traduziu mais de 35 livros, e Jan Lamoot, que veio para a Inglaterra ainda criança e frequentou a escola em Londres, traduziu pelo menos oito.

---

39 Schilling, *Niederländische Exulanten im 16. Jahrhundert*; Israel, *The Dutch Republic*, p.308.

40 Schilling, Innovation through Migration, p.21.

Exílios do início da Era Moderna

No entanto, a maioria dos protestantes flamengos deixou o sul dos Países Baixos pelo norte, principalmente depois da recaptura espanhola da Antuérpia, em 1585. Entre eles estavam alguns homens de ilustre saber. O engenheiro Simon Stevin, por exemplo, migrou de Bruges para Leiden em 1581. O humanista Caspar Barlaeus, nascido na Antuérpia em 1584, logo depois partiu com a família para o norte e se tornou professor, primeiro em Leiden e mais tarde em Amsterdã. Johannes de Laet, que combinava a vida de mercador com a de erudito, trocou a Antuérpia por Amsterdã com a família em 1584, quando tinha apenas 3 anos. Petrus Plancius, pastor e também astrônomo, fugiu de Bruxelas para Amsterdã e ali atuou nos campos da cartografia e da navegação. Johannes Drusius, estudioso da Bíblia, e Wilhelmus Baudartius, teólogo e historiador, vieram do sul, por um tempo se refugiaram na Inglaterra e, depois, no norte dos Países Baixos. Ambos se tornaram professores da Universidade de Leiden antes de se transferirem para a Universidade de Franeker, na Frísia.

Entre esses refugiados se encontravam, uma vez mais, vários tipógrafos. Lodewijk Elsevier, por exemplo, foi de Lovaina para Leiden em 1581, e Jan Commelin, patriarca de uma família de tipógrafos e eruditos, trocou a Antuérpia por Amsterdã. Dois tipógrafos, Cornelisz Claesz e Joost de Hondt, ambos especialistas em cartografia, partiram da Antuérpia para Amsterdã no início dos anos 1580. No novo lar, trabalharam juntos na publicação de mapas, ajudando a fazer de Amsterdã o maior centro de produção cartográfica e de conhecimento geográfico do século XVII. O tipógrafo e fabricante de instrumentos Levinus Hulsius saiu de Gante e transferiu seus negócios para Nuremberg e, depois, Frankfurt.

Ingleses

Durante o reinado da católica rainha Maria (1553-1558), protestantes ingleses também tiveram de fugir para o exterior. Lembrados como "exilados marianos", eles foram principalmente para Estrasburgo,

Frankfurt, Zurique e Basileia. Não permaneceram por muito tempo, mas seus anos no exterior foram uma forma de educação, formal ou informal. Trinta e oito estudantes ingleses aparecem nos registros de matrícula da Universidade da Basileia entre 1554-1559, "todos refugiados protestantes". Graças a seus anos no exterior, "a visão mental desses ilhéus se ampliaria para compreender novos horizontes".[41] Stephen Wythers, exilado em Genebra, traduziu as críticas de Calvino às relíquias e a história dos quatro grandes Impérios da Antiguidade escrita pelo erudito luterano Johann Sleidan. Exilado em Estrasburgo, John Foxe publicou em latim a primeira versão do que viria ser um clássico do protestantismo inglês: *Acts and Monuments*, mais conhecido como *O livro dos mártires*.

Uma diáspora inglesa ainda mais famosa foi a dos chamados "peregrinos" para o Novo Mundo. Eles eram protestantes que se afastaram da Igreja da Inglaterra e se mudaram primeiro para a República Holandesa e, depois, a partir de 1620, para a Nova Inglaterra. A maioria estava preocupada em reconstruir sua comunidade em um novo lugar, e não em adquirir conhecimentos, embora muitos devam ter aprendido alguma coisa para sobreviver em um ambiente onde várias plantas e animais lhes eram desconhecidos. Da mesma forma, não se ocuparam em transmitir conhecimento a seus vizinhos indígenas. Uma exceção a essa generalização foi Roger Williams, um clérigo que chegou a Boston em 1631 mas logo se deslocou para um novo assentamento, Providence, no ano de 1636. Williams aprendeu a língua de um povo indígena, os Narragansetts, e publicou o dicionário de frases *A Key Into the Language of America* [Um guia para a língua da América] (1643) quando de seu retorno para a Inglaterra. Mas, ao contrário de outros clérigos que estudaram as línguas dos povos americanos, notadamente os jesuítas, Williams não tentou converter seus vizinhos indígenas. Estudou sua cultura por si mesma, admirando muitos de

---

41 Garrett, *The Marian Exiles*, p.26-7, 20 e *passim*.

Exílios do início da Era Moderna

seus aspectos, sobretudo o espírito de harmonia, e chegou a utilizá-la para criticar a teocracia puritana.[42]

Centro-europeus

Protestantes tchecos e outros dissidentes religiosos deixaram a Boêmia depois que seu rei calvinista foi derrotado na Batalha da Montanha Branca (*Bílá Hora*), em 1621. Jan Amos Komenský, por exemplo, mais conhecido como Comenius, era pastor dos Irmãos Morávios, um grupo pré-protestante, e defensor do que chamava de *Pansophia*, um conhecimento universal que levava à sabedoria universal. Nos anos 1620, ele se refugiou na Polônia e, mais tarde, viveu na Suécia, Prússia, Inglaterra e Transilvânia.[43] Em todos os lugares aonde foi, Comenius tentou disseminar suas ideias sobre educação e outros temas. Durante sua passagem pela Inglaterra, junto com o escocês John Dury (que vivera na República Holandesa, França e Polônia) e com Samuel Hartlib (nascido na Polônia, embora de mãe inglesa), Comenius contribuiu para a ebulição intelectual dos anos 1640.

Seguidores de Francis Bacon e com uma visão da "reforma universal" (em outras palavras, a reforma da sociedade por meio da educação), Comenius, Hartlib e Dury receberam dos opositores da corte um convite para ir à Inglaterra em 1641. Foram chamados de "verdadeiros filósofos, únicos filósofos da Revolução Inglesa".[44] Comenius era o líder e pensador mais original do trio, e algumas vezes já se sugeriu que sua visita à Inglaterra teve a ver com a fundação da Royal Society. De qualquer modo, alguns de seus seguidores estiveram entre os fundadores.[45] Foi Hartlib, porém, o mais próximo a John Pym, líder da

---

42 Davis, Roger Williams among the Narragansett Indians, *New England Quarterly* 43, p.593-604.

43 Blekastad, *Comenius*.

44 Trevor-Roper, Three Foreigners, *Encounter*, p.3-20, esp. 4.

45 Sprat, *History of the Royal Society*, p.67.

Exílios do início da Era Moderna

oposição parlamentar ao rei em 1641, e também mediador *par excellence*, "um dos intermediadores intelectuais mais importantes do século XVII".[46] Sua vasta rede de amigos e correspondentes, da França à Boêmia, o deixou conhecido como "o grande informante da Europa". Esses "três estrangeiros", como um famoso trabalho os denomina (embora Dury tenha nascido em Edimburgo), faziam parte de um grupo maior de exilados confessionais que seguiram rumo leste, para a Polônia (como a astrônoma Maria Cunitz) e Transilvânia (como o enciclopedista Johann Heinrich Alsted e seu ex-aluno Johann Heinrich Bisterfeld), e também rumo oeste, para a República Holandesa e Inglaterra.

Vários desses exilados pertenciam à rede de Hartlib. Johannes Moriaen, por exemplo, era um clérigo alemão (filho de um exilado calvinista holandês) que se mudou para Amsterdã, tornou-se comerciante e fez que os livros de Comenius fossem impressos na cidade. Henry Oldenburg viera de Bremen, um importante centro calvinista dos anos 1630, migrou para a Inglaterra e, depois de um breve período como tutor em Kent, virou secretário da Royal Society e assumiu o controle da rede internacional de colegas e correspondentes de Hartlib. Além dessas formas de mediação, Oldenburg atuou como tradutor e verteu para o inglês as famosas descrições de François Bernier sobre a Índia.

Um terceiro membro da rede de Hartlib foi Theodore Haak, exilado da Europa Central que nascera na Alemanha (sua mãe era refugiada huguenote) mas passara boa parte da vida na Inglaterra. Haak foi também um mediador, especialmente via tradução. Quando ainda morava na Alemanha, traduziu para o alemão um tratado do puritano David Dyke e, já nos tempos de Inglaterra, traduziu o *Paraíso perdido* para o alemão e as anotações sobre a nova Bíblia holandesa para o inglês. Trabalhando para o Conselho de Estado da Commonwealth inglesa (1649-1653), traduziu documentos oficiais para o alemão.

---

46 Greengrass; Leslie; Raylor (orgs.), *Samuel Hartlib and Universal Reformation*, p.2.

Trabalhando para a Royal Society, da qual era membro, Haak traduziu para o inglês um tratado italiano sobre tintura e um tratado alemão sobre âmbar.[47] Em conjunto, esses centro-europeus fizeram uma importante contribuição para aquilo que Bacon chamou de "avanço da aprendizagem".

Embora a diáspora protestante do início da Era Moderna tenha sido um movimento de escala muito menor do que o Grande Êxodo dos anos 1930, não é absurdo compará-los. Em ambos os casos, os refugiados demonstraram um compromisso com um ideal de saber internacional que transcendia os conflitos políticos e podia até ser uma forma de encerrá-los. A República das Letras devia muito à sua mediação entre países de nascimento e de acolhimento. Estudiosos ingleses, como o químico Robert Boyle e o bispo John Wilkins – inventor do que ele chamava de "linguagem filosófica", que buscava facilitar a comunicação internacional –, se beneficiaram muito, embora seja difícil definir exatamente quanto, com sua ligação a refugiados como Hartlib, Haak, Oldenburg e o linguista Cyprian Kinner, ex-assistente de Comenius.

Alguns dos refugiados também se comprometeram com o ideal de distanciamento – ou, em suas palavras, imparcialidade. *"Unparteiisch* era uma das maiores recomendações de Moriaen para grupos ou indivíduos", e John Dury se apresentava como "um pacificador sem parcialidade".[48] Esse mesmo tema se repete em meio aos exilados huguenotes dos anos 1680.

Franceses

O mais famoso grupo de protestantes exilados certamente foi o francês, desde João Calvino, que fugiu da Basileia para Estrasburgo antes de se estabelecer em Genebra no ano de 1541, até seu discípulo Theodore

---

47 Barnett, *Theodore Haak FRS*.
48 Young, *Faith, Medical Alchemy and Natural Philosophy*, p.83; Greengrass, op. cit., p.95.

Beza, que chegou a Genebra em 1548. Já se argumentou que a experiência de refugiado moldou importantes aspectos das ideias de Calvino.[49] Uma nova onda de refugiados se seguiu ao *pogrom* de protestantes em Paris no ano de 1572, o chamado "Massacre de São Bartolomeu". Os refugiados franceses se espalharam. Franciscus Junius, mais conhecido por seu trabalho em uma nova tradução da Bíblia para o latim, partiu para Heidelberg. Os eruditos François Hotman, Isaac Casaubon, Louis Turquet de Mayerne e Joseph Justus Scaliger buscaram refúgio em Genebra, assim como os tipógrafos Robert e Henri Estienne. André Wechel, outro tipógrafo, fugiu para Frankfurt em 1572, junto com o genro Jean Aubry, também tipógrafo, e Claude de Marne, colega de Aubry. François Caron, empreendedor huguenote nascido em Bruxelas, no seio de uma família de refugiados franceses, chegou ao Japão a bordo de um navio holandês em 1619, ali permanecendo por mais de vinte anos, durante os quais se tornou o chefe do braço japonês da Companhia das Índias Orientais holandesa e contribuiu para o conhecimento europeu da Ásia com sua descrição dos reinos do Japão e Sião.

Protestantes franceses também fugiram para a Inglaterra e os Países Baixos. Um exemplo famoso é o de Théodore Turquet de Mayerne (filho de Louis, o historiador), renomado médico que deixou a França depois do assassinato de Henrique IV. Mayerne se tornou médico e agente secreto de Jaime I, permanecendo na Inglaterra por quarenta anos, mesmo que "se recusasse [...] a menos que forçado, a falar ou escrever em inglês".[50] Alguns refugiados se sustentavam dando aulas de sua língua nativa, sendo o francês seu maior capital intelectual e o ensino de idiomas um campo em que, a exemplo dos ofícios, o contato cara a cara era e é fundamental para que o pupilo, ou o aprendiz, imite o mestre. Um estudo sobre o ensino do francês na Inglaterra dos séculos

---

49 Oberman, *Europa Afflicta, Archiv für Reformationsgeschichte* 83, p.91-111.
50 Trevor-Roper, Mayerne, *Oxford Dictionary of National Biography*, p.581. Cf. id., *Europe's Physician*.

Exílios do início da Era Moderna

XVI e XVII menciona dezoito indivíduos atuando na área antes de 1685 (incluindo duas mulheres e dois refugiados da Antuérpia).[51] Mas os professores de idioma que deixaram rastros nos registros históricos são, uma vez mais, apenas a ponta do iceberg, conhecidos apenas porque chegaram a publicar gramáticas, guias e dicionários.

Entre os exilados em Londres, Claude de Sainliens (conhecido na Inglaterra por "Holyband" [algo como Laço-sagrado, uma tradução livre de seu nome]) ensinou francês, italiano e latim, publicou dicionários e manuais chamados *The French Schoolmaster* [O mestre-escola francês] (1573), *The French Littleton* (1576) e *The Italian Schoolmaster* [O mestre-escola italiano]. Jacques Bellot escreveu *Familiar Dialogues* [Diálogos familiares] (1586), mais um precoce "aprenda francês sozinho". Pierre (ou Peter) Erondell publicou um guia de frases intitulado *The French Garden* [O jardim francês] (1605) e direcionado ao público feminino. Tanto Sainliens quanto Bellot foram publicados por Thomas Vautrollier, um companheiro de exílio que também publicou *As Institutas* de Calvino, uma tradução inglesa do poeta calvinista Guillaume Du Bartas, a tradução latina da Bíblia de Beza e obras de apologética protestante.[52]

Na República Holandesa, o exilado Thomas La Grue publicou uma gramática francesa (em latim) e traduziu livros do holandês para o francês. Já o pastor Barthelémy Pielat publicou o que chamou de "antigramática" (*L'anti-grammaire*, 1673). Nathanael Duez ensinou francês e italiano na Universidade de Leiden. Jean-Nicolas de Parival, expatriado católico, também ensinou francês e ainda escreveu um livro, *Les délices de la Hollande* [As delícias da Holanda] (1651), para mostrar aos habitantes de sua terra natal a cultura de sua terra de acolhida.

Como evidenciam muitos desses exemplos, o movimento dos protestantes franceses no exterior continuou mesmo depois do Édito de Nantes (1598), que lhes deu o direito de praticar sua religião.

---

51 Lambley, *The Teaching of French in England during Tudor and Stuart Times*, p.155-78.

52 Berec, *Claude de Sainliens*; Fleming, The French Garden, *English Literary History* 56, p.19-51.

O êxodo dos anos 1680

As consequências do exílio para o conhecimento são mais óbvias e bem documentadas no caso da diáspora que se seguiu à notável Revogação de Luís XIV ao Édito de Nantes, em 1685, motivo pelo qual essa diáspora será analisada com maior detalhe que os casos discutidos até aqui. Oitocentos mil calvinistas franceses, os huguenotes, tiveram de encarar as alternativas da conversão ao catolicismo ou da expulsão, a mesma escolha difícil que judeus espanhóis haviam enfrentado quase duzentos anos antes. Não há consenso quanto ao número daqueles que optaram por deixar a "Babilônia", como eles diziam. Os cálculos mais antigos eram altos: 300 mil, ou 15% da população huguenote. No entanto, esses números foram revisados por acadêmicos posteriores: 200 mil e, mais recentemente, 150 mil.[53] O dramático episódio da Revogação foi apenas um momento na longa história dos exilados protestantes, mas foi o que trouxe maiores consequências para a disseminação do saber.

A maior parte desses cerca de 150 mil huguenotes partiu para os Países Baixos (especialmente Amsterdã, Roterdã e Haia), para a Inglaterra (Londres) e para a Prússia (Berlim). Na Prússia e em algumas partes dos Países Baixos, os exilados muitas vezes receberam incentivos para se instalarem. Nos Países Baixos e em Londres, puderam se unir – em um exemplo incomum de cadeia de migração atrasada – com seus predecessores do século XVI, que haviam estabelecido as igrejas valonas nesses países.

Essa migração ficou conhecida como o "Refúgio" e seus exilados, como *réfugiés* ou refugiados. Pierre Bayle, um desses protestantes leitores da Bíblia, descreveu os Países Baixos como um tipo de Arca de

---

53 Scoville, *The Persecution of Huguenots and French Economic Development*, p.118-21; Yardeni, *Le Refuge Huguenot*, p.15n. Os números de refugiados que seguiram para a República Holandesa foram revisados de 50 mil para 35 mil por Nusteling, The Netherlands and the Huguenot Émigrés. In: Bots; Meyjes (orgs.), *La Révocation de l'Édit de Nantes et les Provinces-Unies, 1685*, p.26-30.

Noé, *"la grande Arche des fugitifs"* [a grande arca dos fugitivos].[54] Para se adaptarem a seus novos ambientes, esses fugitivos contaram com a ajuda de refugiados huguenotes da onda anterior e também de algumas autoridades civis, como as de Roterdã, por exemplo, que criaram cargos docentes para eruditos como Jurieu e Bayle. O uso comum do francês pelas elites das Províncias Unidas (e também da corte em Berlim) facilitou a vida dos recém-chegados.

Outros exilados huguenotes foram para Suíça, Irlanda, Suécia, Rússia, Cabo da Boa Esperança e América do Norte, de Massachusetts à Carolina do Sul. Boston, por exemplo, foi um novo lar para Pierre Daillé, filho do famoso erudito Jean Daillé, e também para o mercador Pierre Baudouin, cuja família americanizou o sobrenome para Bowdoin, nome de uma faculdade de artes liberais fundada no Maine, no ano de 1794.[55]

Perdas e ganhos

Para a França, a emigração huguenote significou uma considerável perda de capital intelectual. Além dos relativamente poucos eruditos e outros trabalhadores do conhecimento nos quais se concentra esta seção, a França se privou das habilidades de muitos trabalhadores têxteis (sobretudo tecelões de seda e linho) e também de coureiros, lenhadores, tipógrafos, relojoeiros, fabricantes de vidro, de papel, de sabão e de chapéu, cinzeladores de marfim e trabalhadores de metal, incluindo os ferreiros que se mudaram para Londres e ali produziram o que ainda hoje é conhecido como "prata huguenote".

Para as Províncias Unidas, Inglaterra, Prússia e outros lugares, o ganho em habilidades foi igualmente significativo.[56] Na Inglaterra,

---

54 Bayle, *Dictionnaire Historique et Critique*, p.25.
55 Kämmerer, *Russland und die Huguenotten im 18. Jht.*
56 Swindlehurst, "An Unruly and Presumptuous Rabble". In: Vigne; Littleton (orgs.), *From Strangers to Citizens*, p.366-74; Niggemann, *Immigrationspolitik zwischen Konflikt und Konsens.*

a recuperação da indústria da seda se deveu em grande medida aos imigrantes. Na Irlanda, os huguenotes ajudaram a transformar o linho em um produto de destaque. Um caso interessante de interação entre conhecimento artesanal e acadêmico é o da família Dollond, que buscou refúgio em Londres. O pai era um tecelão de seda que trocara a Normandia por Spitalfields. Seu filho Jean, ou John, passou da tecelagem para os experimentos com ótica, o que o levou a ser eleito membro da Royal Society. Em 1750, Peter, filho de John, fundou uma empresa que fabricava instrumentos óticos (a qual virou Dollond & Aitchison em 1927 e foi absorvida pela Boots em 2009). Não foi a primeira vez, nem a última, que o movimento de pessoas serviu como um poderoso meio de transferência de tecnologia.[57] Não é preciso dizer que os artesãos locais não viam os imigrantes com esses bons olhos. Bem ao contrário, eles se ressentiam da competição.

As consequências econômicas da Revogação se fizeram sentir à época. O marechal Vauban, observador perspicaz da economia francesa e mestre da arte do cerco a cidades, comparou a expulsão dos huguenotes à dos mouros da Espanha no século XVII, salientando os desdobramentos negativos de ambos os acontecimentos. O pastor protestante Pierre Jurieu, exilado em Roterdã, fez uma comparação similar, lamentando o declínio da indústria francesa.[58]

Deixando de lado a "migração das habilidades", as páginas que se seguem se concentrarão nos eruditos huguenotes e em outras pessoas envolvidas na transmissão do conhecimento, pondo o foco sobre 96 indivíduos, inclusive os mais famosos participantes da diáspora de 1680.

Doutores e livreiros

Assim como os artesãos, alguns exilados leigos, como médicos e vendedores de livros, continuaram a trabalhar em seus negócios

---

57 Scoville, op. cit., p.325, 336.
58 Ibid., p.12-3, 17.

Exílios do início da Era Moderna

e profissões no novo lar. Como nos lembra o exemplo de Théodore de Mayerne, doutores, como cirurgiões e boticários, tiveram papel proeminente nas primeiras migrações de huguenotes para Londres e outros lugares. Quatro médicos franceses que se mudaram para Londres foram eleitos membros da Royal Society nos anos 1690, entre eles o cirurgião Paul Buissière e também Paul Silvestre, médico do rei Guilherme III.

Dezessete dos 96 indivíduos mencionados atuaram em Londres, Amsterdã ou Roterdã como tipógrafos, editores ou livreiros (funções que muitas vezes se sobrepunham à época). Um tipógrafo e livreiro que transferiu seus negócios da França para um novo lar foi Henri Desbordes, que trocou La Rochelle por Amsterdã em 1682, depois que sua livraria foi fechada e ele passou um breve período na prisão por imprimir um ataque a Jacques Bossuet, famoso bispo francês. Também merecem destaque os irmãos Huguetan de Amsterdã, que tinham uma dúzia de prensas na cidade e chegaram a estabelecer uma filial em Londres, e Paul Vaillant, que se mudou para a capital inglesa, onde se especializou em livros religiosos importados de Amsterdã e Paris. Em 1734, os filhos de Vaillant publicaram a tradução inglesa do famoso *Dictionnaire* de Bayle e, na década seguinte, ainda administravam uma livraria no Strand. Esses editores muitas vezes empregavam companheiros de exílio como revisores de livros franceses e publicavam obras de escritores exilados. Abram Acher, por exemplo, que migrou de Dieppe para Roterdã, publicou livros de seu compatriota Jurieu. Henri Desbordes tanto empregou quanto publicou Bayle. E Pierre Brunel, que trabalhava em Amsterdã sob um letreiro com os dizeres "a Bíblia Dourada", de fato imprimia Bíblias, mas também publicava livros de seus companheiros huguenotes.

Novas carreiras

Outros exilados escolheram, ou foram obrigados a escolher, uma nova carreira. O direito, por exemplo, não viaja muito bem, como

Exílios do início da Era Moderna

alguns membros da diáspora de 1933 puderam comprovar quando se mudaram da Alemanha ou da Áustria para os Estados Unidos, onde mudaram de profissão e se tornaram cientistas políticos ou especialistas em relações internacionais. De maneira similar, no século XVII, o jurista Charles Ancillon se tornou o historiador oficial do eleitor de Brandemburgo-Prússia. Outro jurista, Jean Barbeyrac, ensinou *belles-lettres* em Berlim antes de ser nomeado para cátedras de direito, primeiro na Universidade de Lausanne e, depois, na Universidade de Groningen. Um terceiro jurista, Jacob Le Duchat, mudou-se de Metz para Berlim e se tornou editor de textos literários. Alguns refugiados, sem vontade ou capacidade de se firmarem, acabaram passando de uma ocupação a outra. Abel Boyer, por exemplo, trabalhou (entre outras coisas) como tutor, tradutor, jornalista e historiador.[59]

O clero – com 680 membros, para ser exato – teve uma representação desproporcional no êxodo. Os clérigos se mudaram para países protestantes, onde já havia muitos pregadores (405 deles foram para as Províncias Unidas).[60] Alguns deles, Jurieu, por exemplo, continuaram a atuar como pastores em igrejas de Amsterdã, Londres, Berlim e outros lugares, especialmente em igrejas que tinham sido fundadas por exilados e usavam o idioma francês (por volta do ano 1688, havia 62 igrejas desse tipo nos Países Baixos e cerca de 25 em Londres).[61]

No entanto, como se pode imaginar, a oferta de pregadores calvinistas no exterior agora era muito maior do que a demanda, mesmo com esse aumento da clientela.[62] Muitos clérigos exilados se depararam com o desemprego. Então, o que fez esse grupo bem instruído e altamente articulado? O caso mais notável de adaptação a um novo ambiente talvez tenha sido o de Nicolas Chevalier, pastor que

---

59 Yardeni, op. cit., p.115-6.
60 Bots, Les pasteurs français au refuge des Provinces-Unies. In: Häseler; McKenna (orgs.), *La vie intellectuelle aux refuges protestants*, p.9-18, esp. 9-10.
61 Yardeni, op. cit., p.62.
62 Bots, op. cit., p.11; Van der Linden, *Experiencing Exile*, p.62-9.

Exílios do início da Era Moderna

procurou refúgio na República Holandesa e combinou as profissões de livreiro e medalheiro, cunhando em medalhas uma história dos atos de Guilherme III, em competição com a famosa "história medalhada" de Luís XIV. Outros pastores no exílio se valeram de suas habilidades verbais de diferentes maneiras, ocupando vários nichos culturais nos países anfitriões, especialmente como mediadores entre a terra natal e a terra de acolhida. O prestígio da língua francesa no exterior, similar ao do italiano durante a Renascença, foi parte decisiva de seu capital cultural.[63] Muitos desses exilados se tornaram professores e catedráticos.

Jurieu, por exemplo, foi pastor da igreja francesa em Roterdã e também professor de um novo *college*, a recém-fundada École Illustre, junto com seu ex-pupilo Bayle. Michel Maittaire começou vida nova na Inglaterra se tornando professor na Westminster School. Etienne Chauvin, que se mudou para Berlim, combinou o ofício de pastor com o de professor de filosofia e ainda se tornou inspetor do Collège Français (fundado em 1689) e fundador de um periódico erudito. Esses novatos na profissão tenderam a ensinar teologia ou filosofia, mas, a partir de 1686, Etienne Morin ensinou línguas orientais no Ateneu de Amsterdã, o que na cidade havia de mais parecido com uma universidade.

Alguns dos exilados se tornaram tutores particulares. Abel Boyer ensinou francês para o duque de Gloucester. Na geração seguinte, o príncipe Frederico, futuro Frederico, o Grande, teve uma governanta huguenote, Marthe de Montbail, e um tutor também huguenote, Jacques-Egide Duhan de Jandun, nobre e oficial do exército. Solomon de Foubert, outro nobre, antigo mestre de uma academia de equitação em Paris, abriu uma nova academia em Londres, nos anos 1680. Em um

---

63 Entre os estudos individuais, Almagor, *Pierre Des Maizeaux*; Berkvens-Stevelinck, *Prosper Marchand*; Labrousse, *Pierre Bayle*; Rumbold, *Traducteur huguenot*; Trevor-Roper, A Huguenot Historian. In: Scouloudi (org.), *Huguenots in Britain and their French Background*, p.3-19.

Exílios do início da Era Moderna

nível social inferior, vários refugiados huguenotes foram professores de francês em Londres e nos arredores ao final do século XVII, muitos deles hoje encontrados no campo santo da igreja de St. Paul. Para sua sorte, a demanda por aulas de francês estava aumentando junto com a oferta. "A crescente procura por professores de francês foi ao encontro da grande invasão de refugiados protestantes."[64] Outros refugiados se tornaram bibliotecários. Peter Colomiez ficou responsável pela biblioteca do arcebispo de Canterbury no Lambeth Palace. Élie Bouhéreau, médico que buscou refúgio na Irlanda, veio a ser bibliotecário da biblioteca Marsh em Dublin, no ano de 1701. Foi o primeiro bibliotecário público da Irlanda. O estudioso Henri Justel chegou à Inglaterra em 1681 e foi eleito membro da Royal Society graças a suas atividades como correspondente da sociedade. Antigo dono de uma biblioteca com 7 mil volumes, Justel foi nomeado guardador dos manuscritos régios e bibliotecário do rei no St. James's Palace.[65] Outros exilados se tornaram compiladores de obras de referência, como o dicionário francês-inglês de Boyer ou o famoso *Dictionnaire* de Bayle (discutido mais adiante), ou então editores de textos literários. O advogado Jacob Le Duchat, por exemplo, editou livros de Villon, Rabelais e Brantôme.

Pelo menos vinte refugiados e seus filhos atuaram como tradutores, exemplificando essa recorrente forma de mediação entre culturas. A maioria das traduções era do inglês para o francês, e o mais famoso dos tradutores foi Pierre Coste, que se estabeleceu em Londres e traduziu três obras de John Locke (*Pensamentos sobre a educação, Ensaio sobre o entendimento humano* e *The Reasonableness of Christianity* [A razoabilidade do cristianismo]), além da *Óptica* de Newton.[66] François Michel

---

64 Lambley, op. cit., p.400.
65 Massil, Huguenot Librarians and Some Others, *World Library and Information Congress*, 2003. Disponível em: webdoc.sub.gwdg.de/ebook/aw/2003/ifla/vortraege/.../058e-Massil.pdf ODNB, "Justel".
66 Rumbold, op. cit.

Janiçon, que fugiu para Utrecht ainda criança e trabalhou como tutor e jornalista, traduziu *Ladies' Library* [Bibliotecas de senhoras], de Richard Steele. *The Tatler*, periódico de Steele, era traduzido sob o título *Le babillard* por Armand de la Chapelle. *The Spectator*, o qual Steele escrevia com Joseph Addison, era vertido ao francês por Élie de Joncourt, pastor e professor que também traduziu obras de Alexander Pope e George Berkeley.[67] Pierre-Antoine Motteux, que partiu para Londres em 1685 e também trabalhou como leiloeiro e dramaturgo, completou a tradução das obras de Rabelais para o inglês. Difundindo o conhecimento de uma cultura distante, Pierre Des Maizeaux traduziu a descrição do Japão feita pelo médico alemão Engelbert Kämpfer (a versão inglesa já fora impressa, enquanto o original alemão permanecia manuscrito).

No sentido oposto, Abel Boyer traduziu *Telêmaco*, o romance político de Fénelon, para o inglês, e Motteux traduziu Cervantes e Rabelais. Em dois exemplos típicos do internacionalismo da República das Letras da época, Jean Barbeyrac, exilado na Suíça, traduziu para o francês o tratado sobre direito natural do alemão Samuel Pufendorf e o publicou em Amsterdã, ao mesmo passo em que Jacques Lenfant, exilado em Berlim, traduziu um tratado do filósofo francês Nicolas Malebranche para o latim e o publicou em Genebra. Em suma, podemos dizer, talvez com apenas um pouco de exagero, que a Revogação do Édito de Nantes marcou uma época na história da tradução.[68]

Historiadores e jornalistas

Outros refugiados se tornaram historiadores. Alguns foram designados historiadores oficiais, como certos expatriados italianos do

---

67 Bond, Armand de la Chapelle and the First French Version of *The Tatler*. In: Camden (org.), *Restoration and Eighteenth-Century Literature*, p. 61-84.

68 Haase, *Einführung in der Literatur der Refuge*, p.401ss.; Häseler, Les Huguenots traducteurs. In: Häseler; McKenna (orgs.). *La vie intellectuelle aux refuges protestants*, p.15-25, esp. 16.

século XVI, discutidos em um próximo capítulo. Entre eles, Charles Ancillon, refugiado em Berlim que foi nomeado historiador oficial do eleitor; Antoine Teissier, também historiador oficial em Berlim; Henri Basnage, historiador dos Estados da Holanda; Isaac de Larrey, historiador dos Estados-Gerais; e Nicholas Frémont d'Ablancourt, historiador de Guilherme III. Outros escreveram de maneira não oficial. Paul de Rapin-Thoyras, amigo dos irmãos Basnage, interessou-se pela história inglesa enquanto lutava pela causa protestante na Irlanda. Rapin escreveu, como ele próprio explicou, "para a instrução dos estrangeiros" sua *Histoire de l'Angleterre* [História da Inglaterra] (1723), uma obra de mediação completada por outro exilado, David Durand.[69] A primeira vez em que Elie Benoist se voltou para a história foi no exílio, e já se sugeriu que seu relato sobre o Édito de Nantes fazia parte de um esforço coletivo de "construir uma identidade de exílio".[70]

Em alguns casos, fica bem óbvia a ligação entre os temas escolhidos por esses historiadores e suas crenças religiosas. "Em grande medida, os projetos históricos dos huguenotes foram, é claro, reações aos desafios católicos".[71] Imbuídos do desejo de defender sua fé, vários exilados recorreram à história, especialmente às histórias de heresia. Jacques Lenfant, por exemplo, escreveu sobre a história dos conselhos da Igreja e dos hereges, como os hussitas, muitas vezes tidos como precursores dos protestantes. Isaac de Beausobre discorreu a respeito de outro grupo de hereges, os maniqueus (encarando seu líder como antecessor de Lutero). Pierre Jurieu escreveu sobre os judeus, e Jacques Basnage concebeu um famoso livro sobre a história dos judeus e, especialmente, sobre a "dispersão" desses "refugiados", como ele os chamava. Pode-se descrever sua história como "alegórica", no sentido de que ele estava escrevendo sobre uma diáspora e pensando em outra

---

69 Trevor-Roper, op. cit.
70 Van der Linden, op. cit., p.195.
71 Mulsow, Views of the Berlin Refuge. In: Pott; Mulsow; Danneberg (orgs.), *The Berlin Refuge, 1680-1780*, p.25-46, esp. 26.

Exílios do início da Era Moderna

(na verdade, seu livro foi considerado uma "alegoria anticatólica"). As observações de Basnage sobre os judeus – "vemos aqui uma igreja, odiada e perseguida por 1.700 anos, subsistindo e ainda numerosa" – devem ter confortado os leitores huguenotes.[72] De modo alternativo, especulando um pouco, podemos pensar em termos freudianos e ver esse interesse de Basnage pelos judeus como um "deslocamento" de sua preocupação com seu próprio povo, um deslocamento do qual ele não era necessariamente consciente.

O nicho mais importante de todos era o que chamamos de "jornalismo". Mas é necessário distinguir dois grupos de escritores refugiados. De um lado, os poucos indivíduos que escreviam para periódicos políticos, caso de Abel Boyer, editor do *Post-Boy*, ou de François Michel Janiçon, que escrevia para gazetas de Roterdã, Amsterdã e Utrecht. Do outro lado, um número maior de exilados escrevendo sobre livros, editando periódicos eruditos e contribuindo com essas publicações.[73]

Em outras palavras, para tomarmos uma analogia contemporânea, a maioria dos jornalistas huguenotes não escrevia para equivalentes do *Times*, mas sim para o *Times Literary Supplement*. Entre os exemplos, *Histoire des Ouvrages des Savants*, editado por Henri Basnage, *Bibliothèque Universelle*, durante um tempo editado por Jacques Bernard, e o *Journal Littéraire* (com seis editores). Esses periódicos foram um importante meio de disseminação das ideias no início do Iluminismo. Não se tratava de publicações especializadas como as que conhecemos hoje, mas "notícias sobre a república das letras", para citar o título da mais famosa delas, a *Nouvelles de la République des Lettres*, publicada em Roterdã entre 1684-1687 por Henri Desbordes, um tipógrafo exilado,

---

72 Basnage, *Histoire des Juifs*, p.1706-7. Citações da tradução inglesa, *The History of the Jews*, p.465, 693. Sobre a alegoria, Burke, History as Allegory, *Inti* 45, p.337-51; sobre a alegoria de Basnage, Elukin, Jacques Basnage and the History of Jews, *Journal of the History of Ideas* 53, p.603-30, esp. 606.

73 Haase, op. cit., p.404ss.; Yardeni, *Le refuge protestant*, p.201-7; Jaumann, Der Refuge und der Journalismus um 1700. In: Pott; Mulsow; Danneberg, op. cit., p.155-82, esp. 161ss.

e editada por um dos maiores intelectuais no exílio, o historiador e filósofo Pierre Bayle. Autodidata de vasta curiosidade, Bayle escrevia a publicação sozinho.[74] As "notícias" trazidas nesses periódicos podiam ser resenhas de livros, textos inéditos ou obituários de eruditos. As conexões dos exilados com seus países de origem e com refugiados de outros lugares formavam redes que se provaram inestimáveis em fornecer material para os periódicos e em divulgar informações. Bayle, por exemplo, conseguia notícias sobre a cena literária da Grã-Bretanha com correspondentes que moravam lá, entre eles seu colega jornalista Daniel de Larroque, o cirurgião Paul Buissière e o médico Paul Silvestre.

Imparcialidade

A importância da diáspora huguenote para a produção e a disseminação do conhecimento pode ser resumida em duas palavras: mediação e distanciamento. Os exilados foram mediadores entre a cultura francesa e as culturas das três principais terras de acolhida: República Holandesa, Inglaterra e Prússia. Essa mediação se evidencia no papel que os exilados desempenharam na tradução, no ensino e, sobretudo, no jornalismo cultural. Os nomes de algumas dessas publicações revelam claramente seu objetivo: *Bibliothèque Germanique*, por exemplo, fundada em 1720 e editada em Berlim por Étienne Chauvin, Alphonse Des Vignolles e Jacques Lenfant, ou *Bibliothèque Anglois*, editada por Michel de La Roche.

Voltando ao tema do distanciamento dos exilados, Edward Gibbon elogiou dois historiadores huguenotes, Basnage e Beausobre, por sua "imparcialidade", contrastando-os com historiadores católicos que haviam escrito sobre judeus e maniqueus.[75] O próprio Beausobre discutira a exigência de imparcialidade no prefácio de seu livro,

---

74 Bost, *Un intellectuel avant la lettre*, p.143-60; cf. id., *Pierre Bayle historien, critique et moraliste*, p.43-54.

75 Gibbon, *Decline and Fall of the Roman Empire*, v.3, p.88 e v.1, p.456 (cap.49 e 15).

Exílios do início da Era Moderna

e a *Histoire des Juifs*, de Basnage, alegava ser imparcial, com seu autor declarando que o intuito não era "nem ofender nem lisonjear" os judeus. Ele escreveu como cristão, discutindo sobre a melhor maneira de converter os judeus, mas simpatizava com seus sofrimentos e admirava sua devoção ao saber, apresentando com bastante detalhe seus estudiosos, tipógrafos e "academias" (*yeshivot*).[76]

De modo semelhante, o huguenote Élie Benoist, historiador do Édito de Nantes, criticou seus predecessores por oferecerem "muito de apologia e muito pouco de história" (*trop d'apologie et trop peu d'histoire*). Não temia julgamentos morais e afirmava que eles eram compatíveis com a imparcialidade histórica (*le desinteressement d'un historien* [o desprendimento do historiador]).[77]

Rapin-Thoyras, que escreveu sobre a história da Inglaterra, também criticou as inclinações pessoais de seus predecessores, especialmente a respeito do rei Carlos I, sublinhando a necessidade de "um bom historiador neutro" (*un bon historien neutre*) que pudesse extrair a verdade mesmo dos historiadores mais parciais. Apesar de nutrir certa simpatia pelos *whigs*, Rapin soube se distanciar dos partidos políticos ingleses, os quais via como um fenômeno interessante que precisava ser explicado aos estrangeiros. Seu distanciamento se beneficiou do fato de que escreveu enquanto vivia em Haia e em um território de fala germânica (Wesel, no ducado de Cleves). Como ele mesmo já esperava – conhecia muito bem as reações dos ingleses à história da Inglaterra escrita pelo humanista italiano Polydore Vergil, discutida mais adiante –, Rapin recebeu críticas por suas inclinações contra a Monarquia e a Igreja. Mesmo assim, seu tom contido e sua relativa liberdade de preconceitos ajudam a explicar o sucesso de sua história, não apenas no continente, mas (com duas traduções diferentes) também na Grã-Bretanha, onde a obra dominou seu campo de estudos por uma

---

76 Basnage, op. cit., p.ix, 693, 738.

77 Bost, *Ces Messieurs de la R. P. R.*, p.267-79.

Exílios do início da Era Moderna

geração, até que o filósofo escocês David Hume publicasse uma versão rival do passado inglês.[78]

O distanciamento encorajou uma abordagem crítica do passado, exemplificada pela "história crítica" que floresceu no final do século XVII e no início do XVIII, em certa parte escrita por exilados. O *Dictionnaire Historique et Critique* [Dicionário histórico e crítico] de Bayle se tornou o exemplo mais famoso do gênero.

Como no caso da escrita da história, a posição dos exilados entre duas culturas ajudou em sua imparcialidade, um atributo que à época já se considerava um signo do ideal jornalístico. O anônimo *Critique désintéressée des journaux littéraires et des ouvrages des savants* [Crítica desinteressada de revistas literárias e obras eruditas] (publicado em Haia no ano de 1730) reivindicava para si essa qualidade e também a atribuía a algumas publicações nas quais as resenhas eram escritas "sem preocupações com os sentimentos dos autores e livreiros" (*sans égard, ni pour les Auteurs, ni pour les libraires*).[79]

Na diáspora huguenote, o exemplo supremo de distanciamento foi, é claro, Pierre Bayle. *Outsider*, "provinciano, pobre e... protestante", Bayle adorava minar ideias estabelecidas e contrastar dois pontos de vista sem tomar partido. Quando as testemunhas se contradizem, ele dizia, é necessário suspender o julgamento. Bayle foi vivaz ao discutir os preconceitos de escritores antigos. "A história é muito semelhante à carne", ele escreveu em uma famosa passagem de *Nouvelles de la République des Lettres*. "Cada nação e religião pega os mesmos fatos crus e os prepara com temperos a seu próprio gosto, e cada leitor os considera verdadeiros ou falsos conforme sua concordância ou discordância com seus próprios preconceitos". Bayle era "apaixonadamente ligado a um ideal de imparcialidade". De acordo com ele, a

---

78 Rapin-Thoyras, *Histoire de l'Angleterre*, v.1, p.9, 14; v.3, p.387-90: Trevor-Roper, op. cit.

79 Bots, Le role des périodiques néerlandais pour la diffusion du livre (1684-1747). In: Berkvens-Stevelinck (orgs.), *Le Magasin de l'Univers*, p.49-70, esp. 51. A *Critique* é atribuída a François Bruys.

Exílios do início da Era Moderna

história da Reforma não deveria ser escrita por católicos nem protestantes. Caso não fosse possível, o texto deveria no mínimo ser examinado por um leitor neutro na disputa, *quelque personne neutre*.[80] Para darmos um exemplo do distanciamento de Bayle na prática, podemos citar o famoso artigo sobre "Maomé" em seu *Dictionnaire Historique et Critique*. Esse artigo, como aponta um estudo recente, contribuiu para uma visão do Islã "mais coerente e respeitável" do que aquela que os cristãos tinham até então. Como lhe era de costume, Bayle expôs seus argumentos não como afirmações, mas como refutações de juízos mais antigos e hostis ao Islã, sob a forma de notas, as quais ele chamava de "observações", e não no texto em si.[81]

Pode-se dizer que a interrupção do julgamento é relativamente fácil para quem vive suspenso entre duas culturas. Bayle, francês e também protestante, era puxado em direções opostas.[82] Pierre Bourdieu, francês do século XX que também foi capaz de um notável distanciamento, descrevia a si mesmo como alguém que tinha o *"habitus* cindido" (*habitus clivé*). Essa descrição poderia valer igualmente para Pierre Bayle.

Deve-se salientar que a reação de Bayle à sua condição de exilado estava longe de ser inevitável, como se pode ver ao compará-lo com seu colega e ex-amigo Pierre Jurieu, que, a exemplo de Bayle, trocou a França por Roterdã em 1681. As circunstâncias do exílio passaram a moldar o trabalho e a vida de Jurieu, pois ele dedicou muito de sua energia a escrever livros contra a Igreja Católica e, em particular, contra o papado, prevendo a iminente ruína desse "reino anticristão". No entanto, Jurieu foi menos adaptável do que Bayle. Suas contribuições ao conhecimento se debruçaram sobre erros passados, e não sobre as oportunidades positivas abertas pelo exílio, como no caso de Bayle.

---

80 Labrousse, *Bayle*, p.12, 22, 51; id., *Pierre Bayle*, v.2, p.3-38, 99.

81 Bots, Pierre Bayle's *Dictionnaire* and a New Attitude towards the Islam. In: Derks et al. (orgs.), *What's Left Behind*, p.183-9.

82 "L'objectivité lui était rendue plus facile par sa condition ambiguë de Français calviniste" [a objetividade lhe veio mais fácil por sua condição ambígua de francês calvinista]: Labrousse, op. cit., p.24.

Exílios do início da Era Moderna

Um livro que seguiu a mesma tradição de Bayle (a quem autor e ilustrador admiravam) e que talvez tenha causado ainda mais impacto do que seu famoso *Dictionnaire* é o que podemos chamar de enciclopédia das religiões do mundo, produzido por Jean-Frédéric Bernard e Bernard Picart, que já mencionamos. *Cérémonies et coutumes* [Cerimônias e costumes] foi marcante não apenas pela escala do projeto e pelo importante papel de suas ilustrações, mas também pelo distanciamento. Apresentar as religiões do mundo em termos aparentemente iguais exigia uma estratégia parecida com a de Bayle para encorajar os leitores à rejeição da intolerância e à suspensão de sua "parcialidade" em favor de determinada forma de religião.[83]

O momento do exílio

Pode parecer insensível falar em bom momento para alguém que esteja exilado, mas alguns momentos são por certo melhores do que outros. Os refugiados franceses dos anos 1680 foram para a República Holandesa, um lugar e também um tempo de relativa receptividade à imigração. Amsterdã foi uma bela escolha para esses exilados, por vários motivos. Era uma cidade em expansão no século XVII, e havia dinheiro disponível a juros baixos, o que incentivou o estabelecimento de novos negócios (os tipógrafos precisavam de capital para comprar papel e tipos metálicos). Não existiam muitas regulamentações para o mercado de livros, o qual registrou um "crescimento incrível" em Amsterdã no século XVII, de 96 firmas operando no primeiro quarto do século para 273 ativas no último.[84]

Além do mercado interno, que incluía não apenas outros exilados francófonos mas também elites locais que falavam francês, a exportação de livros era uma parte importante do império comercial holandês, com volumes em latim, alemão, hebraico, iídiche, inglês,

---

83 Hunt; Jacob; Mijnhardt, *The Book that Changed Europe*.
84 Davies, op. cit., p.102-3.

Exílios do início da Era Moderna

sueco, espanhol, português, tcheco, russo, armênio e georgiano.[85] Esse grande complexo de publicação poliglota só foi possível graças à presença dos exilados, entre eles os tipógrafos judeus mencionados anteriormente. Pode-se descrever a República Holandesa – e, em particular, Amsterdã – como uma "cultura de tolerância", o terceiro T das condições para a inovação, segundo o teórico do urbanismo Richard Florida (os outros dois T são talento e tecnologia).[86]

O momento da chegada dos refugiados na República Holandesa coincidiu com a ascensão dos jornais e periódicos eruditos. A já mencionada *Gazeta de Amsterdam*, por exemplo, foi fundada em 1675, e seu equivalente iídiche apareceu nos anos 1680. A passagem do século XVII para o XVIII também foi a época de ouro das publicações intelectuais não especializadas. Os exilados editaram e escreveram várias delas, que surgiram em francês, tanto na República Holandesa quanto na Prússia – o que não era um problema, pois as pessoas letradas desses países sabiam o idioma. Deve-se confessar que periódicos francófonos desse tipo foram raros na Inglaterra: *Bibliothèque Angloise* (fundado em 1717) foi uma das poucas exceções. Seu editor, Michel de La Roche, também editava publicações em inglês – *Memoirs of Literature* (1710-) e *The Literary Journal* (1730-). Já o *Gentleman's Journal* era editado por Peter Anthony Motteux, exilado de segunda geração.

A ascensão desses periódicos abriu um nicho para os exilados, mas estes, por sua vez, também contribuíram muito para esse processo de proliferação. De maneira similar, Amsterdã oferecia oportunidades para editores e livreiros exilados, como já vimos, mas sua chegada "pode ter revertido o declínio da indústria do livro em Amsterdã".[87] Os refugiados souberam tirar vantagem da disseminação do francês pelos países para onde migraram. Mas, por sua vez, ajudaram a *"accélerer*

---

85 Hoftijzer, Metropolis of Print. In: O'Brien (org.), *Urban Achievement in Early Modern Europe*, p.249-65, esp. 251.
86 Florida, *The Rise of the Creative Class*.
87 Hoftijzer, op. cit., p.253.

106

l'*internationalisation de la langue française*" [acelerar a internacionalização da língua francesa].[88]

A segunda geração

A disseminação do francês pela Europa no século XVII, a exemplo do que acontece com o inglês hoje em dia, desencorajou os exilados de aprender o idioma dos países de acolhida, fosse o alemão, o holandês ou o inglês. Essa relutância em falar ou escrever em língua estrangeira persistiu até a geração seguinte.[89]

Para a história do conhecimento, essa segunda geração de exilados huguenotes foi quase tão importante quanto a primeira, como sugerem alguns exemplos da República Holandesa, Prússia e Inglaterra. Na República Holandesa, Jean-Frédéric Bernard, Prosper Marchand e Étienne Luzac. Bernard, que chegou a Amsterdã ainda criança, foi livreiro, editor e tradutor. É mais conhecido por sua ambiciosa obra em sete volumes *Cérémonies et coutumes religieuses de tous les peuples du monde* [Cerimônias e costumes religiosos de todos os povos do mundo], publicada entre 1723 e 1737, com texto anônimo e gravuras de Bernard Picart, artista que se convertera ao protestantismo e trocara Paris por Amsterdã.[90]

Como seu amigo Picart, Marchand foi um recém-chegado contemporâneo à segunda geração. Depois de se tornar protestante, ele se mudou para Amsterdã em 1709 e ali trabalhou como tipógrafo, jornalista e historiador, atuando também como elo entre huguenotes, livreiros e jornalistas de sua vasta rede de correspondentes.[91] Quanto a Luzac, ele nasceu em Amsterdã, filho de refugiados huguenotes, trabalhou com seu irmão Johan em uma livraria de Leiden e também para

---

88 Berkvens-Stevelinck, *L'édition française en Hollande*, p.325.
89 Böhm, *Sprachenwechsel*.
90 Hunt; Jacob; Mijnhardt, op. cit., p.1, 129, 158, 179, 201 e *passim*.
91 Berkvens-Stevelinck, Prosper Marchand, intermédiaire du Refuge Huguenot. In: Berkvens-Stevelinck; Bots; Häseler (orgs.), *Les grands intermédiaires de la République des Lettres*, p.361-86.

a *Gazette de Leyde*, vindo a se tornar editor do jornal e fundador de uma dinastia de jornalistas.[92]

Na Prússia, Simon Pelloutier, que nascera em Leipzig e se tornara pastor em Berlim, escreveu a história dos povos celtas. Dois pastores de Stettin (atual Szeczin), Paul-Emile de Mauclerc e Jacques Pérard, editaram a *Bibliothèque Germanique*. Samuel Formey, um dos intelectuais mais proeminentes da época, nascido em Berlim, filho de refugiados huguenotes, foi pastor de uma igreja francesa, professor de filosofia no Collège Français, secretário da academia de Berlim e escritor prolífico.[93]

Na Inglaterra, Pierre des Maizeaux, que deixara a França ainda criança em 1685, chegou a Londres em 1699 e ali escreveu para publicações em língua francesa. A *Bibliothèque Raisonnée*, periódico que ele ajudava a editar, foi "a principal fonte de notícias sobre eventos e ideias inglesas" para os franceses, e Des Maizeaux logo se tornou "o apóstolo de Bayle para os ingleses", escrevendo sua biografia e editando suas cartas.[94] John Theophilus Desaguliers, filho de um pastor huguenote, estudou em Oxford e virou membro da Royal Society e famoso palestrante de temas científicos, publicando tanto em francês quanto em inglês, exemplificando as habilidades linguísticas da segunda geração de imigrantes. Matthew Maty, nascido na República Holandesa, filho de exilados huguenotes, mudou-se para Londres, onde se tornou bibliotecário e jornalista, chegando a fundar o *Journal Britannique* (1750) para apresentar a literatura inglesa aos franceses. John Jortin nasceu em Londres, estudou em Cambridge, formou-se clérigo e publicou *Remarks on Ecclesiastical History* [Observações sobre a história eclesiástica] e *Life of Erasmus* [Vida de Erasmo]. Parece ter sido o mais integrado dos membros desse grupo.

---

92 Sobre os Luzac, Sgard (org.), *Dictionnaire des journalistes, 1600-1789*, p.663-7.
93 Häseler, J. H. S. Formey. In: Berkvens-Stevelinck; Bots; Häseler, op. cit., p.413-34.
94 Mandelbrote, Pierre des Maizeaux. In: Ligota; Quantin (orgs.), *History of Scholarship*, p.385-98, esp. 387, 398.

Exílios do início da Era Moderna

É difícil saber quanto os exilados huguenotes de ambas as gerações resistiram à assimilação. Em Londres, onde eram muitos, eles podiam viver em uma espécie de gueto, ou pelo menos socializar predominantemente uns com os outros. Sabe-se que os intelectuais da comunidade gostavam de se encontrar no Rainbow, um café da Fleet Street, antro de Desmaizeaux e Desaguliers; de Pierre Coste, tradutor de Locke; e do matemático Abraham de Moivre, que escreveu sobre a teoria da probabilidade e era próximo a Newton. A exemplo dos exilados russos de 1917, que serão discutidos no Capítulo 5, os huguenotes tinham suas próprias escolas e igrejas. A assimilação foi lenta, mas acabou se realizando.

Os dois testes de assimilação mais óbvios são a língua e o casamento. Pierre Bayle, que morou em Roterdã por 25 anos, jamais aprendeu holandês (e também nunca aprendeu inglês, mas estrangeiros que sabiam esse idioma ainda eram exceção na época).[95] Samuel Formey confessou que, por muito tempo, não soube uma palavra de alemão, apesar de viver em Berlim: *"La langue du pays m'est demeurée inconnue"* [A língua do país permaneceu desconhecida para mim].[96] Por outro lado, depois de alguns anos nos Países Baixos, Henri Basnage resenhava livros em holandês e inglês para seu jornal.[97] Quanto aos casamentos, podemos comparar Matthew Maty, que veio para a Inglaterra aos 22 anos e se casou duas vezes, ambas com huguenotes, a Renatus Jordain, que se casou com uma inglesa e foi pai do integrado John Jortin que já mencionamos.

Intercâmbios culturais

Para resumir: os indivíduos que fizeram parte do Refúgio huguenote exemplificam a mediação de várias formas. Henri Justel foi um

---

95 Labrousse, op. cit., p.168.
96 Formey citado por Hartweg, Die Huguenotten in Deutschland. In: Von Thadden; Magdelaine (orgs.), *Die Huguenotten*, p.172-85, esp. 193.
97 Cerny, *Theology, Politics and Letters at the Crossroads of European Civilization*, p.257.

Exílios do início da Era Moderna

mediador cultural entre estudiosos franceses e ingleses mesmo antes de se mudar para a Inglaterra, em 1681, pouco antes da Revogação. Foi Justel, por exemplo, quem providenciou a tradução das atas da Royal Society para o francês, beneficiando Pierre Bayle.[98] A tradução entre idiomas foi uma das principais formas de mediação. A disseminação de informações e a tradução cultural foram outras. O historiador Rapin de Thoyras explicou o sistema político inglês para os estrangeiros em sua *Dissertation sur les Whigs et les Tories* [Dissertação sobre os Whigs e os Tories] (1717).

Para os exilados em si, as consequências da emigração tiveram grande alcance. Myriam Yardeni sugeriu que, na República Holandesa, a liberdade de expressão, muito maior do que na França, *"fait libérer un potential intellectual explosive, enseveli depuis des décennies"* [liberou um potencial intelectual explosivo, enterrado por décadas].[99] Como já dissemos, o exílio encorajou o distanciamento em Pierre Bayle e alguns de seus colegas.

No caso dos países de acolhida, um número relativamente pequeno de refugiados foi capaz de provocar um impacto relativamente grande sobre as culturas holandesa, prussiana e inglesa. Graças ao prestígio da cultura francesa à época, os exilados foram recebidos como "embaixadores do saber francês" (*Sendboten der französische Erudition*).[100] De sua parte, os exilados incrementaram ou aprofundaram o conhecimento da cultura francesa nos países onde se estabeleceram. Eles contribuíram, em particular, para um importante desenvolvimento da história do saber europeu: a ascensão da República Holandesa, e especialmente de sua principal cidade, Amsterdã, como centro de informação e entreposto intelectual.[101]

---

98 Bost, *Un intellectuel avant la lettre*, p.110.

99 Yardeni, *Le refuge protestant*, p.69.

100 Haase, op. cit., p.388-9.

101 Gibbs, The Role of the Dutch Republic as the Intellectual Entrepot of Europe in the Seventeenth and Eighteenth Centuries, *Bijdragen en Mededelingen betreffende de Geschiedenis van de Nederlanden* 86, p.323-49; Bots, Les Provinces-Unies, centre

Exílios do início da Era Moderna

O crédito por essa ascensão não cabe apenas aos exilados. Amsterdã já era um centro de notícias, jornais e cartografia no início do século XVII, e a Companhia Holandesa das Índias Orientais, a VOC, mantinha uma importante rede de informações que ligava Amsterdã a Goa, Batávia, Nagasaki e outros lugares, como veremos mais à frente.[102] Pode-se, portanto, dizer que os huguenotes se beneficiaram da ascensão de Amsterdã como centro de informação, embora também tenham contribuído para essa ascensão.

Quanto às consequências da diáspora para o conhecimento na França, é preciso tocar dois pontos opostos. No lado negativo, fica bem evidente a perda de habilidades e de capital intelectual (para não mencionar o capital financeiro). No lado positivo, porém, a França adquiriu mais conhecimento do mundo exterior, especialmente da Grã-Bretanha, graças aos exilados que escreveram em francês ou traduziram obras estrangeiras para o idioma. Como a censura era muito menos rigorosa na Grã-Bretanha e na República Holandesa do que na França, os exilados podiam se expressar com relativa liberdade. E seus livros eram contrabandeados para a França com certa frequência, o que permitiu a circulação de ideias subversivas.[103]

No que diz respeito à hibridização, tema que será importante no Capítulo 4, a questão mais óbvia envolve Descartes, Locke e as tradições filosóficas das quais surgiram e as quais fortaleceram. Graças aos exilados Jean Leclerc e Pierre Coste, foi possível que os leitores franceses tivessem acesso ao *Ensaio acerca do entendimento humano* em língua nativa e que os britânicos pudessem ler Descartes em versões latinas,

---

d'information européenne au XVIIe siècle, *Quaderni del Seicento Francese* 5, p.283-306; Smith, Amsterdam as an Information Exchange in the Seventeenth Century, *Journal of Economic History* 44, p.985-1005; Cook, Amsterdam, entrepôt des savoirs au XVIIe siècle, *Revue d'Histoire Moderne et Contemporaine* 55, p.19-42.

102 Dahl, Amsterdam – Earliest Newspaper Centre of Western Europe, *Het Boek* 25, p.160-97.

103 Darnton, *The Forbidden Best-Sellers of Pre-Revolutionary France*; Eisenstein, *Grub Street Abroad*.

Exílios do início da Era Moderna

preparadas por tradutores huguenotes como o pastor Henri Desmarets e seu colega suíço Etienne de Courcelles, ambos refugiados na República Holandesa.

Há evidências suficientes do interesse francês por Locke para refutar qualquer contraste simples entre o racionalismo francês e o empirismo britânico. Entre os admiradores franceses de Locke estavam Voltaire, que apreciava o que definia como *esprit sage* do filósofo inglês; o autor e editor Jean-Frédéric Bernard, que também era entusiasta de Bacon; e o historiador Paul Rapin. Embora Rapin demonstrasse menos interesse no *Ensaio acerca do entendimento humano* do que nos escritos políticos de Locke, sua abordagem da história pode ser descrita como empirista, pois justificava suas interpretações com frequentes citações dos documentos originais. Ainda assim, existem poucos indícios de uma verdadeira síntese entre as ideias de Descartes e de Locke, ou, mais genericamente, entre as tradições filosóficas francesas e britânicas.[104]

Para terminarmos com uma nota positiva: assim como os exilados protestantes italianos haviam disseminado a cultura do Renascimento tardio, os exilados huguenotes, notadamente Bayle, Bernard e Picart, disseminaram a cultura do princípio do Iluminismo e contribuíram para a internacionalização do saber, fortalecendo a República das Letras de diversas maneiras.

---

104 Hutchison, *Locke in France 1688-1734*. Sobre Bernard: Hunt; Jacob; Mijnhardt, op. cit., p.128.

4
Três tipos de expatriado

Como dito na Introdução, o tema dos exilados gerou uma historiografia substancial. Em contraste, os expatriados receberam relativamente pouca atenção dos historiadores. Aqui, utilizamos o termo "expatriados" para nos referirmos a indivíduos que não foram forçados a deixar a terra natal, mas escolheram se mudar para outro país, muitas vezes porque foram atraídos por melhores condições de trabalho no exterior. Alguns migraram por iniciativa própria, mas muitos aceitaram convites dos países que os acolheram. A relativa negligência dos historiadores em relação ao tema (apesar de algumas poucas e notáveis exceções, discutidas mais adiante) contrasta com o interesse da parte de sociólogos e economistas. Foi no contexto dos expatriados que se cunhou o termo *brain drain*, ou "fuga de cérebros", em um relatório da Royal Society de meio século atrás. Desde então, tornaram-se comuns as comparações entre perdas e ganhos de cérebros nos diferentes países, especialmente de cérebros científicos.[1]

---

1 Boeri et al. (orgs.), *Brain Drain and Brain Gain*.

Três tipos de expatriado

Hoje, o movimento de cérebros é bem evidente, não apenas nas ciências naturais, mas também nas humanidades, inclusive na profissão histórica. Pense, por exemplo, nos historiadores britânicos que estão trabalhando nos Estados Unidos (entre eles, Simon Schama, Niall Ferguson, Linda Colley, Paul Kennedy e Geoffrey Parker), ou nos historiadores indianos atuando fora da Índia, desde a França até a Austrália (Ranajit Guha, Dipesh Chakrabarty, Gyan Prakash e Sanjay Subramanyam). Em certos períodos e lugares, a demanda por determinados tipos de conhecimento foi particularmente alta. A expatriação de cientistas e acadêmicos muitas vezes se liga à imitação de modelos estrangeiros. Em parte, é a resposta a uma conjuntura especial, um momento em que governantes e governos veem seu país com atraso intelectual e, portanto, com necessidade de saber estrangeiro para se atualizar.[2] Às vezes, os governantes enviam missões ao exterior, como a "Grande Embaixada" de Pedro I na Europa ocidental em 1697-1698, quando o czar adquiriu os conhecimentos de que precisava para modernizar a Marinha russa; o envio de 45 estudantes egípcios para a França, a mando de Muhammad Ali, em 1826, para aprender o que o Ocidente tinha a ensinar; ou a Missão Iwakura, que viajou o mundo em 1871, sob as ordens do novo regime japonês, logo depois da "Restauração" Meiji, para aprender sobre a tecnologia industrial.

Alternativamente, os governos podem convidar cientistas, acadêmicos e técnicos estrangeiros, como engenheiros, construtores navais e oficiais do Exército, para vir trabalhar no país. Durante a Renascença, humanistas italianos receberam convites de várias cortes europeias e foram lecionar em universidades fora da Itália. No século XVIII, o governo russo, especialmente sob os reinados de Pedro I e Catarina, a Grande, emitiu diversos convites para que estudiosos estrangeiros, sobretudo alemães, fossem lecionar ou pesquisar na Rússia. O alemão era seu meio de comunicação, tanto na Academia de Ciências de

---

2 Espagne; Werner (orgs.), *Transferts*.

São Petersburgo quanto nos livros que publicaram em solo russo. De maneira similar, no Japão Meiji, acadêmicos expatriados eram convidados a palestrar em sua língua materna, para encorajar os estudantes a aprender idiomas ocidentais.[3]

Em outras ocasiões, a iniciativa veio do outro lado, como no caso dos missionários cristãos ou das missões seculares enviadas pelo governo francês ao Brasil. As páginas que se seguem discutirão alguns casos famosos de expatriação coletiva, analisando não apenas o conhecimento que os expatriados trouxeram consigo, mas também o que eles aprenderam durante sua estadia no exterior. Veremos três tipos de expatriado: o acadêmico, o comercial e o religioso, ocupados – em grande medida, embora não exclusivamente – com diferentes tipos de saber, para diferentes propósitos.

Expatriados comerciais

Um vasto grupo de expatriados vivia no exterior para fazer negócios. As redes mercantis também foram redes de conhecimento, disseminando saber ao longo de rotas comerciais bem estabelecidas, dentro e fora da Europa.

Do ponto de vista da disseminação do conhecimento, os tipógrafos compuseram uma parte importante desse grupo, a partir do final do século XV. A prática da tipografia foi disseminada, ou "transferida", como dizem os historiadores da tecnologia, por expatriados alemães: Konrad Sweynheym e Arnold Pannartz para Subiaco e Roma; Johann e Wendelin von Speyer para Veneza; a família Kromberger para Sevilha, e assim por diante.[4]

Outros expatriados viveram no exterior como representantes dos negócios de família, como os florentinos em Bruges e os venezianos em Istambul ou Alepo, mandando informações para casa em cartas.

---

3 Gordin, *Scientific Babel*, p.192.
4 Geldner, *Die deutsche Inkunabeldrucker*.

Três tipos de expatriado

Alguns foram mais longe, como os portugueses Duarte Barbosa e Tomé Pires, que escreveram relatos de suas viagens. Ambos desenvolveram o que vem sendo chamado de "etnografia prática", interessados nas regras formais e informais de comportamento civilizado dos diferentes lugares, às vezes adotando termos locais para descrevê-las.[5] Duarte Barbosa atuou como agente comercial, secretário e intérprete na Índia do começo do século XVI. Escreveu sobre as cidades e os negócios indianos, sobre os costumes de seus habitantes e também daqueles do Sudeste Asiático em um texto que, dando ênfase ao testemunho direto, ficou conhecido como *Livro em que dá relação do que viu e ouviu no Oriente*. Barbosa descreveu com eloquência, por exemplo, os muitos juncos do porto de Malaca e suas várias cargas, oferecendo uma vívida descrição das roupas, comidas e casas de Java e do caráter dos javaneses: "Extremamente orgulhosos, apaixonados, traiçoeiros e, acima de tudo, astutos".[6]

Tomé Pires, boticário de formação humanista, viveu em Malaca de 1512 a 1515, visitou Java e Sumatra, comandou a primeira embaixada portuguesa na China e escreveu a *Suma oriental*, um relato endereçado ao rei de Portugal que incluía muitas informações sobre o que hoje é Malásia e Indonésia. No caso de Malaca, onde morou por um tempo, Pires recontou a história da região em detalhe e esquematizou seu comércio e administração. No caso de Java, ele descreveu o sistema social, a prática do sati e o interesse dos javaneses pelos jogos de azar. Também foi o primeiro ocidental a explicar o "mal de amok" (*amoco*), quando um indivíduo de repente ataca qualquer pessoa que encontra pelo caminho.[7]

Antes de iniciada a era das companhias comerciais, por volta do ano 1600, portugueses e espanhóis já haviam criado instituições para

---

5 Rubiés, *Travel and Ethnology in the Renaissance*, p.204-22, esp. 207, 217. Cf. Xavier; Županov, *Catholic Orientalism*, p.31-5.

6 Dames (org.), *The Book of Duarte Barbosa*, p.193.

7 Cortesão (org.), *The* Suma oriental *of Tomé* Pires, v.1, p.175-6; v.2, p.266.

Três tipos de expatriado

coletar, armazenar e analisar conhecimentos geográficos. Em ambos os países, os mandatários designavam cosmógrafos, sob títulos como "cosmógrafo de Índias", especialistas que deviam fornecer informações nos campos da astronomia, geografia e navegação. Mapas e cartas ficavam guardados no Armazém de Guiné e na Casa da Índia, ambos em Lisboa, ou ainda na Casa de Contratación, em Sevilha. Os funcionários espanhóis tentavam manter essas informações em segredo, obrigando alguns cosmógrafos a fazerem juramento de não compartilhar o conhecimento com estrangeiros. Mas, como se poderia prever, seus esforços foram malsucedidos.[8]

A era das companhias

Tempos depois, nos séculos XVII e XVIII, muitos expatriados trabalharam como agentes de companhias comerciais. Mercadores ingleses formaram a Levant Company (1592) e a East India Company [Companhia das Índias Orientais] (1600), enquanto os holandeses fundaram a Vereenigte Ost-Indische Compagnie, VOC [Companhia Unida das Índias Orientais], em 1602, e a West-Indische Companie, WIC [Companhia das Índias Ocidentais], em 1621. Para terem êxito, os mercadores dessas companhias obviamente precisavam de vários tipos de conhecimento: sobre as mercadorias que negociavam, como especiarias, açúcar, café ou tecidos; sobre os países, governantes e idiomas com que queriam negociar; e sobre os bens que os habitantes desses lugares gostariam de comprar do Ocidente.

Os mercadores também precisavam conhecer as melhores rotas de navegação para essas regiões. Pouco depois de sua fundação, a East India Company designou dois matemáticos para ensinar navegação a seus

---

8 Lamb, *Cosmographers and Pilots of the Spanish Maritime Empire*; Sandman, Controlling Knowledge. In: Delbourgo; Dew (orgs.), *Science and Empire in the Atlantic World*, p.31-51; Portuondo, *Secret Science*, p.95-100, 103-11. Ângela Barreto Xavier agora se dedica a um projeto de estudo sobre a Casa da Índia.

117

Três tipos de expatriado

membros. De maneira similar, a VOC organizou o ensino da navegação e o exame dos navegadores, a cargo de especialistas como Cornelis Lastman, autor de *Kunst der Stuerluyden* [A arte do navegador] (1621).

A VOC também nomeou uma série de cartógrafos, entre eles Petrus Plancius, refugiado do sul mencionado anteriormente, e dois membros da família Blaeu: Willem e seu filho Joan. Os mapas, cartas e diários de bordo das embarcações da VOC ficavam guardados nos escritórios da companhia, em Oostindisch Huis, Amsterdã (equivalente da Casa da Índia, em Lisboa), casa que pode ser vista como o "centro dos cálculos", ou pelo menos como centro da coleção do conhecimento geográfico. A VOC também estabeleceu um escritório para produzir e armazenar mapas na Batávia (atual Jacarta), sede da empresa das Índias Orientais.[9]

Como alguns dos primeiros governos modernos e a Casa do Comércio em Sevilha, a VOC tentou manter seus conhecimentos em segredo, mas boa parte desse saber caiu na esfera pública dos atlas impressos, graças aos navegadores que vendiam informações a terceiros. Em um arquivo de Paris, o Service Hydrographique de la Marine [Serviço hidrográfico da Marinha], há um mapa com as seguintes palavras anotadas no verso: "comprado de um navegador holandês".[10] Entre esses atlas impressos estavam os famosos mapas produzidos por Joan Blaeu, que combinou as funções não muito compatíveis de oficial cartógrafo da VOC e editor de sucesso. Por esse motivo, um diretor da companhia criticou a política de segredos, qualificando-a de "estúpida", pois "o que é sabido por tanta gente não está exatamente escondido".[11] Os arquivos da WIC, em contraste, eram mais acessíveis. Como Johannes de Laet era um dos diretores, podia-se esperar que ele tivesse acesso aos arquivos da companhia, mas não deixa de

---

9 Schilder, Organization and Evolution of the Dutch East India Company's Hydrographic Office, *Imago Mundi* 28, p.61-78.

10 Schilder, op. cit., p.62-3.

11 Van Mil (org.), *De VOC in de kaart gekeken, 1602-1799*; Zandvliet, *Mapping for Money*, p.86-163.

118

Três tipos de expatriado

ser surpreendente que ele fosse autorizado a publicar os resultados de sua pesquisa.[12]

À medida que o volume de comércio aumentava, as sedes dessas companhias em Londres ou Amsterdã precisavam de cada vez mais informações sobre o que estava acontecendo nas filiais ou nas "feitorias" em Surat, Batávia (agora Jacarta) e assim por diante. Já em 1609, a cúpula da East India Company de Londres ordenou que se mantivesse um registro das correspondências da companhia. Ainda assim, no que diz respeito à informação, a VOC é que se destacou. A companhia holandesa já foi descrita como uma "multinacional", com requisitos de informação não muito diferentes daqueles de um império do início da Era Moderna, e já se atribuiu sua competitividade à sua "eficiente rede de comunicações", sem igual entre as rivais.[13]

O mais notável do sistema de informações da VOC era o uso de relatórios escritos regulares. Desde o início, os capitães a serviço da companhia tinham de manter um diário de bordo (*daghregister*) no qual anotavam a velocidade, o vento predominante, o avistamento de outros navios, entre outros dados. Além disso, o diário também precisava ser atualizado quando os marinheiros estavam em terra firme e devia ser entregue no retorno à base. Em suma, escrever era uma "ferramenta essencial" para a VOC.[14]

Os relatórios da companhia muitas vezes traziam estatísticas. Os chefes das feitorias se reportavam ao governador-geral da Batávia e este, por sua vez, enviava relatórios anuais aos diretores da VOC em Amsterdã. Esses diretores – especialmente Johannes Hudde, que

---

12 Delmas, From Travelling to History: an Outline of the VOC Writing System During the Seventeenth Century. In: Delmas; Penn (orgs.), *Written Culture in a Colonial Context*, p.97-126, esp. 116.

13 Steensgaard, The Dutch East India Company as an Institutional Innovation. In: Aymard (org.), *Dutch Capitalism and World Capitalism*, p.235-57, esp. 238; sobre De Laet, veja Ehrenpreis, Empiricism and Image-Building. In: Friedrich; Brendecke; Ehrenpreis (orgs.), *Transformations of Knowledge in Dutch Expansion*, p.69-92, esp. 74-5.

14 Delmas, op. cit., p.98.

Três tipos de expatriado

também era notável matemático e burgomestre de Amsterdã – parecem ter sido mais conscientes do que seus rivais acerca da importância da coleta sistemática de informações, sobretudo informações estatísticas, para as estratégias comerciais. Graças a Hudde, as cifras das vendas começaram a ser analisadas já em 1692, com o objetivo de determinar as futuras políticas da companhia em matéria de preços e encomendas de pimenta e outras mercadorias da Ásia.[15]

No caso da Grã-Bretanha, os levantamentos e mapeamentos só se tornaram importantes para a East India Company depois que eles começaram a administrar a Índia, em 1757. As duas principais figuras desse empreendimento coletivo foram James Rennell e Colin Mackenzie. Rennell, oficial da Marinha a serviço da companhia, foi nomeado inspetor geral de Bengala em 1764 e seus esforços resultaram na publicação do *Bengal Atlas* no ano de 1781. Mackenzie, que trabalhou no sul da Índia, conduziu pesquisas sobre Madras e Maiçor antes de se tornar inspetor geral da Índia em 1815.[16]

Vários membros das companhias adquiriram conhecimento das línguas locais para negociar, governar e converter. Por exemplo, um dicionário holandês-malaio foi publicado em Haia no ano de 1623, obra de Caspar Wiltens, pastor a serviço da VOC ("malaio" era o termo utilizado para se referir à linguagem hoje conhecida como indonésia). Wiltens devia não apenas pregar para a comunidade holandesa nas Índias Orientais, mas também transformar os habitantes locais em cristãos. Da mesma maneira, um dicionário de tâmil, o *Malabaarsche Spraakkunst*, foi publicado em 1672 por Philipp Baldaeus, outro pastor a serviço da VOC que trabalhou no sul da Índia e no Ceilão (atual Sri Lanka).

No século XVIII, uma gramática de bengali foi publicada por Nathaniel Halhed, administrador e tradutor britânico que dava ênfase ao valor da linguagem como "um meio de intercurso [...] entre os

---

15 Smith, Amsterdam as an Information Exchange, p.1001-3. Cf. Blussé; Ooms (orgs.), *Kennis en Compagnie*.
16 Edney, *Mapping an Empire*; Cohn, *Colonialism and its Forms of Knowledge*, p.81-8.

nativos da Europa, que devem governar, e os habitantes da Índia, que devem obedecer".[17] Uma gramática de sânscrito foi publicada pelo erudito e tipógrafo Charles Wilkins; um dicionário e gramática do que ele chamava "industanês" (hoje dividido em hindi e urdu) produzido por John Gilchrist, cirurgião que se tornou linguista; uma gramática de telugo, por Alexander Campbell; e um dicionário de marata por James Molesworth, oficial do Exército. Todos os quatro eram empregados da East India Company. As gramáticas serviam ao uso na própria Índia, mas o conhecimento de todas essas línguas era do interesse de estudiosos também na terra natal.

Na Índia, país que a companhia começou a administrar depois de 1757, os novos governantes precisavam conhecer as leis hindus, que eram traduzidas para o inglês (a partir de uma tradução persa do original em sânscrito), como o *Code of Gentoo Laws* [Código das leis dos gentios] (1776) e *Institutes of Hindu Law* [Institutos da lei hindu] (1794), diretamente do sânscrito. Expatriados como Nathaniel Halhed e William Jones (assim como estudiosos locais, conforme ainda veremos) se envolveram nesse empreendimento de mediação.[18]

O humanista flamengo Caspar Barlaeus dedicou sua aula inaugural no Athenaeum de Amsterdam à "sabedoria mercante" (*Mercator sapiens*) e à aliança entre Mercúrio, deus do Comércio, e Palas Atena, deusa da Sabedoria. Não se sabe o que os ouvintes pensaram de seus argumentos, mas nem as companhias comerciais holandesas nem as britânicas demonstraram muito interesse pela aquisição de conhecimento por si mesmo.

Por outro lado, alguns indivíduos a serviço dessas companhias mostraram esse interesse, especialmente no caso da VOC, como ainda veremos. Johannes de Laet, um dos diretores que fundaram a

---

17 Citado por Cohn, op. cit., p.31.
18 Rocher, *Orientalism, Poetry and the Millennium*, p.48-72; Raj, *Relocating Modern Science*, p.125-38; Davis Jr., Law in the Mirror of Language. In: Trautmann (org.), *The Madras School of Orientalism*, p.288-309.

Três tipos de expatriado

Companhia Holandesa das Índias Ocidentais, estudava muito nas horas vagas, produziu uma *Description of the New World* [Descrição do Novo Mundo] (1625) e editou vários volumes da editora holandesa Elsevir, entre eles uma coleção de relatos sobre o Império Mogol (1631). Já Nicolaes Witsen não era apenas burgomestre de Amsterdã e diretor da VOC, mas também polímata (escreveu sobre temas que iam desde a construção naval até a Sibéria) e correspondente ativo de uma série de eruditos. No entanto, Witsen se queixou com o antiquário holandês Gijsbert Cuper que a VOC não estava interessada em "aprender curiosidades sobre as Índias". "É somente dinheiro, não aprendizado, o que nosso povo procura lá" (*het is alleen gelt en geen wetenschap die onse luyden soeken aldaer*).[19] Os conselheiros da Batávia já haviam confirmado o veredito amargo de Witsen uns sessenta anos antes, quando escreveram, em 1781 (talvez pensando na aliança recomendada por Barlaeus), que "é regra geral nestas terras oferecer sacrifícios a Mercúrio, mas nunca a Palas".[20]

À vezes, mais do que as rotas para as Índias Orientais, a VOC chegava a obstruir a disseminação do conhecimento, como no caso dos estudos de botânica da ilha de Amboina realizados por Georg Rumpf, um de seus funcionários (os estudos só vieram a público em 1741, 39 anos depois da morte do autor). Os relatórios manuscritos que o linguista e botânico Herbert de Jager enviou das Índias jamais chegaram a Nicolas Witsen, a quem estavam endereçados, porque a VOC os confiscara *en route*, provavelmente porque queriam manter a informação secreta, caso pudesse ser útil aos rivais.[21]

---

19 Citado por Boxer, *Jan Compagnie in Japan, 1600-1817*, p.141. Cf. Van Berkel, Een onwillige mecenas? De rol van de VOC bij het natuurwetenschappelijk onderzoek in de zeventiende eeuw. In: Bethlehem; Meijer (orgs.), *VOC en Cultuur*, p.59-76, esp. 56.

20 Van Gelder, Engelbert Kaempfer as a scientist in the service of the Dutch East India Company. In: Haberland (org.), *Engelbert Kaempfer*, p.211-25, esp. 212-3; Zuidervaart; Van Gent, "A Bare Outpost of Learned European Culture on the Edge of the Jungles of Java", *Isis* 95, p.1-33, esp. 2-3.

21 Gelder, op. cit., p.217.

122

Três tipos de expatriado

A East India Company britânica não era muito melhor, pelo menos não até o final do século XVIII, quando se tornou um empreendimento comercial e também político na Índia. Durante o século XVII, o filósofo natural Robert Boyle e o secretário da Royal Society Henry Oldenburg haviam tentado, em vão, persuadir a companhia a coletar informações sobre as terras com as quais faziam negócios.[22] Foi só bem mais tarde na história da companhia que ela criou cargos como os de historiador (1769) e botânico (1778), ou autorizou a publicação de livros de seus funcionários, como *Account of Indian Serpents* [Relato das serpentes indianas] (1796), de Patrick Russell, ou os artigos botânicos de William Griffith (1847).

Por outro lado, de maneira extraoficial, alguns expatriados a serviço das companhias – clérigos, cirurgiões, médicos, soldados e administradores, muitos deles com diplomas universitários – dedicaram seu tempo livre a adquirir e disseminar conhecimento sobre a natureza e a cultura dos locais onde estavam lotados. No caso da VOC, as contribuições ocorreram de 1603 a 1798 (quando a companhia declarou falência), mas se concentraram mais densamente nos anos 1670 e 1680. Já na East India Company, a era de ouro da produção de conhecimento veio um século depois, nos anos 1770, 1780 e 1790.

A parte mais bem conhecida dessas histórias diz respeito à contribuição dos médicos e cirurgiões, que estudaram doenças tropicais até então desconhecidas e também os remédios locais, incluindo ervas que levaram alguns desses expatriados ao estudo da botânica por si mesma. No caso da VOC, dez indivíduos se destacam: Jacob Bontius, Georg Rumpf, Andreas Cleyer, Engelbert Kaempfer, Willem Ten Rhijne, Herman Niklas Grimm, Paulus Hermann, Hendrik van Reede, Jacob Radermacher e Carl Peter Thunberg. Bontius, por exemplo, médico da companhia a serviço em Java, escreveu sobre doenças tropicais, publicou um livro acerca de remédios locais e pesquisou as

---

22 Massarella, Epilogue: Inquisitive and Intelligent Men. In: Bodart-Bailey; Massarella (orgs.), *The Furthest Goal*, p.152-64; Raj, op. cit., p.107-14.

Três tipos de expatriado

plantas da ilha, fazendo correções ao trabalho de García de Orta e reconhecendo a ajuda de informantes da região.[23]

Curiosamente, apenas quatro desses dez indivíduos a serviço da companhia holandesa eram holandeses (Bontius, Ten Rhijne, Van Reede e Radermacher). Outros quatro eram alemães (Rumpf, Cleyer, Kaempfer e Herman), e Grimm e Thunberg eram suecos. Sete deles trouxeram grandes contribuições para a botânica, trabalhando na Índia, no Ceilão, em Java, Sumatra, Amboina e Japão. O aristocrata Van Reede, governador de Malabar, organizou uma pesquisa coletiva, com cerca de cem colaboradores, tanto europeus quanto asiáticos (Vinayaka Pandit, por exemplo), a qual apareceu em doze volumes sob seu nome, o *Hortus Malabaricus* [Jardim de Malabar], entre 1678 e 1693. As tradições médicas de Ceilão, China e Japão foram estudadas por Grimm, Cleyer e Ten Rhijne. A acupuntura, em especial, atraiu a curiosidade dos europeus, em casa e no exterior.[24]

Alguns britânicos na Índia também foram botânicos entusiasmados, entre eles dois escoceses, Patrick Russell e William Roxburgh, e um oficial do exército da companhia, Robert Kyd, que propôs a fundação de um jardim botânico em Calcutá no ano de 1787 e se tornou seu superintendente. Outros dois estrangeiros também fizeram importantes contribuições ao estudo das plantas indianas: o alemão Johan Koenig, ex-pupilo de Lineu que entrou para a companhia na posição de botânico em 1778, e o dinamarquês Nathaniel Wallich, que se tornou professor de Botânica na faculdade de Medicina de Calcutá. Graças a Joseph Banks, com quem alguns desses botânicos se correspondiam, Londres – ou, mais precisamente, Kew Gardens – pôde ser um grande

---

23 Cook, Global Economies and Local Knowledge in the East Indies. In: Schiebinger; Swan (orgs.), *Colonial Botany*, p.100-18; Singh, Botanical Knowledge in Early Modern Malabar and the Netherlands. In: Friedrich; Brendecke; Ehrenpreis, op. cit., p.187-208.

24 Van Berkel, The Natural Sciences in the Colonies. In: Berkel; Van Helden; Palm (orgs.), *A History of Science in the Netherlands*, p.210-28; Raj, op. cit., p.37-38, 44-52; Cook, *Matters of Exchange*, p.175-225, 304-77.

Três tipos de expatriado

centro da produção e disseminação do conhecimento de plantas tropicais, enquanto Batávia e Calcutá foram importantes centros locais.[25]

No início do século XIX, alguns médicos britânicos que trabalhavam na Índia, os chamados "orientalistas", foram se interessando pela medicina aiurveda. Publicações como *Materia Medica of Hindostan* [Matéria médica do Industão] (1813), de Whitelaw Ainslie, e *Antiquity of Hindoo Medicine* [Antiguidade da medicina hindu] (1837), de John Royle, testemunham esse interesse, tanto prático quanto histórico.[26] Enquanto isso, outros médicos britânicos, os "anglicanos", cada vez mais confiantes na superioridade do saber ocidental, dispensaram as práticas médicas indianas como não científicas, como alguns médicos ocidentais ainda o fazem.

A atenção dos historiadores se concentrou nas contribuições médicas e botânicas ao conhecimento ocidental da Ásia. Elas foram indubitavelmente importantes, mas outros campos não podem ser esquecidos. Alguns funcionários de ambas as companhias tentaram manter contato com a comunidade europeia do saber, fundando suas próprias sociedades, interessadas no conhecimento por si mesmo. Na Batávia, Radermacher, homem de vastos interesses, mais conhecido por seu trabalho sobre a flora de Java, fundou uma sociedade para as "artes e ciências", a Bataviaasch Genootschap van Kunsten en Wetenschappen (1778) [Sociedade Bataviana de Artes e Ciências], que publicava um periódico sobre suas "transações". Em Calcutá, Jones e seus amigos fundaram a Asiatic Society (1784) [Sociedade asiática], para lerem artigos uns dos outros e os publicarem no jornal da sociedade. A Literary Society of Bombay (1805) [Sociedade Literária de Bombaim] e a Madras Literary Society (1817) [Sociedade Literária de Madras] seguiram o mesmo modelo.[27]

---

25 Desmond, *The European Discovery of the Indian Flora*; Drayton, *Nature's Government*; Raj, Dynamiques urbaines et savants à Calcutta (XVIIIe siècle), *Revue d'Histoire Moderne et Contemporaine* 55, p.70-99.

26 Bayly, *Empire and Information*, p.264-83.

27 Franklin, *Orientalist Jones*, p.205-50.

Três tipos de expatriado

Empregados de ambas as companhias contribuíram também para a astronomia. Johan Maurits Mohr, pastor alemão a serviço da companhia em Batávia, observou o trânsito de Vênus em 1761 e 1768, na segunda vez de um observatório que ele próprio construíra com esse propósito. Mohr pediu para ser nomeado astrônomo oficial da VOC, mas não foi atendido. Anos depois, Samuel Davis, que passara por vários postos administrativos em Calcutá e outros lugares, fez um estudo sobre astronomia indiana que lhe garantiu a entrada na Royal Society. Outros membros da companhia introduziram a ciência newtoniana na região, a qual passou a coexistir com a tradicional astronomia indiana.[28]

Expatriados estudaram as línguas asiáticas, não apenas para ajudar no comércio e na conversa, mas também pelo conhecimento em si. No lado britânico, a contribuição mais famosa foi de William Jones, polímata que serviu na Índia como juiz. Sua percepção das semelhanças entre o sânscrito, o grego, o latim, o persa e as línguas celtas o levou à ideia de uma família "indo-europeia" de linguagens. Mas ele preferiu ignorar – ou talvez não soubesse – que outros europeus na Índia já haviam percebido essas semelhanças antes dele, notadamente o jesuíta francês Gaston-Laurent Coeurdoux, que enviara suas memórias sobre o tema à Academia Francesa de Inscrições em 1767. O trabalho de Jones é bem conhecido e estudado, mas o de Coeurdoux só foi redescoberto em tempos recentes. De maneira geral, o "orientalismo protestante", especialmente na versão britânica, ficou muito mais visível aos olhos da posteridade do que o "orientalismo católico" de italianos, espanhóis, franceses ou portugueses.[29]

De maneira similar, embora menos ambiciosa, Francis Whyte Ellis, lotado em Madras, estudou as línguas do sul indiano junto com alguns colegas e formulou a chamada "hipótese dravidiana" de uma

---

28 Zuidervaart; Van Gent, op. cit., p.19; Bayly, op. cit., p.261-4.
29 Franklin, op. cit., p.1-42; Murr, *L'Inde philosophique entre Bossuet et Voltaire*; Xavier; Županov, *Catholic Orientalism*, p.156, 206, 290. As memórias de Coeurdoux não foram publicadas a tempo de Jones as ler.

origem comum para o tâmil, o telugo, o malaio e o canarim, rejeitando a noção de que as línguas do sul da Índia derivavam do sânscrito.[30] Alguns expatriados estenderam seu interesse das línguas para as culturas dos povos que encontravam, colecionando seus objetos e estudando seus costumes. Alguns missionários, tanto católicos quanto protestantes, tentaram ir além do estereótipo de "pagãos" ou "idólatras" e, como ainda veremos, apresentaram relatos bastante distanciados do que chamamos de "hinduísmo".

Quanto aos britânicos na Índia, John Zephaniah Holwell, cirurgião da East India Company, publicou em 1767 um estudo do que chamou de "mitologia, cosmogonia, jejuns e festejos dos gentios" (em outras palavras, dos hindus), e Alexander Dow, oficial a serviço da companhia, escreveu (ou traduziu) a história do Industão (1768). Os dois tiveram um papel fundamental no que veio a ser conhecido como "a descoberta britânica do hinduísmo", discutida mais adiante.[31] O inspetor Colin Mackenzie estudou a topografia de Maiçor e também os vários povos da região, bem como sua história, organização social e cultura material. Mackenzie coletou antiguidades locais, assim como James Prinsep, que trabalhou na casa da moeda de Calcutá e Benares e se especializou em numismática e inscrições. Seu *Essays on Indian Antiquities* [Ensaios sobre as antiguidades indianas] foi publicado postumamente, em 1858.

Membro de uma embaixada da VOC enviada à China, o alemão Johan Nieuhof publicou uma descrição do país que depois foi traduzida do holandês para o francês, alemão, latim e inglês e definida como "o mais famoso livro sobre a China publicado na Europa desde o diário de viagem de Marco Polo".[32] Ainda assim, um dos acréscimos mais notáveis ao conhecimento europeu sobre a Ásia veio de uma série de

---

30 Trautmann, *Languages and Nations*.
31 Marshall (org.), *The British Discovery of Hinduism in the Eighteenth Century*.
32 Rietbergen, *VOC Travelogues*. In: Friedrich; Brendecke; Ehrenpreis, op. cit., p.231-49, esp. 235.

Três tipos de expatriado

funcionários da VOC lotados no Japão.[33] Um primeiro foi o huguenote François Caron, cujo *Beschrijvinghe van het Machtigh Coninckryck Japan und Siam* (1636) foi traduzido para o alemão e também para o inglês, em 1663, sob o título *A True Description of the Mighty Kingdoms of Japan and Siam* [Uma descrição verdadeira sobre os poderosos reinos do Japão e Sião].

Um segundo observador foi Engelbert Kaempfer, homem de extraordinária curiosidade que já viajara por toda a Rússia e Pérsia antes de entrar para a companhia na condição de médico, enviado para Deshima (ou Dejima), no Japão – uma ilha próxima a Nagasaki na qual os mercadores holandeses estavam confinados desde 1641 –, e para viagens oficiais à capital, Edo. Lugar de encontros entre ocidentais e japoneses, pode-se descrever Nagasaki como um centro de acumulação, disseminação e transformação de conhecimentos.[34]

Kaempfer participou de duas dessas visitas no começo dos anos 1690, o que lhe deu a oportunidade de tomar notas para uma descrição minuciosa do Japão, escrita em alemão mas publicada postumamente em tradução inglesa, no ano de 1727. Seus olhos aguçados puseram em foco não apenas a corte do xógum, mas também os pauzinhos ("em vez de facas, recebemos duas pequenas varetas"), os quartos nus das hospedarias com "portas deslizantes de papel" e os "camponeses carpindo seus campos de arroz com água e lama até os joelhos". Os estudos de Kaempfer sobre a flora japonesa também chamaram a atenção dos historiadores.[35]

O terceiro observador, o último dos chamados "três cultos de Deshima", foi Carl Peter Thunberg, botânico sueco, ex-pupilo de Lineu.

---

33 Kornicki, European Japanology at the End of the Seventeenth Century, *Bulletin of the School of Oriental and African Studies* 56, p.502-24.

34 Roberts, Re-Orienting the Transformation of Knowledge in Dutch Expansion. In: Friedrich; Brendecke; Ehrenpreis, op. cit., p.19-42.

35 Kaempfer, *History of Japan*, cap.12, 4, 13; Haberland, *Engelbert Kaempfer 1651-1716*; Hoppe, "aempfer's Forschungen über japanische Pflanzen. In: Haberland (org.), *Engelbert Kaempfer*, p.125-53; Muntschick, The Plants that Carry His Name. In: Beatrie Bodart-Bailey; Massarella (orgs.), *The Furthest Goal*, p.71-95.

Thunberg serviu como cirurgião e médico na companhia, viveu em Deshima em 1775-1776 e depois publicou um relato sobre suas viagens e também a *Flora japonica* [Flora japonesa] (1784). Um quarto homem culto de Deshima foi Isaac Titsingh, cirurgião, diplomata e erudito que chegou ao Japão em 1779, aprendeu o idioma, formou uma importante coleção de artefatos japoneses e publicou em francês suas memórias sobre o Japão em 1820, mais de duas décadas depois da falência da VOC. Graças aos relatos desses quatro indivíduos, os leitores ocidentais puderam aprender sobre os costumes japoneses, desde o xintoísmo até o *seppuku*.[36]

Pode-se resumir a contribuição desses expatriados voltando aos temas centrais da mediação, do distanciamento e da hibridização. Exemplos óbvios da mediação são os dicionários e gramáticas das línguas locais que os membros de ambas as companhias produziram, além das traduções dos clássicos da literatura sânscrita feitas por William Jones e Charles Wilkins, traduções estas que foram muito influentes na Grã-Bretanha, na Alemanha e em outros lugares. Outro mediador foi James Robert Ballantyne, superintendente do colégio sânscrito de Benares que escreveu introduções ao pensamento hindu para os europeus e ao cristianismo e à ciência ocidental para os indianos.[37]

O distanciamento pode ser ilustrado por um relato da religião dos hindus escrito por Abraham Rogier (ou Rogerius), clérigo holandês a serviço da VOC que trabalhou por alguns anos em Madras e publicou *De Open-Deure tot Verborgen Heydendom* [Portas abertas para o paganismo oculto] (1651). Esse livro foi caracterizado como "notavelmente objetivo e desapaixonado". Pode-se dizer algo semelhante sobre a descrição que Kaempfer escreveu sobre o Japão. Viajante observador, homem movido pela curiosidade, e não pelo desejo de transformar outras culturas, Kaempfer foi visto como um indivíduo

---

36 Nordenstam (org.), *Carl Peter Thunberg*. Sobre Titsingh, veja Boxer, op. cit., p.135-72.

37 Dodson, *Orientalism, E pire and National Culture*, p.112-4.

Três tipos de expatriado

que tentou "abordar as atitudes e pensamentos japoneses de um jeito imparcial".[38] No entanto, o tema dominante neste estudo de caso é, ou deveria ser, a hibridização. Por muito tempo, os expatriados foram vistos, pelo menos na Europa, como pessoas que faziam descobertas e interpretações praticamente por si mesmos. Mas, nessa última geração, acadêmicos da Europa e também da Índia vieram tomando cada vez mais consciência da contribuição dos informantes nativos, incluindo estudiosos locais, que fizeram muito mais do que fornecer informações "cruas". Os expatriados confiavam em seus assistentes locais não apenas para conduzir as pesquisas, mas também para informá-los sobre sistemas de classificação próprios, alguns dos quais os europeus adotaram ou tentaram combinar com o sistema de Lineu. Como recentemente observou um historiador da ciência, "o sul da Ásia foi [...] participante ativo, embora desigual, de uma nova ordem do conhecimento".[39]

Alguns estudiosos locais, como Kavali Venkata Borayya (ou Boria), que ajudou Colin Mackenzie, vêm recebendo – ou retomando – um papel de destaque na história dos "estudos orientais". Ainda assim, nunca vamos saber quanto os médicos britânicos aprenderam com os *hakims* (médicos islâmicos) e *vaidyas* (médicos aiurvédicos) com quem trabalharam. Nem quanto os juristas britânicos deveram aos *pandits* (especialistas em sânscrito) e *munshis* (especialistas em persa). Nem se enxergavam esses colegas como ferramentas úteis ou como companheiros de estudos.[40] Uma vez mais, o encontro entre indivíduos que praticavam medicina a partir de diferentes sistemas culturais (indiano, chinês e japonês) ocasionou, quando não o sincretismo, pelo

---

38 Para as citações sobre Rogier, veja Lach; Kley, *Asia in the Making of Europe*, p.479; Haberland, op. cit., p.77.
39 Raj, op. cit., p.13.
40 Grove, The Transfer of Botanical Knowledge betweer Asia and Europe, 1498-1800, *Journal of the Japan-Netherlands Institute* 3, p.160-76; Raj, Surgeons, Fakirs, Merchants and Craftspeople. In: Schiebinger; Swan, op. cit., p.252-69; Trautmann, *The Madras School of Orientalism*, p.7, 78-80.

Menos o pluralismo, encorajando ou apenas permitindo que os médicos trocassem de sistema de vez em quando.

Mesmo Engelbert Kaempfer, que escreveu sobretudo a respeito do que vira com os próprios olhos, admitiu que aprendera muito nas conversas com os japoneses que o visitavam em sua casa em Deshima, especialmente com o jovem intérprete Imamura Gen'emon Eisei.[41] Por outro lado, alguns japoneses adquiriram conhecimentos ocidentais, em especial nos campos da geografia e da medicina, em conversas com os holandeses de Deshima e nos livros que os estrangeiros lhes traziam. Os japoneses chamavam esse conhecimento de *Rangaku*, em outras palavras, o conhecimento (*gaku*) que veio da Holanda (*Oranda*). Em suma, a VOC deve ser encarada como um intermediário econômico e também intelectual entre Oriente e Ocidente, uma instituição que ajudou a criar as condições nas quais certos europeus e japoneses puderam se dedicar a tarefas de tradução linguística e cultural.[42] No início da época moderna, o conhecimento ocidental sobre o Japão foi relativamente escasso. O conhecimento da China, por outro lado, foi mais completo nesses séculos, pois se disseminava por meio de um grupo muito mais amplo de ocidentais: em sua maioria, missionários jesuítas.

Expatriados religiosos: os missionários

Os missionários – fossem budistas (como vimos), cristãos ou muçulmanos – foram uma importante variedade do mediador expatriado, pois sempre acreditaram no valor dos encontros pessoais como forma de conversão. Os cristãos muitas vezes levaram para as missões de campo algo do conhecimento secular, especialmente da ciência

---

41 Van der Velde, The Interpreter Interpreted. In: Bodart-Bailey; Massarella, op. cit., p.44-58.

42 Keene, *The Japanese Discovery of Europe 1720-1830*; Clements, *A Cultural History of Translation in Early Modern Japan*, esp. p.146ss.

Três tipos de expatriado

ocidental. A partir do século XVI, alguns deles se convenceram da importância do estudo do que se poderia chamar de "cultura-alvo", de sua língua, religião, ideias, costumes e assim por diante. Como consequência inesperada, eles trouxeram grandes contribuições, por exemplo, para os estudos orientais, a linguística e outros campos do saber.

No início do período moderno, na era da dita "Contrarreforma", a Igreja Católica tentou não apenas reconquistar os territórios que perdera para os protestantes na Europa, mas também tomou a iniciativa de partir para a Ásia, a África e as Américas, na esperança de empreender a conquista espiritual de todo o globo. A exemplo dos historiadores que pesquisam os britânicos na Índia, os acadêmicos que estudam essas missões recentemente fizeram o que se poderia chamar de "guinada cognitiva", dando mais ênfase ao conhecimento, sobretudo aos encontros entre aqueles conhecimentos que os missionários levaram consigo e aqueles que detinham os povos que os missionários tentavam converter.[43] Um dos resultados dessa abordagem foi a descoberta da guinada cognitiva dos próprios missionários, que aprenderam o que precisavam não apenas para falarem as línguas locais, mas também para se familiarizarem com as culturas locais, com o objetivo de disseminar a mensagem cristã de uma maneira que fosse inteligível e também atraente.

Além dos jesuítas, outras ordens religiosas – como os franciscanos, capuchinhos, dominicanos e agostinianos – se dedicaram à evangelização e adquiriram (e, às vezes, disseminaram) os conhecimentos dos vários povos com os quais trabalharam. Um exemplo famoso é o do frei Bernardino de Sahagún, franciscano espanhol que chegou à Nova Espanha (atual México) em 1529, onde permaneceu até a morte, mais de sessenta anos depois. Ali aprendeu o náuatle e começou a investigar a cultura dos astecas, com a ajuda de uma dúzia de informantes indígenas e quatro assistentes.[44]

---

43 Castelnau-L'Estoile, *Missions*.
44 Klor de Alva, Sahagún and the Birth of Modern Ethnography. In: Klor de Alva; Nicholson; Keber (orgs.), *The Work of Bernardino de Sahagún*, p.31-52; León-Portilla,

Sahagún muitas vezes foi descrito como pioneiro da antropologia ou como um protoantropólogo, embora o interesse nas maneiras e costumes dos estrangeiros remonte a Heródoto, senão ainda antes, enquanto a transformação desse interesse em disciplina intelectual foi gradual, realizada em diversos estágios, sem um "nascimento" súbito. Em todo caso, a volumosa *Historia de las cosas de Nueva España* [História das coisas da Nova Espanha] de Sahagún só foi publicada no século XIX, a despeito da tradução do náuatle para o espanhol e da circulação como manuscrito. Alguns missionários protestantes também tiveram importância, em especial a partir do século XVIII. A Igreja dos Irmãos Morávios foi particularmente atuante no Caribe, no Ártico, nas Américas do Norte e do Sul, na África e em outros lugares. Uma grande contribuição ao conhecimento se realizou pelas mãos do missionário pietista Bartolomäus Ziegenbalg, que trabalhou no sul da Índia, aprendeu tâmil com um professor local chamado Aleppa, trocou cartas nessa língua com hindus e, graças a essa ajuda, produziu uma *Beschreibung der Religion der malabarischen Hindous* [Descrição da religião dos hindus de Malabar], escrita em 1717 e publicada apenas em 1791.[45]

Os jesuítas

No entanto, a guinada cognitiva foi ainda mais visível na história dos jesuítas, cuja contribuição se destaca não apenas pelo número de missionários que pertenciam a essa ordem religiosa em rápida expansão, mas também pela sofisticação com que a ordem organizava a coleta e transmissão de diferentes tipos de conhecimento, um método não muito diferente das práticas da VOC.[46] Em primeiro lugar,

---

Bernardino de Sahagún, p.120-4, 212-3; Nicholson, Fray Bernardino de Sahagun. In: Keber (org.), *Representing Aztec Ritual*, p.21-39.

45 App, *The Birth of Orientalism*, p.77-110; Rubiés, Reassessing, p.130-1.

46 Harris, Confession-Building, Long-Distance Networks, and the Organization of Jesuit Science, *Early Science and Medicine* 1, p.287-318. Sobre os franciscanos, Barreto; Županov, *Catholic Orientalism*, p.158-201.

os líderes jesuítas exigiam informações sobre a própria ordem. Eles instruíam os reitores dos colégios e chefes das missões a se reportarem com frequência e regularidade ao "provincial", comandante da província (incluindo detalhes sobre o desempenho dos indivíduos). Os provinciais, por sua vez, deviam se reportar ao superior da ordem em Roma. Utilizavam-se formulários e questionários impressos para compilar as *informationes*. Em outras palavras: dossiês.[47] Em segundo lugar, os jesuítas se interessavam muito pelo conhecimento acadêmico. Desde o princípio, a ordem investiu pesado em educação, fundando colégios e faculdades por toda a Europa católica e, mais tarde, pelo território das missões (Cidade do México, Arequipa, São Paulo, Goa, Macau, Amakusa, Manila, Luanda e assim por diante), bem como ensinando retórica, lógica, teologia e também "filosofia natural", hoje conhecida como "ciências". Os missionários jesuítas enviavam informações não apenas a Roma (sobre temas diversos, desde as observações de cometas até as descobertas sobre plantas desconhecidas na Europa): trocavam informações também uns com os outros, construindo assim uma poderosa rede.[48]

Em tese, pelo menos originalmente, o estudo e a transmissão de conhecimento secular tinham propósitos religiosos. Nas palavras do lema jesuíta, era tudo "para a maior glória de Deus" (*ad majorem dei gloriam*). Seguindo o conselho de seu fundador, santo Inácio de Loyola (que, por sua vez, estava seguindo são Paulo), os jesuítas adotaram uma política de "adaptação", ou seja, de "tudo para todos" (*omnia omnibus*), com o objetivo de garantir conversões ou simplesmente obter apoio. "Todos" correspondia às pessoas letradas. No entanto, Inácio, ao contrário de certos teólogos, não condenava a curiosidade ("um pouco de curiosidade não é mal e é comum encontrá-la entre os homens") e já se argumentou que alguns jesuítas adquiriram conhecimento pelo ato de conhecer em si. Seus "pronunciamentos piedosos"

---

47 Harris, "Confession-Building", p.299-300; Friedrich, *Der lange Arm Roms?*, 2011.
48 Prieto, *Missionary Scientists*, p.117.

Três tipos de expatriado

sobre a aquisição de conhecimento para fins religiosos foram dispensados como "racionalizações".[49] Desconfio que, pelo menos em alguns casos, mesmo que o estudo começasse por motivos religiosos, o estudioso logo era picado pelo bichinho da curiosidade. Em todo caso, tenham os jesuítas enfrentado ou não conflitos de propósitos, sua missão oscilava entre o que à época se descrevia como "curiosidade" e "edificação", tentando combinar ambas.[50] Seguindo seu princípio de adaptação, os jesuítas em missão tentaram apresentar o cristianismo como algo compatível com as culturas locais. Eles se viram, portanto, obrigados a estudar essas culturas e também a aprender suas línguas, o que muitos fizeram, embora alguns resistissem.[51] Importantes contribuições ao conhecimento ocidental de idiomas não ocidentais vieram de jesuítas que atuaram na América do Sul, mas não apenas deles. O missionário dominicano Domingo de Santo Tomás, por exemplo, publicou a primeira gramática de quéchua em 1560, e o franciscano Alonso de Molina publicou um *Vocabulario en lengua castellana y mexicana* [Vocabulário de língua castelhana e mexicana], em outras palavras, um dicionário espanhol-náuatle, em 1571.

Entre 1555 e 1645, seis missionários jesuítas na América espanhola e portuguesa publicaram estudos sobre línguas locais. José de Anchieta, espanhol que trabalhava no Brasil, escreveu uma gramática de tupi em 1555 e a publicou em 1589, com o título *Arte de gramática da língua mais usada na costa do Brasil*. No México, Antonio de Rincón, falante nativo de náuatle, publicou uma gramática conhecida como *Arte mexicana*, em 1595. Seu trabalho foi assumido por um missionário

---

49 Feingold, Jesuits: Savants. In: _____ (org.), *Jesuit Science and the Republic of Letters*, p.1-46, esp. 7.

50 Comparar e contrastar Feldhay, Knowledge and Salvation in Jesuit Culture, *Science in Context* 1, p.195-213; Harris, Confession-Building; Romano, Les jésuites entre apostolat missionaire et activité scientifique, *Archivum Historicum Societatis Jesu* 74, p.213-36; Hsia, *Sojourners in a Strange Land*; Prieto, *Missionary Scientists*, p.154-9.

51 Moldavsky, The Problematic Acquisition of Indigenous Languages. In: O'Malley et al. (org.), *The Jesuits, II*, p.602-15.

Três tipos de expatriado

italiano, Horacio Carochi, cuja *Arte de la lengua mexicana* [Arte da língua mexicana] veio a ser publicada em 1645. Carochi também estudou outra língua mexicana, o otomi. Enquanto isso, o missionário espanhol Luis de Valdivia publicou sua *Arte de la lengua de Chile* [Arte da língua do Chile] (em outras palavras, mapudungun) em 1606, e outro espanhol, Diego González Holguín, publicou uma gramática de quéchua em 1607 e um dicionário no ano seguinte. O missionário italiano Ludovico Bertonio publicou um misto de gramática e dicionário de aimará, outra língua peruana, em 1612.

Já se observou que existe uma "contradição inerente" entre o empreendimento da conversão e o estudo de uma cultura em seus próprios termos. Também já se disse que "o conhecimento missionário se produziu de acordo com sua própria lógica", servindo ao empreendimento.[52] Essas gramáticas e dicionários foram produzidas para ajudar colegas em campo e se tornaram ferramentas essenciais para os missionários que vieram depois. No entanto, o conhecimento missionário muitas vezes acabou apropriado por outras pessoas, conforme sua própria lógica e para seus próprios fins. Esses textos forneceram informações valiosas para acadêmicos europeus interessados em línguas e, no longo prazo, viriam possibilitar a ascensão da linguística comparativa.

Os missionários usaram seus conhecimentos da filosofia natural do Ocidente para atrair as elites locais, e também empregaram seus conhecimentos sobre diferentes partes do globo – Índia, China, Japão, México, América do Sul e assim por diante – para despertar o interesse dos europeus. Daí a prática jesuíta de publicar o que eles chamavam de "relatórios edificantes". Esses relatórios, junto com as descrições das diferentes partes do mundo nas quais se baseavam, foram grandes fontes de informação para os europeus do início do período moderno, principalmente sobre as Américas e a Ásia. Os 34 volumes das *Lettres*

---

52 Alva, Sahagún, p.43; Pennec, Missionary Knowledge in Context. In: Delmas; Penn, *Writing in a Colonial Context*, p.75-96, esp. 93.

Três tipos de expatriado

édifiantes et curieuses [Cartas edificantes e curiosas], publicadas entre 1702 e 1776, disseminaram informações sobre as missões jesuítas em muitos lugares e foram traduzidas para outras línguas, notadamente o alemão.

No caso dos impérios asteca e inca, uma fonte essencial foi produzida pelo espanhol José de Acosta, provincial do Peru, que publicou *Historia natural y moral de las Índias* em Sevilha, no ano de 1590, a partir de sua própria experiência e também das de outros expatriados, como o oficial da coroa Juan Polo de Ondegardo. Essa obra foi descrita como "um programa para a etnologia comparativa" e também uma importante contribuição para a história natural.[53]

Alguns jesuítas atuaram na África, notadamente três portugueses na Etiópia do século XVII: Luis de Azevedo, Pedro Paez e Manuel de Almeida, que contribuíram para o conhecimento ocidental do país, embora esse não fosse seu objetivo principal.[54] Muitos outros jesuítas atuaram nas Américas do Sul e do Norte. Um dos mais famosos foi Jean-François Lafitau. Enviado para Quebec em 1711, ele trabalhou por seis anos entre os iroqueses, recolhendo informações que depois viria a apresentar em *Moeurs des sauvages amériquains* [Costumes dos selvagens americanos] (1724), livro traduzido para o holandês e o alemão ainda em meados do século XVIII. Mas a maioria dos missionários jesuítas nas Américas atuou nos vice-reinados do México e do Peru, estudando a história e a história natural dessas regiões e aprendendo as línguas locais. A partir dos tempos de Francisco Xavier, muitos missionários jesuítas trabalharam na Ásia, Índia, Tibete, Indochina, Sião, China e Japão. Além de aprenderem as línguas locais, entre elas tâmil, telugo, tibetano, chinês e japonês, alguns membros da ordem, a exemplo de seus pares protestantes, tentaram descrever e compreender as ideias dos brâmanes e budistas, como ainda veremos.

---

53 Pagden, *The Fall of Natural Man*, p.146-200; Prieto, op. cit., p.146-68.
54 Pennec, op. cit.

Três tipos de expatriado

A missão chinesa é o mais conhecido desses empreendimentos. Os jesuítas não estavam sozinhos em seus esforços missionários, pois alguns dominicanos chegaram à China nos anos 1580, e alguns franciscanos já vinham trabalhando na região desde o século XIII. Assim, os jesuítas não foram a única ordem a contribuir para o conhecimento ocidental da China. Por exemplo, Juan González de Mendoza, frei agostiniano, publicou sua *Historia de las cosas más notables, ritos y costumbres del gran reyno de la China* [História das coisas mais notáveis, ritos e costumes do grande reino na China] em 1586. Na verdade, González jamais estivera no país e se baseara no diário do soldado espanhol Miguel de Luarca, que passara pouco mais de dois meses na China, como parte de uma missão diplomática. Mas o livro vendeu bem e, em menos de uma década, foi publicado em seis traduções: italiano, francês, inglês, alemão, latim e holandês.

Ainda assim, a história que ficou famosa foi a do jesuíta italiano Matteo Ricci, que chegou a Macau em 1582. No começo da missão, com o objetivo de adaptar a mensagem cristã à cultura chinesa, Ricci se vestiu como sacerdote budista, mas, vendo que isso não lhe garantia respeito, trocou as roupas pelas de sábio confuciano. A exemplo de outros missionários jesuítas, Ricci se concentrou em converter membros da elite local e, para tanto, apelava à sua curiosidade, mostrando um mapa do mundo, exibindo a arte mnemônica renascentista e apresentando o cristianismo como algo em harmonia com as ideias de Confúcio. Em colaboração com dois chineses convertidos, Xu Guangqi e Li Zhizao, Ricci traduziu textos de Euclides e do jesuíta Christoph Clavius sobre matemática e astronomia.[55]

Ricci foi figura de destaque na primeira fase da missão jesuíta, que pode ser chamada de fase italiana (apesar da importância do polonês Michał Boym e de flamengos como Nicolas Trigault) e durou dos anos 1580 aos 1660. Entre os líderes italianos, Michele Ruggieri, colega de

---

55 Spence, *The Memory Palace of Matteo Ricci*; Hsia, *A Jesuit in the Forbidden City*; Laven, *Mission to China*.

Ricci, e Martino Martini. Todos esses missionários trouxeram importantes contribuições para a disseminação do conhecimento.

Em uma direção, Ricci apresentou aos eruditos chineses a matemática e a filosofia natural do Ocidente, enquanto Giacomo Rho, outro italiano, traduziu para o chinês livros ocidentais sobre astronomia e ajudou os colegas chineses a reformar seu calendário. Os estudiosos chineses aceitaram a ideia de que a Terra era um globo, "adaptando" essas informações dos estrangeiros a suas próprias tradições.[56] Na outra direção, o diário de Ricci, traduzido para o latim e publicado por Nicolas Trigault, desempenhou um papel essencial ao informar os acadêmicos ocidentais sobre a China. Junto com seu colega Ruggieri, Ricci também compilou um dicionário chinês-português, e Ruggieri traduziu alguns textos confucianos para o latim. Michał Boym publicou livros sobre a flora e a medicina chinesas, além de compilar dicionários chinês-latim e chinês-francês.

Quanto a Martini, ele produziu uma gramática chinesa, publicada postumamente em 1696, mas ficou mais conhecido por seus trabalhos sobre história e geografia. Ele publicou um relato sobre a substituição da dinastia Ming pela Qing, em 1644 (quando já vivia na China), e também um atlas e uma história geral do país. O atlas se baseava em mapas chineses e, portanto, "retificou muitas das informações errôneas sobre a geografia do interior da China".[57] As informações fornecidas por Martini (seu ex-aluno) e Boym foram usadas pelo polímata e jesuíta alemão Athanasius Kircher em seu *China Illustrata* [China ilustrada] (1667). Kircher queria ser missionário na China, mas ficou em Roma, ponto central que lhe permitiu adquirir conhecimentos sobre muitos temas, da música ao magnetismo.[58] Notícias sobre a missão na

---

56 Zhang, *Making the New World their own*.
57 Lach; Van Kley, op. cit., p.481.
58 Demarchi; Scartezzini (orgs.), *Martino Martini umanista e scienziato nella Cina del secolo XVII*; Bernard, Les sources mongoles et chinoises de l'Atlas Martini. In: Malek; Zingerle (orgs.), *Martino Martini SJ und die Chinamission*, p.223-40.

China também saíam regularmente nas *Annual Letters* [Cartas anuais] dos jesuítas, escritas em italiano e traduzidas para latim, alemão, português e francês.[59]

Também na Índia os jesuítas fizeram mais do que aprender as línguas locais: escreveram gramáticas e compilaram dicionários. Por exemplo, o inglês Thomas Stephens, que trabalhou na Índia a partir dos anos 1580, escreveu uma gramática concani que foi publicada postumamente, em 1640. O jesuíta alemão Heinrich Roth, atuante a partir dos anos 1650, aprendeu persa, canarim e hindustâni, mas ficou conhecido por seu estudo do sânscrito, idioma que aprendeu com um brâmane de Agra. Em seu retorno à Europa, ele repassou informações a Kircher, palestrou na Alemanha sobre o Império Mogol e tentou publicar sua gramática de sânscrito (tentativa vetada pelo líder da ordem). O italiano Costanzo Beschi, que chegou à Índia em 1711, escreveu uma gramática de tâmil, e o francês Gaston-Laurent Coeurdoux, que chegou em 1732, aprendeu tâmil e também telugo e sânscrito.

Roma, sede dos jesuítas, funcionava como um centro para a disseminação do conhecimento adquirido nas missões, graças não apenas a Kircher, mas também a Giampietro Maffei, autor de uma imensa história das missões jesuítas na Ásia (em latim, 1588), e a Daniele Bartoli, outro jesuíta que gostaria de ser missionário, mas se limitou a escrever, em italiano, sobre as missões de seus colegas, dedicando um volume ao Japão (1660) e outro à China (1663). A posição central de Roma no empreendimento da conversão se fortaleceu com a fundação, em 1622, sob o papa Gregório XV, da Congregação "para a Propagação da Fé" (*De Propaganda Fide*). A Congregação organizou missões, às vezes competindo com os jesuítas. Ela tinha sua própria tipografia e publicava catecismos em várias línguas.[60]

---

59 Lach; Van Kley, op. cit., p.368-79; Paternicò, *When the Europeans Began to Study Chinese*.

60 Pizzorusso, La Congrégation De Propaganda Fide. In: Castelnau-L'Estoile, op. cit., p.25-40.

Amsterdã era outro centro inimigo de disseminação de conhecimento sobre a China. Seria de se esperar que Martini publicasse seu novo atlas sobre o território chinês em Roma, mas, na verdade, ele o publicou em Amsterdã, no ano de 1655, com o tipógrafo Joan Blaeu, especialista em atlas que (como já vimos) trabalhava para a VOC, assim ligando a história da Companhia de Jesus à da Companhia das Índias Orientais.[61] A *China illustrata* também foi publicado em Amsterdã, no ano de 1667, por Jan Janszoon, rival de Blaeu.

Na segunda fase da missão chinesa, dos anos 1670 ao início do século XVIII, os italianos perderam a iniciativa para os franceses, e o delicado equilíbrio entre edificação e curiosidade pendeu a favor desta última. Um dos motivos dessa tendência foi a intervenção de Luís XIV, que em 1685 enviou à China seis jesuítas encarregados não apenas de converter os chineses, mas também de fornecer informações à Academia de Ciências francesa. Nessa fase, a atenção dos historiadores veio a se concentrar na astronomia. O conhecimento dessa disciplina fez que missionários como o francês Jean de Fontaney e o alemão Adam Schall fossem bem-vindos à corte do imperador chinês e com que suas observações fossem enviadas a astrônomos na Europa.

Mas os jesuítas que atuaram na China durante essa fase trouxeram importantes contribuições também a outros tipos de conhecimento. Fontaney, líder da missão de 1685, planejou uma divisão do trabalho na qual um colega se responsabilizava pela história e pelas línguas, outro pela história natural e pela medicina chinesa, um terceiro pelas artes mecânicas e liberais, um quarto pelo estudo do governo e das leis chinesas, enquanto o próprio Fontaney se encarregava de astronomia e geografia. As coisas não funcionavam exatamente assim, mas Louis Le Comte, um dos colegas de Fontaney, ao voltar à França, apresentou à Academia de Ciências um mapa da Tartária, observações astronômicas e desenhos de plantas e peixes, depois publicando *Nouveau mémoire*

---

61 Zandvliet, op. cit., p.124.

Três tipos de expatriado

sur l'état présent de la Chine [Novo memorando sobre o atual estado da China] (1696).[62]

Mais tarde, dois jesuítas, Jean-Baptiste Régis e Antoine Gaubil, desempenharam um papel importante no mapeamento do Império Chinês, um projeto imperial que a ordem alegava ter inspirado. O botânico jesuíta Pierre Nicolas d'Incarville, que chegou à China em 1740, apresentou plantas europeias aos chineses e plantas chinesas aos europeus (ele foi o primeiro europeu a descrever um kiwi). Ainda assim, o mais famoso livro jesuíta da segunda fase é a obra coletiva *Confucius Sinarum Philosophus* [Confúcio, filósofo chinês] (1687), uma tradução de clássicos da filosofia chinesa realizada por uma equipe sob o comando do flamengo francófono Philippe Couplet. É graças a esse livro que até hoje o Ocidente conhece o filósofo chinês Kung Fu Tze como "Confúcio".

Nessa segunda fase, Paris substituiu Roma e Amsterdã como centro da disseminação do conhecimento sobre a China, especialmente graças às *Lettres édifiantes et curieuses*, publicadas em 34 volumes, a partir de 1702, e editadas por dois jesuítas que não se lançaram às missões, Charles Le Gobien e Jean-Baptiste Du Halde. Este último bebeu dessa e de outras fontes para compor sua famosa *Description de la Chine* [Descrição da China] (1735-1736), citando nada menos do que 27 missionários em cujas "memórias" ele se baseara. Sua descrição se pautou em uma lista de 34 questões que a Academia de Ciências francesa formulara em 1684, a pedido do poderoso marquês de Louvois, uma lista que (a exemplo da elaborada pelo polímata alemão Gottfried Wilhelm Leibniz, em 1689) revelava o crescente interesse do Ocidente pela cultura chinesa.[63]

---

62 Hsia, *Sojourners in a Strange Land*; Jani, The Jesuits' Negotiation of Science between France and China. In: Kontler et al. (orgs.), *Negotiating Knowledge in Early Modern Empires*, p.53-78.

63 Landry-Deron, *La preuve par la Chine*: la "description" de J.-B. Du Halde, p.53-64, 143-75.

Olhando para a história da missão, fica bem óbvio o papel de mediação dos jesuítas, informando os chineses sobre conhecimentos ocidentais e enviando ao Ocidente informações sobre a China, inclusive obras de eruditos chineses – e não apenas para Du Halde, mas também para Leibniz. Muitos jesuítas do início do período moderno eram tradutores, e os membros da missão chinesa não foram exceção, pois traduziram do e para o chinês.[64] Aqui, o distanciamento é menos óbvio – afinal, o apostolado era o principal motivo das viagens dos jesuítas. Quanto à hibridização, os jesuítas foram acusados em Roma e em outros lugares de serem convertidos pelos chineses, em vez de convertê-los ao cristianismo. Um exemplo fascinante de hibridismo é o texto *Confucius Sinarum Philosophus*. Diante do problema de traduzir os conceitos fundamentais de *yin* e *yang* do chinês para o latim, os jesuítas, bem formados na filosofia escolástica, recorreram às categorias aristotélicas de Matéria e Forma.

Em suma, os jesuítas do início do período moderno fizeram uma grande contribuição ao conhecimento ocidental sobre o resto do mundo, especialmente sobre a Ásia e as Américas, além de terem levado uma contribuição significativa ao conhecimento das outras culturas sobre o Ocidente. Pelo menos em alguns aspectos, pode-se ver essa contribuição como mais um exemplo histórico da importância das consequências inesperadas. O desígnio principal dos jesuítas era, como proclama seu lema, *Ad Majorem Dei Gloriam*, engrandecer a glória de Deus, e o objetivo dos missionários era salvar almas – as suas próprias e as daqueles a quem convertiam.[65] Mas, para tanto, eles precisavam aprender as línguas locais e compreender as culturas ou "costumes" locais. Como vimos, para alguns missionários, os meios se tornaram um fim em si.

---

64 Burke, The Jesuits and the Art of Translation in Early Modern Europe. In: O'Malley, op. cit., p.24-32.

65 Clossey, *Salvation and Globalization in the Early Jesuit Missions*, p.225-37.

Três tipos de expatriado

Essa contribuição coletiva ao conhecimento assumiu diversas formas. A parte mais conhecida foi a coleta de informações e sua disseminação via cartas, manuscritas ou impressas, e outras publicações. Mas outra parte envolveu uma mudança nas ideias das pessoas sobre vários lugares do mundo. Por exemplo, Acosta dividiu os povos que viviam fora da cristandade europeia em três grupos: acima, os mais civilizados, como os chineses; depois, os povos com governos, mas sem escrita, como os astecas; e, abaixo, os "selvagens", como as tribos indígenas do Brasil.[66]

Lafitau, que já foi descrito como "precursor da antropologia científica" e como "o escritor que fez o uso mais imaginativo das ideias de Acosta", não apenas descreveu em detalhes a cultura dos iroqueses, mas também criticou os europeus que a julgavam a partir "de nossas maneiras e costumes". Ele estudou os iroqueses a partir de seus próprios termos, utilizando seu vocabulário. Lafitau também comparou seus costumes aos dos gregos antigos e defendeu aquilo que, dois séculos depois, o historiador Marc Bloch viria chamar de "método regressivo", fazendo uso de suas observações para tornar mais inteligíveis o que ele designava maneiras das "primeiras eras". A exemplo de Sahagún, Lafitau foi tido como um antropólogo *avant la lettre*. Pode-se dizer que Sahagún seria mais parecido com Franz Boas, com sua coleta sistemática de informações, enquanto Lafitau lembraria mais Alfred Radcliffe-Brown, com seu interesse por análises comparativas.[67] Ainda assim, expressões como "o primeiro antropólogo" ou "o pai da antropologia" (como Claude Lévi-Strauss chamava Jean-Jacques Rousseau) são enganosas. O processo através do qual o interesse pelas maneiras e costumes se institucionalizou, se profissionalizou e se transformou em disciplina acadêmica foi muito mais prolongado.

---

66 Pagden, op. cit., p.162-8.
67 Ibid., p.199; Fenton; Moore, J.-F. Lafitau (1681-1746), Precursor of Scientific Anthropology, *Southwestern Journal of Anthropology* 25, p.173-87.

Uma vez mais: os missionários que estavam longe da Europa ajudaram seus compatriotas a verem a terra natal sob uma nova luz, a perceberem que muitas pessoas comuns da Europa católica não sabiam nada a respeito de religião e precisavam de tanta evangelização quanto os habitantes das Índias e de outros campos missionários. Francesco Giuseppe Bressani, por exemplo, foi um jesuíta que trabalhou entre os iroqueses do Canadá antes de voltar à Itália. Giovanni Francesco Romano foi um capuchinho que viveu no Congo antes de fazer o mesmo. Expressões como "outras Índias" (*otras Indias*), aplicadas à Espanha ou à Itália, começaram a se tornar comuns. O jesuíta Cristoforo Landino, missionário nos Apeninos e na Córsega, inspirou-se no que lera sobre as missões fora da Europa e se referia à Córsega como "minha Índia".[68]

No nível do que poderíamos chamar de "teoria", jesuítas como Ricci e Nobili contribuíram para o conhecimento ao refletirem sobre o que seria essencial à cristandade e o que seria apenas bagagem cultural da Europa – e, portanto, poderia ser descartado em outras partes. Eles estavam entre os missionários que ajudaram os cristãos a ver as outras religiões em termos mais positivos do que os recorrentes estereótipos de "paganismo" e "idolatria", como sugere a "descoberta do hinduísmo".

A descoberta do hinduísmo

Expatriados de tipos muito diferentes ajudaram os europeus a ver o que hoje chamamos de "hinduísmo" como um sistema religioso, uma das principais religiões do mundo. Nesse sentido, eles "construíram" o que descreveram.[69] Em inglês, as primeiras referências à

---

68 Prosperi, Otras Indias. In: Zambelli (org.), *Scienze, credenze occulte, livelli di cultura*, p.205-34.

69 Oddie, Constructing "Hinduism". In: Frykenberg (org.), *Christians and Missionaries in India*, p.155-82; Sweetman, *Mapping Hinduism*; Lorenzen, *Who Invented Hinduism?*; Barreto; Županov, *Catholic Orientalism*, p.145-57.

Três tipos de expatriado

"religião hindu" e ao "hinduísmo" datam do final do século XVIII, nos escritos de Alexander Dow, Nathaniel Halhed e Charles Grant, todos eles funcionários da East India Company. Depois deles, veio o missionário batista William Ward, que estudou a "religião" dos hindus como um "sistema".[70] Essa descoberta não foi monopólio dos britânicos. Mais ou menos na mesma época, missionários de outras partes da Europa estavam pensando em termos similares. O capuchinho italiano Marco della Tomba trabalhava no norte da Índia. Em seu *Diversi sistemi della religione dell'Indostano* [Diversos sistemas da religião do Industão], escrito em 1766, Della Tomba contrastou o "sistema" daqueles que chamava de "pagãos" (*gentili*) com os de cristãos e muçulmanos. De maneira similar, em seu tratado *Moeurs et coutumes des Indiens* [Maneiras e costumes dos indianos] (1777), o jesuíta Gaston-Laurent Coeurdoux (hoje mais conhecido por seus estudos linguísticos, já discutidos) delineou não apenas os costumes dos brâmanes, mas também suas divindades e aquilo que chamou de "sistema" de transmigração (a palavra "sistema" foi cada vez mais empregada a partir do final do século XVIII para descrever tanto as ideias quanto as sociedades).

No entanto, a ideia de hinduísmo como religião comparável ao cristianismo ou ao islamismo – e não como variedade local de cultos usualmente definidos em termos pejorativos como "idolatria" ou "paganismo" – remonta a tempos anteriores e pode muito bem ter sido veiculada por muçulmanos indianos. Henry Lord, capelão da East India Company, publicou em 1630 um relato sobre a religião dos mercadores banianes ou gujaráti; François Bernier, francês que vivera na Índia, fez menção às "doutrinas dos hindus"; e Abraham Rogier, como já vimos, tentou fazer um relato distanciado, quando não sistemático, das crenças (*Geloove*) e rituais dos brâmanes. Ele se baseou em textos tradicionais, como os Vedas, mas também em suas observações pessoais e em conversas com um brâmane chamado Padmanabha.

---

70 Sobre Ward, veja Oddie, *Imagined Hinduism*, p.159-81.

O livro de Rogier, *Portas abertas*, despertou um interesse considerável na Europa e logo foi traduzido para o francês e o alemão. Pouco depois surgiu um livro sobre os brâmanes de autoria de outro clérigo holandês a serviço da VOC, Philip Baldaeus, que trabalhou no Ceilão (atual Sri Lanka), estabeleceu conversas com brâmanes e publicou *Nauwkeurige beschrijving van Malabar en Choromandel* [Uma cuidadosa descrição de Malabar e Coromandel] (1672). No entanto, já no século XVIII se sabia que boa parte do livro fora plagiada dos manuscritos de um jesuíta português.[71]

Também nesse tema, os jesuítas foram, uma vez mais, os pioneiros (junto com um frei agostiniano português, Agostinho de Azevedo). No início do século XVII, antes de Rogier e Baldaeus, cinco jesuítas atuantes na Índia já ofereciam descrições das "cerimônias" dos brâmanes; Giacome Fenicio, Antonio Rubino, Diego Gonçalves, Gonçalo Fernandes e Roberto de'Nobili. Talvez se possa explicar seu notável conjunto de relatórios como uma resposta aos resultados decepcionantes da missão jesuíta.[72]

Fenicio, por exemplo, escreveu mas não publicou um tratado sobre o que ele chamou de "seita" das Índias Orientais (*Livro da seita dos índios orientais*). Em tratado publicado no ano de 1616, Gonçalo Fernandes "Trancoso" se referiu à combinação de crenças e rituais como "esta máquina do bramanismo", usando esse nome geral possivelmente pela primeira vez.[73] Os jesuítas escreviam para refutar as doutrinas hindus, e Rubino chegou a qualificar os brâmanes de "ministros do diabo". Por outro lado, o jesuíta italiano Roberto de' Nobili os chamou

---

71 Sobre Rogier, veja Sweetman, *Mapping Hinduism*, p.89-103.

72 Rubiés, *Travel and Ethnology*, p.315-18; id., The Jesuit Discovery of Hinduism, *Archiv Für Religionsgeschichte* 3, p.210-56; id., Reassessing "the Discovery of Hinduism": Jesuit Discourse on Gentile Idolatry and the European Republic of Letters. In: Amaladass; Županov (orgs.), *Intercultural Encounter and the Jesuit Mission in South Asia*, p.113-55.

73 Županov, *Disputed Mission*, p.52, 142, traduz *máquina* por "fabrication"; creio que, nesse contexto, o sentido estaria mais próximo de "system".

de "homens sábios" (*sapientes*) e expressou respeito por suas diferentes formas de conhecimento (*scientiae*), do mesmo modo como respeitava as ideias dos filósofos da Grécia antiga, com quem às vezes os comparava (comparações entre as doutrinas dos brâmanes com as de Pitágoras e seus seguidores foram comuns no século XVII).[74] Apesar das diferenças de contexto entre as descrições sobre o hinduísmo feitas por missionários católicos e protestantes (que escreviam para ajudar seus colegas na tarefa da conversão) e os estudos mais detalhados produzidos por oficiais leigos da East India Company, essas descrições resultaram da interação entre os forasteiros e os brâmanes e, à sua maneira, todas elas contribuíram para a crescente conscientização de que o hinduísmo era um sistema religioso – ou seja, uma religião e não uma coleção de cultos locais. Embora os forasteiros não compreendessem muitos detalhes, eles às vezes conseguiam enxergar a *big picture* com mais clareza do que os próprios hindus. É mais fácil ver sistemas sociais e intelectuais de fora do que de dentro. Graças aos *outsiders*, alguns hindus perceberam que suas práticas faziam parte de um sistema religioso mais amplo.

Como no caso da religião dos hindus, os missionários ocidentais contribuíram para a "descoberta" do budismo – ou, como alega um acadêmico, para sua "criação imaginativa", atribuindo essa criação aos britânicos do século XIX.[75] No entanto, mais uma vez, ocidentais de tempos anteriores – notadamente jesuítas que trabalharam no Japão, China e Índia, incluindo Francisco Xavier, Matteo Ricci e Roberto de'Nobili – já haviam feito tentativas de descrever cerimônias e crenças budistas, muitas vezes conversando com bonzos. Durante sua estada no Japão, Engelbert Kaempfer se interessou pelo que chamou de "doutrina de Siaka" (em outras palavras, budismo) e também

---

74 Rubiés, The Jesuit Discovery; Wicki (org.), *Tratado do Pe. Gonçalo Fernandez Trancoso sobre o hinduísmo*; Nobili, *On Indian Customs*, cap.2; sobre sua negação à religião única, Sweetman, op. cit., p.62, 159.

75 Almond, *The British Discovery of Buddhism*, p.4.

pelo Shinto [o xintoísmo], "a religião antiga, e provavelmente original, dos japoneses".[76] Nos encontros entre cristãos e budistas, havia mal-entendidos de ambos os lados. Assim como os missionários viam o budismo como uma versão distorcida do cristianismo (isso quando não o descreviam como "ateísmo" ou "paganismo"), os bonzos enxergavam o cristianismo como uma versão distorcida do budismo.[77]

No livro sobre a filosofia de Confúcio que já mencionamos, Philippe Couplet fez um relato sobre a religião de "Fo" (em outras palavras, Buda).[78] No entanto, o grande jesuíta especialista no tema foi Ippolito Desideri, que chegou ao Tibete em 1716, aprendeu tibetano e estudou por cinco anos no que poderíamos chamar de faculdade de teologia budista, em Lhasa. Ele escreveu um relatório sobre o Tibete com uma longa discussão do que chamou de "seita falsa da única religião que se observa no Tibete" (*Della falsa setta di religione particolarissima che s'osserva nel Thibet*).[79] Desideri foi elogiado por sua "disposição em aprender os detalhes e sentidos exatos das crenças religiosas de seus oponentes, embora com o intuito de refutá-las".[80] No contexto da descoberta europeia das religiões, vale notar o uso de termos como *setta* e *religione*, bem como a análise do que ele chamava de "dogmas" (*dogmi*).

Ainda assim, Desideri não pôde contribuir para o debate internacional sobre o tema. Por algum motivo, ele não teve permissão para publicar seu informe quando voltou a Roma. O texto apareceu impresso apenas no século XX.

---

76 App, op. cit., p.172-9.
77 Lubac, *La rencontre du Bouddhisme et de l'Occident*, esp. p.51-104.
78 App, op. cit., p.123-5.
79 Petech (org.), *I missionari italiani nel Tibet e nel Nepal*, p.115ss.
80 Zwilling (org.), *Mission to Tibet*, p.8.

Expatriados acadêmicos

O terceiro tipo de expatriado é o acadêmico. Durante a Renascença, houve uma grande demanda por artistas e humanistas italianos em toda a Europa, a exemplo do que acontecera com os gregos na Roma antiga. Antes dos exilados protestantes italianos mencionados no capítulo anterior vieram os expatriados italianos. Alguns deles atuaram em universidades estrangeiras, outros em cortes no exterior. Por exemplo: o siciliano Luca Marineo lecionou na Universidade de Salamanca; o milanês Stefano Surigone, em Oxford; e Gregorio Tifernate, toscano de origem grega, em Paris.

Passando das universidades para as cortes, sabe-se que o rei Afonso V de Portugal convocou dois humanistas italianos para proferir lições a seu filho, o futuro João II: Stefano di Napoli e Domenico Baldini. Outros governantes – especialmente os que pertenciam a dinastias novas – pareciam mais interessados em nomear italianos como secretários ou historiadores oficiais, com o objetivo de propagar uma opinião favorável sobre seu reinado ou nação, em cartas e livros escritos no elegante latim clássico que esses humanistas foram os primeiros a reavivar. O rei Matias Corvino da Hungria, por exemplo, contratou Antonio Bonfini para escrever *Rerum Hungaricarum Decades* [Décadas de história húngara]. Fernando e Isabel da Espanha convocaram Luca Marineo à corte para escrever louvores sobre a Espanha e também a biografia do pai de Fernando, João de Aragão. O imperador Carlos V continuou empregando Luca, além de nomear outro siciliano, o frei Bernardo Gentile, como seu cronista. Carlos VIII e Luís XII da França designaram Giovanni Filangieri e Paolo Emili como seus historiadores oficiais. O poeta humanista Filippo Buonaccorsi (apelidado de "Calímaco", por causa do poeta da Grécia antiga cujo estilo ele imitava) fugiu de Roma para a Polônia em 1468, depois de participar de uma conspiração malsucedida contra o papa Paulo II, e reconstruiu a carreira como secretário do rei Casimiro IV. Outro poeta humanista, Andrea Ammonio, a quem o papa Júlio II enviara à Inglaterra, tornou-se secretário do rei Henrique VIII.

Parece que havia uma procura ansiosa por esse tipo de arranjo. Humanistas importantes, como Flavio Biondo e Angelo Poliziano, escreveram para oferecer seus serviços ao rei de Portugal.[81] Ainda assim, o distanciamento dos exilados certas vezes prevaleceu sobre a pressão que esses humanistas sofriam para produzir o tipo de história que seus empregadores régios queriam. Polydore Vergil, que viera de Urbino, foi enviado à Inglaterra no ano de 1502 para coletar algumas receitas devidas ao papa, mas lá permaneceu por meio século. Calorosamente recebido pelo rei Henrique VII, Polydore começou a trabalhar em uma história da Inglaterra, a *Anglica Historia*, publicada em 1534. Bem à maneira humanista, Polydore expressou ceticismo em relação a narrativas para as quais faltavam fontes confiáveis, entre elas a história de que a Grã-Bretanha fora fundada por Brutus de Troia e também a história do rei Artur, a qual Polydore comparou com "contos da carochinha" (*anilibus fabellis*), a despeito de sua importância para a legitimação da dinastia Tudor. O distanciamento de Polydore em relação à "mito-história" estabelecida provocou ataques de ódio da parte de estudiosos nativos, que o acusaram de destruir as fontes e de "conspurcar nossas crônicas inglesas".[82]

Voltando ao argumento apresentado na introdução – de que o movimento de pessoas foi e é um modo de transmissão do conhecimento mais eficaz do que o movimento de livros –, gostaria de sugerir que a presença desses eruditos italianos em cortes e universidades estrangeiras foi um fator importante na disseminação do humanismo, especialmente em seus primeiros estágios, ainda no século XV. Essa noção parece ter sido compartilhada à época. No século XVI, Erasmo, o humanista mais famoso de todos, recebeu convites para ficar em vários países, da Espanha à Polônia, e de fato viveu alguns anos na Basileia, até sua morte.

---

81 Burke, The Spread of Italian Humanism. In: Goodman; Mackay (orgs.), *The Impact of Humanism on Western Europe*, p.1-22.

82 Hay, *Polydore Vergil*, p.109, 151, 158-60, 199.

Três tipos de expatriado

Professores na Rússia

As boas-vindas aos expatriados estavam sujeitas à receptividade dos anfitriões, o que, muitas vezes, dependia da consciência (especialmente dos governos) quanto ao atraso cultural e à necessidade de alcançar os Estados rivais. Na Dinamarca do século XVI, por exemplo, o rei Cristiano III conduziu o que foi chamado de "esforço extensivo de recrutamento" a fim de encontrar professores para a Universidade de Copenhague. Durante seu reinado, quase metade dos 41 professores eram estrangeiros.[83] Na Suécia do século XVII, embora a iniciativa viesse de uma pessoa em particular, Schroder, que apresentou seu plano em um livro dedicado a Carlos IX, em 1606, não seria absurdo falar em uma "campanha de tradução" oficial nos tempos de Gustavo Adolfo, com o objetivo de ajudar os suecos a se atualizarem com os desenvolvimentos culturais do restante da Europa.[84] A rainha Cristina, filha e sucessora de Gustavo Adolfo, convidou pensadores estrangeiros para sua corte. O caso mais famoso (e fatal) foi o de Descartes, que morreu na Suécia, provavelmente de pneumonia, mas ali também se encontravam, entre outros, o huguenote estudioso da Bíblia Samuel Bochart, o católico Pierre-Daniel Huet, amigo e pupilo de Bochart, o classicista Claude Saumaise e o polímata holandês Isaac Vossius.

No entanto, a migração que teve efeitos mais duradouros em ambos os lados foi a dos acadêmicos alemães enviados à Rússia no século XVIII, a convite de um programa de ocidentalização e modernização empreendido pelo czar Pedro I e seus sucessores: Catarina I, Pedro II, Ana, Isabel e, especialmente, Catarina, a Grande. Antes dos acadêmicos, houvera uma onda – ou melhor, uma "inundação" – de especialistas militares que chegaram à Rússia entre os anos 1630 e 1670. No entanto, o novo programa era mais ambicioso. Ele veio depois da famosa "Grande Embaixada" de 1697-1698, quando o czar Pedro

---

83 Grell; Cunningham; Arrizabalaga (orgs.), *Centres of Medical Excellence?*, p.171.
84 Hansson, *"Afsatt på Swensko"*.

Três tipos de expatriado

visitou a República Holandesa e a Inglaterra, incluindo em seu itinerário os salões da Royal Society e também os estaleiros de Chatham e Zaandam. Depois, o czar conheceu Leibniz, que a seu pedido produziu um relatório sobre a aquisição de conhecimento, recomendando uma pesquisa sobre as plantas e animais da Rússia, a tradução de livros ocidentais para o russo e o estabelecimento de uma academia de ciências.[85]

O programa de tradução começou sob Pedro, quando havia pelo menos 69 tradutores na ativa. Boris Volkov produziu versões russas de livros franceses sobre geografia, navegação, artilharia e até jardinagem. Vasily Kiprianov organizou um tipo de oficina de tradutores e verteu o tratado de arquitetura de Vignola para o russo. O incentivo de Catarina, a Grande, para as traduções se estabeleceu em 1768 e durou quinze anos, em que foram publicados mais de cem livros, entre eles a história de Carlos V escrita por William Robertson, a qual a imperatriz lera e admirara na versão francesa.

Ainda assim, o movimento de pessoas teve consequências mais vastas do que o movimento de textos. Alguns russos foram enviados para estudar no exterior: Grigory Teplov, que se tornou administrador da Academia de Ciências, foi para Berlim, e Alexander Radischev, que depois se exilou por suas críticas ao governo, para a Universidade de Leipzig. Mas havia muito mais tráfego no sentido oposto. Um grupo de estudiosos alemães transformou a paisagem intelectual russa, nas humanidades e também nas ciências naturais.[86]

Os alemães não foram os únicos expatriados eruditos na Rússia durante essa época. Em 1707, por exemplo, chegaram ao país três tipógrafos de Amsterdã: Indrich Silbach, Johann Foskul e Anton Demey.[87] Vitus Bering, oficial da Marinha que liderou expedições científicas a

---

85 Guerrier, *Leibniz in seinen Beziehungen zu Russland und Peter den Grossen*; Vermeulen, *Before Boas*, p.39-86.

86 Winter (org.), *Die Deutsch-Russische Begegnung und Leonard Euler*; sobre as traduções, veja Gouzévitch, Le transfert des connaissances et les réformes de Pierre I, *Bulletin de la Sabix* 33, p.74-121.

87 Gouzévitch, op. cit.

153

Três tipos de expatriado

Kamchatka no extremo leste da Rússia, era dinamarquês; Jakob Lindenau, que também estudou a região de Kamchatka, o mineralogista Johann Ferber e Erik Laxmann, professor de Química em São Petersburgo, eram suecos; o astrônomo e geógrafo Joseph-Nicolas Delisle era francês; entre os britânicos, estavam o arquiteto naval Samuel Bentham (irmão do famoso Jeremy), que passou uma década na Rússia, e o escocês John Robison, que por um breve período foi professor de matemática em Kronstadt.[88]

É bem conhecido o entusiasmo de Pedro, o Grande, por navios e navegação, e seu reinado já foi descrito como um tempo de "revolução naval" ou de "guinada náutica". A palavra russa para ciência, *nauk*, funciona como um lembrete do interesse de Pedro pelo conhecimento aplicado, pois deriva de "navegação" em latim (*navigatio*) e em holandês (*navigatie*). A Rússia do século XVIII estava de braços abertos para navegantes estrangeiros, e um historiador inglês chegou a relatar a "invasão" de oficiais da Marinha britânica em território russo nessa época. Especialistas em tecnologia também eram bem-vindos. James Watt, por exemplo, recebeu um convite para ir à Rússia. Ele não aceitou, mas técnicos menos conhecidos, de construtores de navios a fundidores de canhões, aceitaram. Cientistas e acadêmicos expatriados fizeram parte de uma onda maior de migração de habilidades.[89]

No entanto, alemães, ou pelo menos falantes de alemão, formavam a maioria dos expatriados que trabalharam na Rússia ao longo do século XVIII, de 1698 a 1826, em boa parte associados à Academia de Ciências (*akademiya nauk*) de São Petersburgo, fundada por Pedro, o Grande, ao fim da vida, no ano de 1724, seguindo o conselho de Leibniz e tomando as academias de Berlim e da França como modelos. A Academia de São

---

88 Robinson, The Transference of British Technology to Russia, 1760-1820. In: Ratcliffe (org.), *Great Britain and Her World*, p.1-26; Reinhartz, In the Service of Catherine the Great: the Siberian Explorations and Map of Sir Samuel Bentham, *Terrae Incognitae* 26, p.49-60.

89 Cross, *By the Banks of the Neva*.

Petersburgo se interessava pela descoberta de novos conhecimentos e também por sua disseminação. Além de realizar pesquisas, os acadêmicos deviam sumariar informações de publicações estrangeiras, lecionar na universidade e dar palestras públicas.[90] Os salários eram generosos, e caçadores de talentos foram enviados ao exterior para encontrar indivíduos adequados aos cargos, com o auxílio das sugestões de Leibniz e do filósofo Christian Wolff. Os recém-chegados, muitos deles com diplomas das universidades de Leipzig e Göttingen, costumavam palestrar e publicar em alemão, que provavelmente foi o idioma estrangeiro mais conhecido na Rússia, pelo menos no âmbito do saber, até sua substituição pelo francês, na segunda metade do século XVIII. De fato, *Nemetsky* ("alemão") era uma palavra russa que significava "estrangeiro", referindo-se, em particular, a estrangeiros do norte da Europa, como holandeses, britânicos e escandinavos.

Seguindo o método prosopográfico discutido na introdução, agora vou apresentar oitenta expatriados de língua alemã que chegaram de 1700 a 1826 e fizeram grandes contribuições ao conhecimento na Rússia. O grupo consiste em 71 alemães, 8 suíços e 1 austríaco. Alguns chegaram ainda jovens e foram rapidamente promovidos. Outros partiram depois de poucos anos ou morreram logo, de causas naturais no clima rigoroso da Sibéria ou, no caso do astrônomo Georg Moritz Löwitz, assassinado por cossacos durante a violenta revolta camponesa liderada por Yemelyan Pugachev (1773-1774). No entanto, vários expatriados permaneceram na Rússia pelo resto da vida – o que chegou a significar 58 anos, como no caso do historiador Gerhard Friedrich Müller.

A pergunta mais óbvia é sobre as disciplinas desse grupo. Apesar do nome, a Academia de Ciências incluía não apenas acadêmicos expatriados, mas também tradutores, arquitetos, bibliotecários,

---

90 Vucinich, *Science in Russian Culture, a History to 1860*, p.75-122; Cracraft, Academy of Sciences. In: *The Petrine Revolution in Russian Culture*, p.240-55.

Três tipos de expatriado

cartógrafos e ainda um artista. Um desses acadêmicos, J.-E. Zeiher, palestrou sobre a fabricação de telescópios. O incentivo oficial para a exploração e mapeamento do Império Russo foi mais um sinal dos interesses pragmáticos do governo. No grupo, 11 membros trabalhavam como naturalistas (especialmente como botânicos), 9 como matemáticos, 8 como médicos ou cirurgiões, 7 como físicos, 4 como químicos e 2 como astrônomos.

Os mais conhecidos desses acadêmicos expatriados eram os matemáticos e cientistas, entre eles o matemático suíço Leonhard Euler; o naturalista Johann Georg Gmelin, que fez parte da segunda expedição a Kamchatka; Georg Wilhelm Steller, médico que também participou da expedição e foi pioneiro no estudo da história natural do Alasca; o químico J. G. Lehmann; o físico Georg Wolfgang Krafft; o fisiologista Caspar Wolff; e Peter Pallas, também naturalista, que se tornou professor de história natural na Academia de São Petersburgo. Pallas passou seis anos viajando pelo Império Russo, estudando plantas, animais, fósseis e rochas.[91]

Alguns acadêmicos se dedicaram a várias disciplinas ou se interessaram por temas distantes de sua especialidade original. Por exemplo: Daniel Messerschmidt, originalmente contratado como médico do czar, chegou a fazer descobertas nos campos da botânica e da história natural, e o naturalista Pallas recebeu da czarina Catarina a ordem de coletar informações sobre todas as línguas do mundo e editar um dicionário multi-idiomas, o chamado *Linguarum totius orbis vocabularia* [Vocabulário das línguas do mundo] (1786).[92]

No entanto, assim como em todo o resto do livro, aqui haverá mais a dizer sobre os expatriados que trabalharam no campo das humanidades: 7 acadêmicos ocupados principalmente com línguas e literaturas, 5 com direito, 2 com filosofia e 1 com política (*Staatswissenschaften*). Não menos do que 18 expatriados alemães atuaram no campo da

---

91 Stejneger, *Georg Wilhelm Steller*; Masterson; Browe, *Bering's Successors, 1745-1780*.
92 Sobre Messerschmidt, veja Vermeulen, op. cit., p.87-130.

156

história, ainda que um deles, Jacob Stählin, estivesse a convite na Rússia por causa de seus conhecimentos em fogos de artifício. Esse grande número de historiadores pode parecer surpreendente, mas Pedro, o Grande, estava convencido de que o estudo do passado, assim como a construção de navios ou a fundição de canhões, tinha um valor prático.

O orientalista poliglota Gottlieb Bayer escreveu sobre os chineses, a cidade mesopotâmica de Edessa, o antigo reino de Báctria (nos atuais Irã e Uzbequistão), os citas e as origens da Rússia, utilizando sobretudo as moedas como fontes. Seus livros foram publicados em latim, na cidade de São Petersburgo, nos anos 1730.[93] Hartwig Bacmeister traduziu para o alemão a história da Rússia de Lomonosov, publicou ensaios sobre Pedro, o Grande, e editou o primeiro periódico bibliográfico da Rússia, o *Russische Bibliothek*, a partir de 1772. O austríaco Philip Dilthey, professor de História e Direito na nova Universidade de Moscou, publicou em 1762 um manual de história universal para os jovens nobres.

Uma figura muito importante foi Gerhard Friedrich Müller, que se tornou o historiador oficial do Império Russo e autor das *Sammlungen zur russischen Geschichte* [Fontes reunidas da história russa] (1732). Müller chegou à Rússia aos 20 anos, virou professor de História aos 26 e continuou na Rússia até a morte, quase sessenta anos depois. Em suas atividades de ensino e pesquisa, deu ênfase à abordagem crítica das fontes. Ele editou crônicas russas, procurou documentos em arquivos e ressaltou o valor de prova dos itens da cultura material. Na qualidade de historiador do Império Russo, estudou muitos povos, especialmente na Sibéria.[94]

Trabalhador dedicado, Müller precisou de assistentes em suas muitas empreitadas. Um deles, Johann Fischer, publicou uma história

---

93 Babinger, *Gottlieb Siegfried Bayer*.
94 Black, *G.-F. Müller and the Imperial Russian Academy*; Hoffmann, *Gerhard Friedrich Müller (1705-1783)*; Vermeulen, op. cit., p.131-218.

Três tipos de expatriado

da Sibéria em 1768. O mais conhecido foi August Ludwig Schlözer.[95] Ele viera da Universidade de Göttingen, à época um centro de novas abordagens do passado, e estudara com o famoso orientalista Johann David Michaelis. Jovem ambicioso e com pressa, Schlözer chegou à Rússia aos 26 anos, pensando que o país seria apenas um estágio em suas viagens para o Oriente. Mas, logo depois da chegada, ele mudou de rumos e aprendeu russo. Depois se arrependeu por ter desistido de suas ambições orientais, sentiu falta de Göttingen e ficou infeliz como assistente de Müller, preferindo escrever sua própria história, além de um relatório para a Academia de São Petersburgo, dois anos depois, sobre a maneira como a história russa deveria ser escrita (*Gedanken über die Art, die Russische Historie zu traktieren*).[96] Schlözer desprezou o polímata Mikhail Lomonosov, que estava trabalhando em uma versão da história do país, qualificando-o como um mero "químico". Embora tivesse provocado a inimizade de Lomonosov e Müller, conseguiu permanecer atuante graças ao apoio da imperatriz Catarina.[97]

Schlözer passou apenas seis anos na Rússia antes de voltar a Göttingen, onde foi designado professor de História Russa, e ali permaneceu por mais de quarenta anos. Ele se tornou um dos historiadores mais famosos de seu tempo, combinando seu interesse pelo norte da Europa (em particular pela história dos diferentes grupos étnicos do Império Russo) com uma abordagem global da história, abarcando a história da cultura material (como Müller fizera), inclusive a história da batata, do tabaco, do açúcar, do chá e do café. Talvez se possa resumir a carreira de Schlözer dizendo que, primeiro, ele levou Göttingen à Rússia e, depois, trouxe a Rússia a Göttingen.

Quais foram os efeitos desse afluxo de expatriados sobre os russos? Em primeiro lugar, uma vez mais, a mediação, incluindo aí a

---

95 Peters, *Altes Reich und Europa*; Vermeulen, op. cit., p.269-356.
96 Lauer, Schlözer und die Slaven. In: Duchhardt; Espenhorst (orgs.), *August Ludwig (von) Schlözer in Europa*, p.23-40, esp. 25.
97 Winter (org.), *Lomonosov Schlözer Pallas*, p.111; Peters, op. cit., p.55-88.

Três tipos de expatriado

"transferência" de conhecimento, em especial de conhecimento técnico. Em outras palavras, a disseminação do que já era conhecido no Ocidente, o que atualizou os russos por meio de palestras públicas na Academia de São Petersburgo e do ensino na escola a ela vinculada (a qual teve 342 estudantes em seus primeiros cinco anos) ou na nova Universidade de Moscou, fundada em 1755. Esperava-se que os expatriados que trabalhavam como arquitetos ou engenheiros ensinassem os russos em seus campos de especialização. Do ponto de vista russo, contratar expatriados era um expediente necessário, mas também temporário. Em todo caso, estudiosos russos – como o famoso polímata Mikhail Lomonosov – eram bem menos receptivos do que os czares em relação aos estrangeiros. Pelo menos em parte, foi graças aos esforços de Lomonosov que a Academia de Ciências, praticamente dominada por estrangeiros em sua origem, foi aos poucos se tornando mais russa.[98]

Em segundo lugar, como já se mencionou, esperava-se que os expatriados mais antigos realizassem pesquisas e publicassem suas conclusões, muitas vezes nas atividades da Academia de Ciências e em latim, para que os círculos letrados pudessem saber das contribuições para o trabalho da comunidade do saber que estava se construindo na Rússia.

Para os estudiosos russos, os encontros com os expatriados foram uma forma de educação que os atualizou nos métodos de estudo da natureza e da cultura. Por exemplo, Müller e Schlözer produziram edições acadêmicas de crônicas medievais russas, notadamente a Crônica de Nestor, também conhecida como Crônica Primária ou Primeira Crônica [Russian Primary Chronicle]. Schlözer introduziu a prática da crítica metódica das fontes, descrevendo-a em suas Gedanken über die Art, die russische Historie zu tractieren [Reflexões sobre a maneira de lidar com a história russa] (1764).[99] Müller pediu que seus assistentes

---

98 Schulze, The Russification of the St Petersburg Academy of Sciences and Arts in the Eighteenth Century, British Journal for the History of Science 18, p.305-35.
99 Peters, op. cit., p.89-96.

159

Três tipos de expatriado

procurassem informações em arquivos (embora seu trabalho tenha representado uma mudança decisiva no equilíbrio entre crônica e registro, Leopold von Ranke não foi o primeiro historiador a realizar pesquisas em arquivos). Gottlieb Bayer, que tinha formação clássica, estudou os antigos citas a partir dos vestígios de sua cultura material. Müller também se interessou pelo que chamava de *Antiquitäten* e colecionou armas, moedas, imagens sagradas e outros objetos para usá-los como fontes da história russa.

Deixei por último o que talvez seja a mais importante realização das pesquisas desses expatriados alemães. Messerschmidt, Müller, Pallas e outros participaram de expedições a áreas remotas do Império Russo (entre elas, Kamchatka, Orenburg e o Cáucaso), onde estudaram não apenas as rochas, a fauna e a flora do local, mas também as religiões, as maneiras e os costumes dos habitantes. As duas primeiras expedições a Kamchatka, entre 1728 e 1743, foram as mais famosas, mas o médico Daniel Messerschmidt explorou a Sibéria, sob as ordens de Pedro, o Grande, de 1720 a 1727, e uma expedição ao sul da Rússia, liderada por Pallas, partiu em 1768, ao mesmo tempo em que o capitão Cook viajava para o Pacífico Sul. Essas expedições, nas quais o levantamento e mapeamento tinham papel fundamental, foram resultado de uma preocupação pragmática com os recursos naturais e humanos do Império, mas seus líderes também coletaram informações que não tinham nenhuma utilidade óbvia, como as que diziam respeito aos objetos antigos de cada lugar.[100]

Entre as mais importantes contribuições ao conhecimento que resultaram dessas expedições estão aquelas que ficaram conhecidas como os estudos "fino-úgricos" e que buscaram semelhanças estruturais entre línguas húngaras, finlandesas e mesmo algumas siberianas, como se demonstrou com o *vogul* e o *ostiak*. Em sua expedição à Sibéria, Daniel Messerschmidt e o prisioneiro de guerra sueco Philip

---

100 Shaw, Geographical Practice and its Significance in Peter the Great's Russia, *Journal of Historical Geography* 22, p.160-76.

Três tipos de expatriado

von Strahlenberg coletaram informações sobre as línguas locais.[101] Müller também se interessou por essas línguas, e seu assistente Johann Fischer compilou um "vocabulário siberiano" com a ajuda do sueco Jakob Lindenau. Fischer conhecia algumas das semelhanças entre essas línguas e o húngaro, assim como Bacmeister, linguista e historiador que publicou um ensaio sobre as ligações entre as línguas.[102] O conhecimento também viajou na direção oposta. Sabemos menos do que gostaríamos sobre o que os acadêmicos alemães que participaram dessas expedições aprenderam com seus assistentes russos e informantes siberianos. Muitos estudos mais recentes sobre expedições científicas sublinharam que, embora o crédito fique com os líderes estrangeiros, o papel dos informantes locais sempre foi de extrema importância. Um exemplo bem conhecido foi o de George Hunt, que ajudou Franz Boas com seus famosos estudos sobre o povo kwakiutl do noroeste do Canadá.[103]

Também no caso da história, Müller e Schlözer aprenderam com seu predecessor russo Vasilii Tatishchev e com seus assistentes locais, conhecidos como "adjuntos". No estudo das crônicas russas, Schlözer deveu muito a seus assistentes Semen Bashilov e Alexei Polenov.[104] Outro exemplo é o de Stepan Krascheninnikov. Ele era apenas um estudante na segunda expedição a Kamchatka, mas conduziu pesquisas independentes e publicou uma *Opisanie zemli Kamchatki* [Descrição da terra de Kamchatka] que depois Steller utilizou sem o devido reconhecimento. Krascheninnikov também ajudou Gmelin a estudar a flora. De maneira similar, Pallas trabalhou com vários assistentes russos, como Nikolai Rytschkov, que o acompanhou na expedição ao

---

101 Vermeulen, op. cit., p.110-11.
102 Stipa, *Finnisch-Ugrische Sprachforschung von der Renaissance bis zum Neupositivismus*, p.167-205; Branch, The Academy of Sciences in St Petersburg as a Centre of Finno-Ugrian Studies, 1725-1860. Disponível em: ajsjogren.weebly.com/.../m_branch_academy_in_st_petersburg_part_1.pdf.
103 Fabian, *Out of Our Mind*.
104 Peters, op. cit., p.101-/.

sul da Rússia, e alguns outros estudantes que mais tarde se tornaram acadêmicos.[105]

Em suma: a mediação é óbvia no caso dos acadêmicos alemães expatriados. Para eles, os anos na Rússia foram uma forma de educação que ampliou seus horizontes e lhes permitiu descobrir novas plantas, novos animais, novas línguas e tantas outras coisas, assim como desvendar a história russa, pouco conhecida no Ocidente àquela época. Mas os anos que esses estrangeiros passaram no país foram uma educação também para os acadêmicos russos, pois estes puderam se atualizar nos novos métodos de estudo da natureza e da cultura. É bem conhecida a homenagem a Schlözer feita por Nikolai Gogol, autor de *Almas mortas* e professor de História da Universidade de São Petersburgo: "Schlözer foi o primeiro a sentir a história como um grande todo [...]. Sua escrita era como o relâmpago que ilumina os objetos de uma só vez".[106] A obra de Schlözer inspirou toda uma geração de historiadores russos, notadamente Nikolai Karamzin.

Também foram importantes as consequências dessa migração para a cultura alemã, em especial, uma vez mais, no caso de Schlözer. Depois de seu retorno a Göttingen, ele publicou *Allgemeine nordische Geschichte* [História geral do norte] (1772), traduziu a famosa crônica medieval de Nestor, lecionou e escreveu sobre história mundial, atividades que culminaram no seu *Weltgeschichte nach ihren Haupttheilen im Auszug und Zusammenhange* [As principais passagens da história mundial, excertos e conexões] (1792-1801). Ele foi, entre outras coisas, um eficiente divulgador da história russa no exterior, especialmente no mundo de fala alemã.

Alguns desses expatriados também apresentaram o usual distanciamento. A distância propiciou a comparação, então não devemos nos surpreender com os expatriados que assumiram a liderança no estudo das famílias linguísticas – nesse caso, das línguas fino-úgricas.

---

105 Sobre esses e outros russos, veja Vermeulen, op. cit., p.196-7.
106 Citado por Etkind, *Internal Colonization*, p.52.

Em contraste com estudiosos russos, tais como Lomonosov, Müller e Schlözer, junto com companheiros expatriados como Gottlieb Siegfried Bayer e Johann Philipp Krug (despojados de patriotismo, a exemplo de Polydore Virgil na Inglaterra), sugeriram que Rurik, fundador heroico da nação russa, e seus seguidores tinham sido "normandos". Em outras palavras, escandinavos. Schlözer também lançou dúvidas sobre a identificação dos eslavos com os antigos povos citas e sármatas.[107]

Embora a relação entre estudiosos alemães e russos nem sempre tenha sido harmoniosa, como vimos, surgiu desse encontro um tipo de conhecimento híbrido. A realização conjunta desses expatriados foi a criação de novos saberes que mais tarde vieram fazer parte de uma nova disciplina, a etnografia. Os livros e artigos que resultaram das expedições científicas das quais participaram os expatriados trouxeram importantes contribuições ao conhecimento em várias disciplinas estabelecidas e também em algumas que estavam começando a aparecer.

Por exemplo, o tratado não publicado de Müller que descrevia as maneiras e costumes de diversos povos siberianos foi um estudo pioneiro do que ele próprio chamou de "descrição de povos" (*Völker-Beschreibung*), que logo seria conhecida como "etnografia". Na verdade, recentemente Müller foi considerado (a exemplo de Sahagún e Lafitau) o "primeiro etnógrafo". Foi Schlözer, antigo assistente de Müller, que lançou os termos *Völkerkunde* ("o estudo dos povos") e *Ethnographie* no discurso acadêmico quando de seu retorno à Universidade de Göttingen (a palavra "etnologia", *ethnologia*, foi introduzida na mesma época). Novas palavras como essas encorajaram a transformação do velho interesse pelas maneiras e costumes em uma nova disciplina.[108]

---

107 Riasanovsky, The Norman Theory of the Origin of the Russian State, *Russian Review* 7, p.96-110, esp. 96n, 98; Lauer, op. cit., p.32.

108 Mühlpfordt, Schlözer als Begründer der kritisch-ethnischen Geschichtsforschung, *Jahrbuch für Geschichte* 25, p.23-72; Stagl, *A History of Curiosity*, p.233-68; Bucher, *Von*

Três tipos de expatriado

Havia, é claro, uma longa tradição de viajantes, mercadores e missionários que, como já vimos, descreveram os costumes dos povos que encontraram, como Lafitau (cujo trabalho Müller levou consigo à Sibéria) fizera no caso dos iroqueses e Kaempfer realizara no Japão. O *Ensaio sobre os costumes*, de Voltaire (que Müller também tinha lido), já descrevera mudanças nas maneiras europeias a longo prazo. O que agora havia de novo era a "descrição sistemática" (*eine systematische geographische Beschreibung von Sibirien* [uma descrição geográfica sistemática da Sibéria], como ele dizia), a qual Müller forneceu e encorajou seus assistentes a fornecerem quando elaborou um questionário extremamente detalhado. Como nos casos de Sahagún e Lafitau, o trabalho de Müller sugere que o surgimento daquilo que ainda chamamos de "etnografia" não foi bem uma ruptura repentina com a tradição no início do século XX, a era de Malinowski, e sim um desenvolvimento mais gradual.

Expatriados do final do período moderno

O caso russo oferece um exemplo precoce de governo que enxergou o atraso do país e convidou estrangeiros para trazer conhecimentos que pudessem atualizá-lo. Outro exemplo bem conhecido foi o Japão depois de 1868, quando uma terra que passara séculos praticamente fechada aos estrangeiros de repente se abriu e os convidou a ajudar na modernização do país.

De maneira similar, na Turquia, que conquistou sua independência depois da Primeira Guerra Mundial, Kemal Atatürk, presidente da nova República (proclamada em 1923), lançou uma campanha de

---

Beschreibung der Sitten und Gebräuche der Völker; Vermeulen, The German Invention of *Völkerkunde*. In: Eigen; Larrimore (orgs.), *The German Invention of Race*, p.123-46; id., Von der Empire zur Theorie: Deutschsprachige Ethnographie und Ethnologie, 1740-1881, *Zeitschrift für Ethnologie* 134, p.253-66; id., op. cit., p.269-70, 276-83, 437-58.

Três tipos de expatriado

modernização seguindo modelos ocidentais, o que aumentou a receptividade do país aos estrangeiros, pelo menos no âmbito oficial. Em 1931, como parte dessa campanha, o professor de educação suíço Albert Malche foi chamado para reformar as universidades turcas, e uma de suas recomendações foi a contratação de cientistas e acadêmicos europeus. A Alemanha era o país mais óbvio para essa iniciativa, devido à reputação acadêmica alemã e aos tradicionais laços do país com o Império Otomano.

Em outras palavras, justo no momento em que professores judeus estavam sendo demitidos, por volta de 1933, havia uma grande demanda por seu trabalho na Turquia. No início do ano letivo de 1933-1934, a nova Universidade de Istambul recebeu em seus quadros 42 professores refugiados. Erich Auerbach e Leo Spitzer foram os professores alemães mais famosos a se mudarem para lá, Spitzer por três anos e Auerbach por onze, mas fizeram parte de um grupo maior de pessoas que podem muito bem ser descritas tanto como exiladas quanto como expatriadas, pois receberam convites para ir à Turquia no mesmo instante em que se viram forçadas a deixar a Alemanha ou a Áustria.[109]

Além de alunos e colegas de Auerbach e Spitzer, entre eles Rosemarie Burkart, Herbert e Lieselotte Dieckmann e Hans Marchand, esse grupo tinha cientistas, como o astrônomo Wolfgang Gleissberg (que ficou em Istambul por um quarto de século), e especialistas em estudos otomanos, como Andreas Tietze e Peter Sugar.

Pelo menos alguns desses expatriados-exilados exerceram uma influência considerável sobre a cultura acadêmica da Turquia. Hans Reichenbach, filósofo da ciência, apresentou aos estudantes da Universidade de Istambul as ideias do Círculo de Viena. O classicista Georg Rohde, junto com seu aluno Azra Erhat, iniciou um programa de traduções para o turco. O jurista Ernst Reuter introduziu uma

---

109 Konuk, Jewish-German philologists in Turkish Exile. In: Alexander Stephan (org.), *Exile and Otherness*, p.31-47.

165

Três tipos de expatriado

nova abordagem nos estudos políticos da Universidade de Ancara, e Andreas Bertholan Schwarz, também jurista, formou uma geração de acadêmicos turcos na área do direito. De maneira similar, ex-alunos de Auerbach e Spitzer, entre eles Süheila Bayrav e Şara Sayin, seguiram sua abordagem filológica e comparativa, estendendo-a à literatura turca, naquilo que os humanistas do Renascimento teriam chamado de *translatio studii*.[110]

Os acadêmicos exilados nem sempre gostaram de seu tempo na Turquia: Auerbach reclamava do isolamento e Lieselotte Dieckmann escreveu sobre a atmosfera de desconfiança. Ambos falaram sobre a falta de livros, pelo menos em seus campos de estudo. A situação melhorou um pouco graças a outro refugiado, o bibliotecário Walter Gottschalk, que chegou à Turquia em 1941 e recebeu a tarefa de supervisionar todas as bibliotecas da Universidade de Istambul.[111] Apesar desses problemas, o exílio trouxe benefícios não apenas para a Turquia, mas também para alguns acadêmicos, obviamente para os orientalistas. O jurista Oscar Weigert, que depois foi ensinar direito comparativo em Washington, deve ter aprendido algo muito valioso em seus três anos de Ancara. No caso de Auerbach, como já vimos, ele – e o mundo – deve seu livro mais famoso, *Mimesis*, um estudo da representação da realidade na literatura ocidental, a seus tempos de Istambul, longe das bibliotecas que lhe teriam permitido prosseguir com sua pesquisa filológica.

Os franceses no Brasil

Ao contrário da América espanhola, o Brasil não tinha universidades no período colonial, de modo que era preciso viajar a Coimbra para

---

110 Fermi, *Illustrious Immigrants*, p.66-70; Widmann, *Exil und Bildungshilfe*; Bozay, *Exil Türkei*; Konuk, op. cit.; Apter, Global *Translatio, Critical Inquiry* 29, p.253-81; Burk, An Open Door. In: Rose (org.), *The Dispossessed*, p.235-56; Erichsen, Das Turkische Exil als Geschichte von Frauen, *Berichte zur Wissenschaftsgeschichte* 28, p.337-53.
111 Müller, German Librarians in Exile in Turkey, *Libraries and Culture* 33, p.294-305.

obter um diploma. No século XIX, fundaram-se faculdades de direito e medicina em algumas cidades, muitas vezes segundo o modelo francês, pois a cultura da França gozava de grande prestígio no país daquela época – e, até certo ponto, de hoje. No Rio de Janeiro, o Instituto Histórico e Geográfico Brasileiro (1838) imitava o Institut Historique francês. A Escola Normal e a Escola Politécnica seguiram o modelo das *Grandes Écoles* da França.

O modelo francês foi importante também na fundação da Universidade de São Paulo (USP) em 1934, com a ajuda dos donos do maior jornal da época, *O Estado de S. Paulo*. Um ano depois, em 1935, a Universidade do Distrito Federal (UDF) foi fundada no Rio de Janeiro, que ainda era a capital do país. Os expatriados franceses desempenharam um papel fundamental em ambas as universidades. Eles foram membros da chamada "missão francesa" – mesmo nome que se usara para uma *mission artistique* em 1818 e uma missão militar em 1921.[112]

Voltando à prosopografia, as páginas a seguir se concentram em 46 expatriados franceses que fizeram importantes contribuições ao conhecimento, quase inteiramente nas humanidades e ciências sociais (os postos nas ciências naturais geralmente ficavam para alemães e italianos). Era um grupo formado apenas por homens: Dina, antropóloga e primeira mulher de Claude Lévi-Strauss, não recebeu nenhum convite por si mesma, embora acompanhasse o marido em expedições e também lecionasse em São Paulo. Como no caso dos exilados huguenotes na República Holandesa ou na Prússia, a língua não foi um problema para esses expatriados, pois a elite brasileira, de onde vinha a maioria dos estudantes, sabia falar francês.

O grupo de 46 pessoas incluía 8 historiadores, 7 geógrafos e 6 sociólogos ou antropólogos. A exemplo dos alemães na Rússia, eram jovens e estavam prontos para novas experiências (nem todos os

---

112 Lefebvre, Les professeurs français des missions universitaires au Brésil (1934-1944), *Cahiers du Brésil Contemporain* 12, p.1-10. Disponível em: www.revues.mshparis.fr/.../8-J.P%20Lefebvre.pdf.

Três tipos de expatriado

acadêmicos estavam preparados para deixar a França de maneira tão inesperada, para ir a um país tão distante, uma viagem que naquela época durava três semanas de navio). Como no caso alemão, foram recrutados por caçadores de talentos, às vezes com avisos extremamente curtos – Lévi-Strauss, ex-aluno de um acadêmico francês envolvido na fundação da USP, disse que aceitou o convite para lecionar na universidade depois de um telefonema que lhe pedira para tomar a decisão até o dia seguinte.[113] A maioria dos convidados seguiu para as duas universidades brasileiras já mencionadas, USP e UDF.

Dezesseis professores da Sorbonne foram para a UDF, entre eles o historiador econômico Henri Hauser, que acabara de se aposentar de sua cátedra, aos 70 anos, e Émile Brehier, conhecido historiador da filosofia, aos 60. A nova universidade existiu por apenas dois anos. Foi fechada devido à oposição da Igreja (que sentia cheiro de comunismo) e à suspeita do Estado – o ministro da Educação, Gustavo Capanema, se opunha à universidade e, em 1937, ano do fechamento, Getúlio Vargas converteu sua presidência na ditadura conhecida como Estado Novo.

No entanto, foi o grupo de 21 acadêmicos que seguiram para a USP que ficou mais conhecido e influente a longo prazo. Entre eles estavam Braudel, Lévi-Strauss, o geógrafo Pierre Monbeig e os sociólogos Henri Arbousse-Bastide e Roger Bastide. A presença de duas pessoas com o mesmo nome nesse pequeno grupo podia causar confusão, mas os brasileiros resolveram o problema com apelidos: Roger, que era magro e pequeno, virou "Bastidinho", e Henri, que era um sujeito grande, virou "Bastidão". A maior parte do grupo não ficou no país por muito tempo. Braudel (aos 32 anos em 1934) e Lévi-Strauss (aos 26) eram jovens acadêmicos com um belo futuro pela frente, mas não no Brasil. Braudel voltou à França em 1937, entrou para o Exército em 1939 e passou boa parte da guerra em campos de prisioneiros alemães. Lévi-Strauss retornou em 1939, foi demitido do cargo de professor de liceu por ser judeu e fugiu para os Estados Unidos. Monbeig, por outro

---

113 Lévi-Strauss, *Tristes tropiques*, p.37-8.

Três tipos de expatriado

lado, morou no Brasil de 1935 a 1946, e o antropólogo Roger Bastide, já aos 40 anos quando chegou ao país, em 1938, ficou até 1951.

O Brasil deixou uma forte impressão em alguns desses expatriados, que por sua vez exerceram uma influência considerável sobre estudantes e acadêmicos brasileiros.[114] Embora Hauser tenha passado pouco tempo no país, ele produziu vários artigos sobre história brasileira, percorrendo temas que iam desde a escravatura até os discípulos locais do teórico social conde de Saint-Simon. Braudel já tinha ampliado seus horizontes ao lecionar por dez anos em um *lycée* na Argélia, onde aprendeu a ver o Mediterrâneo por outro ângulo. Os três anos de Brasil, que depois ele definiu como os melhores da vida, deixaram sua visão ainda mais global. Como já dissemos, Braudel passou a ressaltar o valor do distanciamento para os historiadores, algo que ele descreveu como *dépaysement*.[115]

Paul Arbousse-Bastide certa vez proferiu uma palestra intitulada "O que o Brasil me ensinou", dizendo que sua estada no país mudara sua vida ao lhe dar um sentido diferente de tempo e espaço, vendo São Paulo como "um maravilhoso ponto de encontro de culturas".[116] Quanto a Lévi-Strauss, foram seus anos na USP que lhe deram a oportunidade de visitar o Mato Grosso e a Amazônia, onde ele descobriu povos indígenas como os bororós e os nambiquaras, os quais estudou por boa parte do resto da vida.

Ainda assim, o exemplo mais dramático do impacto do novo ambiente sobre os expatriados sem dúvida foi o de Roger Bastide, que mudou seu tema de pesquisa assim que chegou ao Brasil, virando especialista em religiões afro-brasileiras. Nesse aspecto, ele se assemelhou a seu compatriota Pierre Verger, que não era membro do grupo

---

114 Skidmore, Lévi-Strauss, Braudel and Brazil: a Case of Mutual Influence, *Bulletin of Latin American Research* 22, p.340-49.

115 Burke, *The French Historical Revolution*, p.37; Paris, *La genèse intellectuelle de l'oeuvre de Fernand Braudel*, p.224-58.

116 Arbousse-Bastide, O que o Brasil me ensinou, *Revista da Faculdade de Educação* 10, p.331-44.

Três tipos de expatriado

de acadêmicos, mas sim um fotógrafo que se tornou autoridade em candomblé e figura de destaque nesse culto afro-brasileiro. Bastide, em contraste, se manteve à distância, vendo o candomblé como exemplo de sincretismo, ou do que ele chamava de "interpenetração" de culturas, termo emprestado do historiador e sociólogo brasileiro Gilberto Freyre. Também Braudel era admirador de Freyre e escreveu uma entusiasmada resenha sobre seu trabalho, publicada na revista *Annales* quando ele era prisioneiro de guerra na Alemanha. Em 1953, ele demonstrou ainda mais entusiasmo ao apresentar *Casa-grande e senzala* a um público italiano, falando sobre a "aguda inteligência" do autor e de seu trabalho como "obra-prima", parte de uma série de "livros estupendos". "O milagre crucial foi saber combinar uma narração histórica precisa e cuidadosa com uma sociologia imaculadamente sutil."[117]

Alguns expatriados, por sua vez, provocaram um impacto considerável na vida intelectual do Brasil. No campo da história, Sérgio Buarque, um dos principais historiadores brasileiros dos anos 1960 e 1970, declarou: "Aprendi muito com Hauser".[118] A abordagem dos *Annales*, que Braudel encarnara e transmitira enquanto estava em São Paulo, foi e ainda é influente no Brasil, em especial entre os historiadores do período colonial, como Fernando Novais, autor de um estudo sobre a crise do sistema colonial; Luiz Felipe de Alencastro, que escreveu sobre o tráfico de escravos e o lugar do Brasil no contexto atlântico; e Laura de Mello e Souza, que escreveu sobre a história das mentalidades e, em particular, sobre feitiçaria.

---

117 Motta, L'apport brésilien dans l'oeuvre de Roger Bastide. In: Laburthe-Tolra (org.), *Roger Bastide ou le réjouissement de l'abîme*, p.169-78; Reuter, *Das Wilde Heilige*; Braudel, A travers un continent d'histoire, *Mélanges d'Histoire Sociale* 4, p.3-20; id., Introduzione to Gilberto Freyre, *I Padroni e i servi*, p.ix-xi.

118 Graham, op. cit., p.6. Cf. Alencastro, Henri Hauser et le Brésil. In: Marin; Soutou (orgs.), *Henri Hauser*, p.281-96; Ferreira, Les professeurs français et l'enseignement de l'histoire à Rio de Janeiro pendant les années 1930. In: Crouzet; Bonichon; Rolland (orgs.). *Pour l'histoire du Brésil*, p.123-40.

Já no campo da geografia, uma disciplina nova no Brasil dos anos 1930, a abordagem francesa permanece influente, graças, em particular, a Pierre Monbeig.[119] Lévi-Strauss continua sendo um modelo intelectual para os maiores antropólogos brasileiros da atualidade, entre eles Roberto da Matta e Eduardo Viveiros de Castro. Roger Bastide ainda é uma figura central nas citações dos estudos brasileiros sobre o candomblé ou o sincretismo religioso em geral, seja para concordar ou discordar. Maria Isaura Pereira de Queiroz, uma das principais sociólogas do país, foi aluna de Bastide, e Fernando Henrique Cardoso foi seu assistente, embora seja mais conhecido como ex-presidente do Brasil.

Quanto aos efeitos dos expatriados em sua terra natal, o entusiasmo de Braudel pelo estudo do período colonial do Brasil e da América Latina se transferiu a seus alunos, entre eles Pierre Chaunu, que dedicou muito de sua volumosa produção à história do Novo Mundo, e Frédéric Mauro, autor de um estudo sobre Portugal e o mundo atlântico no século XVII. A tradição prosseguiu em historiadores franceses mais jovens, como Nathan Wachtel e Serge Gruzinski, ambos pesquisadores das Américas portuguesa e espanhola.

Ao contrário dos exilados, os expatriados discutidos neste capítulo não costumavam pensar em si mesmos como mediadores. A mediação muitas vezes ocorreu enquanto eles estavam pensando em outras coisas, como ensinar Física ou converter pagãos. O próximo capítulo retornará aos exilados e à mediação autoconsciente.

---

119 Queiroz, La recheche géographique au Brésil. In: Théry; Droulers (orgs.), *Pierre Monbeig*, p.59-64.

5
O Grande Êxodo

Revolução e exílio

Se a história das diásporas do início da Era Moderna foi dominada por exílios provocados pela religião, a história desde 1789 fala, em grande medida, de exilados políticos e de vítimas de limpezas étnicas. Depois da Revolução Francesa e, em especial, do "Terror" de 1793-1794, uma onda de opositores do novo regime partiu para o exílio: cerca de 180 mil pessoas atravessaram as fronteiras para Colmar, Bruxelas e Londres, por exemplo. Foi nessa época que o termo *émigré* entrou em uso regular, não apenas em francês, mas também em outros idiomas.

Dentro desse vasto grupo se encontravam alguns intelectuais, notadamente os viscondes de Bonald, que se mudaram para Heidelberg, e de Chateaubriand, que optou por Londres (e por um tempo morou em um sótão em Holborn); Madame de Staël, que foi para a Suíça e depois para a Inglaterra; e Joseph de Maistre, que buscou refúgio em Lausanne, Cagliari e São Petersburgo. Como quase sempre acontece, o movimento desses *émigrés* se fez acompanhar pelo movimento de ideias, e, pelo menos para alguns membros do grupo, o exílio

O Grande Êxodo

foi uma forma de educação, pois eles aprenderam algo sobre a diversidade da Europa, da Irlanda à Rússia, e acabaram produzindo toda uma prateleira de livros de viagem. Se o impacto que provocaram sobre os anfitriões foi menos evidente, deve ter sido porque àquela época a cultura francesa já era bem conhecida no exterior.[1] O caso da Polônia é bem diferente. Depois de 1789 ou 1793, a grande data na história das diásporas europeias foi 1830-1831, desdobramento da derrota do levante polonês contra o domínio russo. Naquilo que os poloneses chamam de "Grande Emigração" (*Wielka Emigracja*), mais de 70 mil pessoas deixaram o país, indo principalmente para Paris. Entre elas, Frédéric Chopin, Adam Mickiewicz e Joachim Lelewel. Mickiewicz, poeta já conhecido, virou jornalista e palestrante no Collège de France, no qual o governo francês lhe criou um cargo de professor de línguas e literaturas eslavas. O historiador Lelewel não teve tanta sorte. Em 1833, depois de receber uma ordem para deixar Paris por causa de suas atividades políticas, Lelewel foi caminhando até a Bélgica, onde viveu por quase trinta anos. Tanto Mickiewicz quanto Lelewel atuaram como embaixadores da cultura polonesa; Mickiewicz em suas palestras, depois publicadas em cinco volumes, e Lelewel em uma história da Polônia que foi publicada em francês no ano de 1844. Fernand Braudel certa vez explicou a calorosa recepção internacional de Lelewel, contrastante com a de seu talentoso colega polonês Witold Kula, a partir de seu acesso ao "alto-falante francês", um meio de comunicação mais eficaz do que o equivalente polonês. De maneira similar, já se argumentou que Paris forneceu aos rebeldes poloneses da Grande Emigração a língua, as editoras e outras facilidades de que precisavam para disseminar suas ideias pela Europa.[2]

---

1 Baldensperger, *Le mouvement des idées dans l'émigration française, 1789-1815*, p.46. Cf. Rubinstein, *Französische Emigration*; Carpenter, *Refugees of the French Revolution*.

2 Kramer, *Threshold of a New World*, p.232; Stanley, Joachim Lelewel. In: Brock et al. (orgs.), *Nation and History*, p.52-84. Para uma pesquisa sobre os refugiados

O Grande Êxodo

O ano de 1848, ano da "primavera dos povos", de revoluções na França, nos estados germânicos, no Império Habsburgo e em toda parte, foi a data importante seguinte na história dos exílios europeus. Depois do fracasso das revoluções daquele ano, a diáspora se espalhou do centro da Europa para o mundo. Algumas pessoas foram para os Estados Unidos e outras para a América do Sul (para o Brasil ou o Chile, por exemplo), mas a maioria permaneceu em partes mais pacíficas da Europa, estabelecendo-se, por exemplo, em Zurique, Bruxelas e, sobretudo, Londres (um setor da cidade ficou conhecido como "Pequena Alemanha"). Londres foi descrita como "a capital dos refugiados da Europa" daquela época.[3]

Depois de seus anos em Paris, Karl Marx se tornou o mais conhecido dos novos londrinos, mas outros intelectuais revolucionários também fizeram a mesma escolha: Louis Blanc, cujos livros sobre a história francesa se basearam em suas pesquisas no British Museum; o orientalista Theodor Goldstücker, nomeado professor de sânscrito na University College em 1852; Friedrich Althaus, que traduziu Carlyle e acabou se tornando professor de alemão, também no University College; o historiador da arte Gottfried Kinkel, que veio para a Inglaterra depois de escapar da prisão em Spandau e lecionou no University College e no Bedford College para mulheres antes de se mudar para Zurique; e o húngaro Gustav Zerffi (ex-secretário do líder nacionalista Lajos Kossuth), que palestrou na National Art Training School em South Kensington.[4]

É bem evidente o papel que esses exilados e outros expatriados exerceram como mediadores, estivessem eles traduzindo escritores britânicos como Carlyle ou apresentando aos ingleses os novos métodos alemães da história da arte. No caso das ciências naturais, um exemplo bem conhecido é o de August Wilhelm von Hofmann,

---

europeus do século XIX, veja Marrus, *The Unwanted*, p.14-50.

3 Marrus, op. cit., p.15.

4 Ashton, *Little Germany*; Tóth, *An Exiled Generation*.

O Grande Êxodo

químico que, graças ao príncipe Alberto, recebeu um convite para ser diretor do novo Royal College de Química em Londres, no ano de 1845. Hofmann ficou no país por vinte anos e disseminou o conhecimento dos métodos científicos alemães, publicando em inglês uma descrição dos laboratórios químicos das universidades de Bonn e Berlim. De maneira similar, o italiano Antonio Panizzi, antigo revolucionário que se tornou o principal bibliotecário do British Museum, assegurou que o acervo de livros italianos do museu fosse adequado e reformou o catálogo, ajudando a projetar a nova sala de leitura e pressionando o governo para gastar mais dinheiro com a biblioteca nacional.[5]

Por outro lado, pelo menos alguns dos exilados aprenderam com os anfitriões. Já se disse, por exemplo, que "foi a história francesa que levou Marx a pensar sobre a natureza da revolução, os limites da reforma política e a importância das forças econômicas no processo de transformação histórica".[6] De maneira similar, os 34 anos de Inglaterra permitiram que Marx assistisse de camarote ao desenvolvimento do capitalismo, da industrialização e do imperialismo na era da grande Exposição Universal de Londres (1851), do "Motim" indiano contra os britânicos (1857), da "Fome do Algodão" de Lancashire (1861-1865) e assim por diante.

Três exemplos de latino-americanos no exterior confirmam a ideia de exílio como educação. Em 1810, Andrés Bello foi enviado a Londres por Simón Bolívar, para angariar dinheiro para o movimento de independência, e viveu na cidade por dezenove anos. Nessa época, como sugerem os títulos de suas publicações (*Biblioteca Americana, Repertorio Americano*), ele passou a pensar na América do Sul como um todo, e não como sua própria região (a Venezuela). Como no caso dos poloneses em Paris depois de 1830, os anos de Bello em Londres lhe deram acesso a um grande centro editorial de onde disseminou suas ideias. Nessa época, Rudolf Ackermann, editor londrino e expatriado alemão,

---

5 Miller, *Prince of Librarians*.
6 Kramer, op. cit., p.175.

O Grande Êxodo

decidiu abrir livrarias no México, Guatemala, Colômbia, Argentina e Peru, vendendo livros que foram traduzidos para o espanhol por exilados que viviam em Londres.[7]

Do historiador chileno Benjamín Vicuña MacKenna, que passou os anos 1850 em exílio na Europa, já se disse que seus anos no exterior "moldaram as grandes questões que pelas décadas de 1860 e 1870 iriam estimular seu trabalho intelectual".[8] Da mesma maneira, foi em seus anos de exílio em Paris e Londres ao longo da década de 1850 que o jornalista colombiano José María Torres Caicedo cunhou o termo "América Latina". A circunstância sugere que Caicedo teve de sair daquela imensa região para vê-la como um todo.

É claro que se poderia dizer muito mais sobre as consequências intelectuais das diásporas de 1789, 1830-1831 e 1848, mas este capítulo irá se concentrar em dois estudos de caso do século XX. O primeiro se refere aos intelectuais que partiram da Rússia depois da Revolução Bolchevique. O segundo e mais extenso põe em foco aquilo que alguns acadêmicos descreveram como o "Grande Êxodo" dos anos 1930, embora, do ponto de vista judeu, este tenha sido o terceiro grande êxodo, e Laura Fermi o tenha chamado apenas de "A Grande Onda".[9]

A diáspora russa

Na história dos exílios, o ano de 1917 é uma data ainda mais memorável do que 1685, quando protestantes franceses se depararam com as alternativas da expulsão ou da conversão. Ainda assim, seria enganoso pôr o foco nesse ano. Foi apenas com o fim da Guerra Civil russa, em 1919, que os opositores do regime bolchevique começaram a fugir em grande número. As estimativas sobre a quantidade total de refugiados russos dessa época variam bastante, entre 700 mil

---

7 Rubiera, *Andrés Bello*; *Oxford Dictionary of National Biography*, Rudolf Ackermann.
8 Renique, citado em Sznajder; Roniger, *The Politics of Exile*, p.79.
9 Fermi, *Illustrious Immigrants*, p.3.

O Grande Êxodo

e 3 milhões.[10] E eles foram para vários lugares, "do Paraguai à Manchúria", mas, sobretudo, para Berlim, Paris e Praga.[11]

Nessas cidades, muitos refugiados conseguiram resistir à assimilação, estabelecendo-se em bairros específicos, como Grenelle e Clignancourt em Paris, frequentando cafés particulares, como o Leon, na Nollendorfplatz, em Berlim, publicando seus próprios jornais e fundando suas próprias escolas e igrejas. Era difícil arranjar emprego e, embora as histórias de príncipes russos que viraram taxistas em Paris sejam, em grande medida, míticas, não é impossível encontrar exemplos reais.[12] Nos primeiros anos, muitos exilados ainda esperavam que o regime bolchevique não demoraria a cair, permitindo que eles voltassem para casa.

No caso dos intelectuais, embora alguns tenham lutado pelos brancos na guerra civil e partido logo depois da derrota (entre eles, o crítico literário Gleb Struve e os historiadores Elias Bickerman e Anatole Mazour), o ano crucial para as partidas foi 1922. Mais de 150 acadêmicos se viram deportados nesse período, muitos deles nos famosos "navios de filósofos" para a Alemanha. Entre os filósofos expulsos, Nikolai Berdyaev, Semen Frank e Nikolai Lossky, além de outros acadêmicos, como o sociólogo Fyodor Stepun, o biólogo Mikhail Novikov, o teólogo George Florovsky, o economista Sergei Prokopovich e o historiador Aleksandr Kizevetter.[13]

Alguns desses acadêmicos encontraram emprego como professores em Sófia e Belgrado, mas o maior centro de emigração intelectual foi Praga, que ficou conhecida como "a Oxford russa". O governo tchecoslovaco convidou cerca de setenta professores para permanecerem

---

10 Gousseff, *L'exil russe*, p.54-6.
11 Williams, *Culture in Exile*, p.5. Cf. Raeff, *Russia Abroad*.
12 Gousseff, op. cit., p.132-5.
13 Heller, L'histoire de l'expulsion des personnalités culturelles hors de l'Union Soviétique en 1922, *Cahiers du Monde Russe et Soviétique* 20, p.131-72, esp. 164; Hermann; Kleisner, The Five 'Homes' of Mikhail M. Novikov, *Jahrbuch für Europäische Wissenschaftskultur* 1, p.87-130, esp. 96.

O Grande Êxodo

na cidade, trabalhando em instituições recém-fundadas, como a Faculdade de Direito Russo, a Universidade do Povo Russo, a Escola de Negócios russa e a Universidade Livre Ucraniana.[14] Depois da invasão alemã da Tchecoslováquia em 1939, esse grupo se espalhou. Vários intelectuais refugiados viveram um tipo de existência nômade, passando de cidade em cidade, por motivos políticos ou econômicos. O economista Paul A. Baran, por exemplo, nasceu na Ucrânia e em 1921 partiu do que logo viria a se tornar a União Soviética para a Polônia, Alemanha, França, Inglaterra e, por fim, Estados Unidos, onde teria sido o único professor de economia marxista com contrato vitalício (na Universidade de Stanford). Elias Bickerman trocou a Rússia por Berlim, Paris, Marselha e Nova York antes de repousar em Israel. George Florovsky, expulso da Rússia em 1920, morou em Sófia, Praga, Nova York, Harvard e Princeton. Exemplos semelhantes de "reemigração" também podem ser encontrados na diáspora dos anos 1930.

Ao contrário dos eruditos da diáspora huguenote, os russos enfrentaram um grave problema com a língua. Se escrevessem em russo, seriam lidos apenas por seus companheiros refugiados, pois seus livros tinham pouca chance de publicação na URSS. As várias editoras pequenas que exilados russos fundaram em Berlim e outros lugares atendiam principalmente a outros exilados.

Por outro lado, se os exilados quisessem escrever em língua estrangeira, precisavam dominá-la. O alemão não era muito difícil, pelo menos para os acadêmicos que haviam estudado na Alemanha durante a juventude, como o sociólogo Fedor Stepun ou o historiador da literatura Dmitry Chizhevsky. Já o inglês colocava muitos problemas. O historiador Mikhail Rostovtzeff, que chegou à Universidade de Wisconsin, em Madison, no ano de 1918, foi um dos principais pesquisadores de seu campo, mas os estudantes reclamavam que não conseguiam compreender seu inglês nas palestras. Anos mais tarde,

---

14 Sládek, Prag: Das "russische Oxford". In: Schlögel (org.), *Der Grosse Exodus*, p.218-33; Andreyev; Savický, *Russia Abroad*.

O Grande Êxodo

quando tentava trazer seu ex-aluno George Vernadsky para a Universidade Yale, Rostovtzeff alertou que ele precisaria falar inglês e também publicar em inglês.[15] Outros exilados souberam se adaptar melhor que Rostovtzeff, pelo menos no que dizia respeito à língua. O historiador da arte André Grabar publicou em francês enquanto esteve na França e, depois, em inglês nos Estados Unidos. O historiador Robert Vipper aprendeu a palestrar e escrever em letão durante sua estadia em Riga, entre 1924 e 1941, quando a Letônia era um Estado independente.

Apesar dos problemas, os acadêmicos refugiados provocaram um impacto considerável em pelo menos alguns dos países anfitriões. A perda da Rússia foi o ganho de muitos outros lugares, principalmente Bulgária, Iugoslávia e Tchecoslováquia. Por exemplo: Novikov e alguns de seus colegas russos incentivaram o estudo da zoologia no Instituto Zoológico da Universidade Charles em Praga.[16] O estudo de linguística e literatura se beneficiou muito da presença de refugiados talentosos como Nikolai Trubetzkoy e Roman Jakobson em Praga. E russos como Nikolai Osipov e Fyodor Dosuzhkov lançaram a psicanálise na Tchecoslováquia.

A mediação foi fundamental para os exilados, pois eles se viam como defensores das tradições russas que estavam sob a ameaça dos bolcheviques. Esse trabalho de mediação foi particularmente importante na França, Grã-Bretanha e Estados Unidos, onde a cultura russa era pouco conhecida. Em Yale, Vernadsky apresentou a história russa aos estudantes americanos, e o ex-diplomata Mikhail Karpovich fez o mesmo em Harvard, assim como Anatole Mazour em Stanford. Em Paris e Harvard, André Grabar introduziu seus ouvintes na arte da Igreja Ortodoxa. Na Universidade de Londres, Dmitri Mirsky ensinou literatura russa aos alunos ingleses. Em Oxford, Isaiah Berlin, que chegara à Grã-Bretanha ainda criança, em 1921, explicou a história do pensamento russo do século XIX, palestrou sobre filosofia política

---

15 Wes, *Michael Rostovtzeff, Historian in Exile*, p.52, 75.
16 Hermann; Kleisner, op. cit., p.103.

O Grande Êxodo

e inspirou o entusiasmo pelas ideias de um antigo exilado russo na Inglaterra, Alexander Herzen. Berlin ficou mais fluente em inglês do que muitos ingleses, mas jamais perdeu o sotaque russo.[17] A experiência do exílio também surtiu impactos sobre os refugiados, sobretudo nos mais jovens – como Mikhail Postan, que se tornou especialista na história da Inglaterra, país que o acolhera – mas também nos mais velhos. O teólogo George Florovsky, que lecionou em Harvard e Princeton, teve de se reinventar como historiador cultural da Rússia. George Fyodotov, até então especialista na Idade Média francesa, no exílio ficou conhecido por seu estudo sobre *The Russian Religious Mind* [A mente religiosa dos russos], e Konstantin Michulsky trocou as línguas e literaturas românicas pelos estudos russos e acabou produzindo uma importante biografia de Dostoiévski.

A catástrofe (como eles diziam) vivida pelos exilados os estimulou a buscar explicações. Em Sófia, o linguista Nikolai Trubetzkoy e o geógrafo Petr Savitsky, com Florovsky e Vernadsky, responderam à Revolução Bolchevique com a teoria do "eurasianismo". De acordo com essa teoria, o bolchevismo era uma forma de ocidentalização condenada ao fracasso, pois surgira na época do declínio do Ocidente e da ascensão da Eurásia, uma tendência na qual a Rússia, cultural e geograficamente localizada entre Ocidente e Oriente, se destinava a ter um papel fundamental. Outros exilados, entre eles o historiador Pavel Miliukov e o economista político Petr Struve, também refletiram e escreveram sobre os motivos da ascensão do bolchevismo, ao passo que Rostovtzeff olhou para a crise do século III a partir da perspectiva da crise do XX.

Essas respostas não eram nada distanciadas. Apesar disso, pode-se argumentar – e, de fato, já se argumentou – que o ponto de vista distanciado do *outsider* está na raiz da "enorme importância do exílio e da emigração para o nascimento da teoria literária moderna no leste e no centro da Europa". A principal testemunha desse efeito foi o crítico

---

17 Johnston, *New Mecca, New Babylon*, p.5, 28.

O Grande Êxodo

literário Viktor Shklovsky, que deu ênfase à importância artística do que ele chamou de "desfamiliarização" (*ostranenie*), uma técnica literária ou artística que encoraja leitores e espectadores a ver as coisas familiares sob uma nova luz. Shklovsky passou uns anos em Berlim antes de voltar à Rússia, e sua experiência na cidade pode muito bem ter inspirado sua teoria, uma vez que muitos exilados comentaram sobre o choque cultural que sofreram no exterior, descobrindo que as coisas familiares pareciam estranhas a seus anfitriões, os quais achavam comum tudo aquilo que surpreendia os recém-chegados.[18]

Sinais de hibridização também ficaram visíveis nas décadas que se seguiram à diáspora de 1919-1922. Diz-se que Novikov ofereceu uma "produtiva combinação de tradições biológicas alemãs e russas", embora ele talvez já as tivesse combinado antes de deixar a Rússia. Um exemplo mais nítido vem da linguística. O Círculo de Praga dos anos 1920, famoso por suas contribuições ao surgimento da semiótica, era composto por *émigrés* russos (Jakobson, Trubetzkoy, o folclorista Petr Bogatryev) e também por acadêmicos tchecos, como Vilém Mathesius, cofundador do Círculo em 1926, e Jan Mukařovský. A história do Círculo ilustra o modo como novas ideias podem emergir de encontros entre pessoas de diferentes culturas, falando de diferentes pontos de vista.

Enquanto isso, os acontecimentos na Hungria tomavam uma direção oposta à dos eventos na Rússia. Em 1919, a breve república vermelha ou soviética de Béla Kun deu lugar ao regime do almirante Miklós Horthy, desencadeando o "terror branco" contra comunistas e judeus. Em resposta, muitos húngaros buscaram refúgio no exterior, principalmente na Alemanha. Entre eles, o físico Leó Szilárd, o químico George de Hevesy, os sociólogos Oskar Jaszi e Pál Szende, o economista Karl Polanyi (seguido, alguns anos depois, por seu irmão mais

---

18 Tihanov, Russian Emigré Literary Criticism and Theory between the World Wars. In: Dobrenko; Tihanov (orgs.), *A History of Russian Literary Theory and Criticism*, p.144-62, esp. 148.

O Grande Êxodo

novo, Michael) e alguns importantes membros do círculo intelectual que se formara em torno do crítico e filósofo Georg Lukács, os quais costumavam se reunir em sua casa aos domingos. Entre os membros desse "Círculo de Domingo" se encontravam Karl Mannheim, sua futura esposa e psicóloga Júlia Láng, o historiador da arte Arnold Hauser e o filósofo Béla Fogarasi. Todos se refugiaram na Alemanha, enquanto outro historiador da arte, Frederick Antal, fugiu para a Itália. Com a ascensão do nazismo e do fascismo, Fogarasi se mudou para a URSS e Mannheim, Láng, Hauser e Antal foram para a Grã-Bretanha. O próprio Lukács, que se tornou ministro na república soviética húngara, fugiu para Viena em 1919 e depois se mudou para Moscou em 1930, para então retornar à Hungria depois da Segunda Guerra Mundial.[19]

O Grande Êxodo

O êxodo realmente "grande" do século XX (embora o adjetivo às vezes se aplique aos russos de 1917 e aos poloneses de 1830) foi o dos refugiados do Reich de Hitler, em sua maioria judeus da Europa Central que deixaram a Alemanha depois de 1933, a Áustria depois de 1938 e a Tchecoslováquia depois de 1939. Cientistas e acadêmicos gentios que se opuseram a Hitler por motivos políticos também emigraram nessa época. Outros estudiosos partiram da Itália de Mussolini e outros ainda fugiram da Espanha, no início ou no fim da Guerra Civil.

A exemplo da diáspora huguenote dos anos 1680, talvez seja esclarecedor enxergar o grande êxodo da década de 1930 como parte de uma tendência mais longa. No caso dos refugiados judeus, a história pode começar na fuga dos *pogroms* que ocorreram no Império Russo desde os anos 1880. Os intelectuais não foram particularmente importantes nesse movimento massivo – cerca de 2,5 milhões de pessoas deixaram o Leste Europeu entre 1880 e 1914 –, mas algumas das

---

19 Congdon, *Exile and Social Thought*; Frank, *Double Exile*.

O Grande Êxodo

crianças que partiram com os pais se tornaram acadêmicos ilustres na Inglaterra, onde mais de 120 mil judeus se estabeleceram nesse período, e também nos Estados Unidos.

Entre os refugiados que foram para a Inglaterra se encontrava, por exemplo, o sociólogo Morris Ginsberg, que nasceu na Lituânia quando o país fazia parte do Império Russo, chegou a Londres em 1904 ainda adolescente e 25 anos depois se tornou professor na London School of Economics. O economista Abba Lerner, nascido na Bessarábia, que também fizera parte do Império Russo, foi com a família para Londres aos 3 anos, em 1906, e migrou mais uma vez em 1937 para os Estados Unidos, onde foi professor em Berkeley, Columbia e outros lugares. O cientista político Herman Finer também nasceu na Bessarábia e foi para a Inglaterra com os pais. A exemplo de Lerner, Herman Finer foi para os Estados Unidos e assumiu uma cátedra na Universidade de Chicago, enquanto seu irmão mais novo, Samuel, nascido em Londres, virou um notável professor na Universidade de Manchester. Lewis Namier, nascido na Galícia russa em 1888, foi estudar na Inglaterra em 1907. Também ele se tornou professor na Universidade de Manchester, nesse caso no departamento de História. Namier foi um dos historiadores mais famosos da Grã--Bretanha em sua época e reuniu um vasto número de discípulos, os "Namierites".

Os filhos dos exilados da Europa Central e Oriental foram ainda mais importantes na vida intelectual dos Estados Unidos. Por exemplo: o antropólogo Paul Radin, que encerrou a carreira como chefe de departamento na Universidade de Brandeis, chegou ainda bebê, em 1884. Meyer Schapiro, que viria a ser professor em Columbia e ilustre historiador da arte, chegou em 1907, aos 3 anos, e Louis Wirth, figura central da Escola de Chicago de sociologia, chegou da Alemanha em 1911, aos 14 anos. Ainda mais importante para a história do conhecimento foi um grupo de crianças nascidas nos Estados Unidos de pais que haviam desembarcado pouco tempo antes. Uma vez adultas, essas crianças se tornaram líderes de seus campos acadêmicos. Na política, Gabriel

O Grande Êxodo

Almond; na psicologia, Jerome Bruner; na antropologia, Melville Herskovits; na filosofia, Sidney Hook; na economia, Milton Friedman e Paul Samuelson; na história, Daniel Boorstin e Oscar Handlin (autor de dois estudos sobre emigração); e na sociologia, Daniel Bell, Morris Janowitz, Robert Merton e Edward Shils – uma bela galáxia.

Apesar desses exemplos, os emigrantes dos anos 1930 têm um lugar especial na história do conhecimento, graças à sua quantidade e também ao modo como suas carreiras tornaram visíveis as consequências do deslocamento para o saber. Nas páginas a seguir, a um breve relato sobre exilados italianos e espanhóis se seguirá uma seção mais longa sobre refugiados da Alemanha e da Áustria.

Os exilados italianos

A literatura sobre a diáspora italiana é relativamente escassa, apesar da importância do movimento, pelo menos para a história intelectual, como sugerem alguns nomes famosos. O exilado mais envolvido politicamente talvez tenha sido o historiador Gaetano Salvemini, que deixou a Itália ainda em 1925 (três anos depois de Mussolini chegar ao poder) e viveu na França e na Inglaterra antes de partir para Harvard em 1934, onde estudou e lecionou até 1948. Salvemini via Harvard como uma "ilha encantada" e a Biblioteca Widener como um "paraíso". Um ex-assistente o descreveu como um "recluso voluntário". Ainda assim, o inglês fluente de Salvemini, junto com sua afinidade com o empirismo anglo-americano, permitiu que ele influenciasse alunos e colegas acadêmicos.[20]

Em todo caso, esse "recluso" foi muito ativo na política. Ex-pesquisador das comunas medievais italianas e da Revolução Francesa, Salvemini no exílio se voltou ao estudo do fascismo. Ele orquestrou uma campanha antifascista que disseminou o conhecimento da situação da Itália entre os americanos. E também produziu uma trilogia

---

20 Killinger, *Gaetano Salvemini*, p.203-66, esp. 241, 245, 247.

O Grande Êxodo

sobre a história da Itália de sua época, *The Fascist Dictatorship in Italy* [A ditadura fascista na Itália] (1927), *Mussolini Diplomatico* [Mussolini diplomático] (1932) e *Under the Axe of Fascism* [Sob o machado do fascismo] (1936). Salvemini era apenas um entre vários intelectuais italianos no exílio. O economista Piero Sraffa, também opositor do fascismo, foi para Cambridge em 1927 e ali ficou até a morte. O filósofo político Max Ascoli, que era judeu, trocou a Itália pelos Estados Unidos em 1931. Ele lecionou na New School for Social Research [Nova Escola de Pesquisa Social] e publicou livros sobre justiça, liberdade e fascismo. O cientista político Mario Einaudi, filho de Luigi, mais tarde presidente da Itália, foi demitido da Universidade de Messina por se recusar a jurar lealdade ao fascismo. Ele chegou aos Estados Unidos em 1933 e lecionou em Harvard e Cornell, além de escrever sobre comunismo, democracia cristã e o que chamou de "Revolução Roosevelt".

O historiador da arte Lionello Venturi também se recusou a jurar lealdade e então se mudou para Paris, onde ganhou a vida aconselhando negociantes de arte e escrevendo sobre o impressionismo. Depois da invasão alemã da França, ele partiu para os Estados Unidos e ali lecionou em várias universidades. Outro opositor do regime foi Renato Poggioli, cujo campo de estudo era literatura russa. Logo depois de sua chegada aos Estados Unidos, Poggioli se tornou presidente da Sociedade Antifascista Mazzini, cujos membros incluíam Ascoli e Salvemini.

As demissões de acadêmicos italianos de origem judaica em 1938, seguindo o modelo alemão de 1933, ocasionou a emigração de mais estudiosos e cientistas (em 1938, 9% dos professores universitários da Itália eram judeus).[21] O físico Enrico Fermi, por exemplo, chegou aos Estados Unidos em 1939 e recebeu um cargo na Universidade Columbia antes de desempenhar um papel fundamental no Projeto Manhattan. Fermi ajudou um cientista mais jovem, o microbiologista

---

21 Dröscher, Gli italiani e l'estero. In: *Storia d'Italia, Annali* 26, p.807-32.

O Grande Êxodo

Salvador Luria (que tinha 28 anos quando chegou, em 1940), a obter a bolsa Rockefeller enquanto se estabelecia no país. Outros exilados importantes foram o fisiologista Carlo Foà, que se mudou para o Brasil; o matemático Beppo Levi, que seguiu para a Argentina; e os físicos Bruno Rossi e Emilio Segrè, que foram para os Estados Unidos. Rossi, a exemplo de Fermi, fez parte do Projeto Manhattan, e recebeu um Prêmio Nobel enquanto trabalhava na Universidade de Berkeley, na Califórnia.

Nas humanidades, Giorgio Levi Della Vida, linguista e historiador especializado no Oriente Próximo, foi para a Universidade da Pensilvânia. Já o historiador Arnaldo Momigliano escolheu a Inglaterra e, depois de alguns anos em Oxford e Bristol, foi nomeado para uma cátedra no University College de Londres.

Alguns pesquisadores tiveram dificuldade de encontrar um nicho no país de acolhida. Leonardo Olschki, que contribuiu para os estudos românicos e orientais, viveu um tempo particularmente difícil no exílio. Nascido em Verona, Olschki obtivera uma cátedra de Filologia Românica na Universidade de Heidelberg. Dispensado da cátedra em 1933 por ser judeu, ele voltou à Itália e só partiu novamente em 1939, para os Estados Unidos, onde passou por uma sucessão de cargos temporários e reclamou da dificuldade de realizar suas pesquisas "nesse mundo pragmático". Por fim, ele entrou para a faculdade de Berkeley e logo se viu obrigado a fazer o Juramento de Lealdade. Olschki se recusou e uma vez mais retornou à Itália por alguns anos, até conseguir retomar sua posição nos Estados Unidos. Não é de admirar que tenha se interessado pelo estudo de outro viajante italiano, Marco Polo.[22]

Entre os jovens e promissores *émigrés* italianos se encontravam Roberto Lopez, historiador da Idade Média que logo se tornou professor em Yale; Giorgio de Santillana, historiador e filósofo da ciência que lecionou no MIT; Uberto Limentani, especialista em literatura barroca

---

22 Christmann; Hausmann, *Romanisten*, p.255; Dörner, *La Vita Spezzata*.

O Grande Êxodo

italiana que foi nomeado para uma cátedra em Cambridge; Bruno Zevi, que tinha apenas 20 anos quando deixou a Itália, em 1938, e faria reputação como historiador e crítico de arquitetura; e Franco Modigliani, que tinha a mesma idade de Zevi e acabou se tornando professor de economia do MIT e vencedor do Prêmio Nobel. Alguns jovens acadêmicos deixaram a academia. O historiador Paolo Treves foi jornalista em Londres, e seu primo Antonello Gerbi, historiador, filósofo e economista, trabalhou para um banco em Lima.

Pelo menos em alguns casos, é bem evidente o efeito do exílio sobre o trabalho desses acadêmicos. Por exemplo, foi no Peru que Gerbi se interessou pela história do Novo Mundo, o que o levou a escrever seu clássico *La disputa del Nuovo Mondo* [A disputa do Novo Mundo] (1955) e outros estudos. De maneira similar, foi no exílio que Salvemini se voltou ao estudo do fascismo, como já vimos. Nos Estados Unidos, Poggioli estendeu seu ensino e escrita da literatura russa para a comparativa e ficou conhecido por seu livro *Teoria dell'arte d'avanguardia* [Teoria da arte de vanguarda], que apareceu em italiano no ano de 1962 e em tradução inglesa seis anos depois.

Também é notável o impacto intelectual que pelo menos alguns desses acadêmicos provocaram nos países que os acolheram. Em Harvard, Mario Einaudi ajudou a estabelecer o estudo comparativo da política, e Renato Poggioli fez o mesmo com a literatura comparada. Quanto a Arnaldo Momigliano, ele se tornou lendário tanto em Londres quanto em Chicago (onde também lecionou) por seu extraordinário saber, seu domínio de várias línguas, seus inúmeros artigos e sua inteligência afiada. Entre os alunos britânicos que foram formados ou pelo menos inspirados por ele – e que muitas vezes frequentavam seus seminários no Warburg Institute e em outros lugares – se encontram importantes historiadores da Antiguidade, como Michael Crawford, Keith Hopkins, Sally Humphreys, Fergus Millar e Oswyn Murray. Momigliano ajudou a desprovincializar a academia britânica e convenceu historiadores a fazerem uso de ideias de teóricos sociais como Max Weber e Émile Durkheim (junto com Sally Humphreys, ele

O Grande Êxodo

apresentou um curso sobre história e antropologia antiga no University College). Seguindo uma tradição italiana, Momigliano também encorajou historiadores da Antiguidade a estudar seus predecessores, os estudiosos e antiquários que desde a Renascença haviam escrito sobre Grécia e Roma.[23]

Os exilados espanhóis

Ao contrário do caso italiano, a história dos exilados espanhóis durante e depois da guerra civil já foi contada inúmeras vezes. Havia muito mais espanhóis. Os cálculos variam entre 160 mil e 500 mil, incluindo 5 mil pessoas com diplomas acadêmicos ou qualificações semelhantes (quinhentos deles em profissões médicas).[24] Nesse período, 42% da população acadêmica da Espanha deixou o país.[25] Alguns partiram no primeiro momento, para evitar a guerra, como o filósofo José Ortega y Gasset, o historiador Claudio Sánchez-Albornoz e o médico acadêmico Gregorio Marañón (que recebera ameaças de morte). Um número ainda maior partiu em 1939, quando ficou clara a derrota dos republicanos.

A França foi um destino popular (escolha de Ortega e Marañón em 1936), mas o ano de 1939 acabou se provando um momento ruim para se procurar refúgio no país, uma vez que os alemães o invadiram em 1940. Os exilados que conseguiram se mudar seguiram adiante, normalmente para países de língua espanhola que outros companheiros já haviam escolhido: para Cuba, como o historiador e filólogo Ramón

---

23 Crawford, L'insegnamento di Arnaldo Momigliano in Gran Bretagna. In: Ruggini (org.), *Omaggio ad Arnaldo Momigliano*, p.27-42; Miller (org.), *Momigliano and Antiquarianism*.

24 Abellán (org.), *El exilio español de 1939*, p.16; Caudet, *El exilio republicano de 1939*; Kamen, *The Disinherited*, p.272; Pagni (org.), *El exilio republicano español en México y Argentina*, p.11; sobre os médicos, veja Gray, The Spanish Diaspora: a Culture in Exile, *Salmagundi* 77, p.53-83, esp. 72.

25 Mancebo, *La España de los exilios*, p.255-97, esp. 259.

Menéndez Pidal ou os filósofos José Ferrater Mora e Maria Zambrano; para a Venezuela, como o fisiologista Augusto Pi i Sunyer; para Santo Domingo, como o historiador da literatura Vicente Lloréns; para o Equador, como o filósofo Juan David García Bacca; ou para a Argentina, que acolheu cerca de 2.500 refugiados e foi opção de acadêmicos como Ortega y Gasset, Sánchez-Albornoz, o filólogo Amado Alonso e o sociólogo e ensaísta Francisco Ayala.

O México foi o país mais receptivo para esses exilados. O presidente Lázaro Cárdenas apoiara os republicanos durante a guerra civil e acolheu um número ilimitado de refugiados, na prática uns 20 mil, sendo que cerca da metade chegou em navios fretados pelo governo. O primeiro desses navios "oferecia cursos de geografia e história recente do México", para preparar os refugiados para seu novo lar.[26]

Em uma época na qual a educação superior estava se expandindo, os intelectuais foram especialmente bem-vindos ao México, assim como na Turquia desse mesmo período. A Espanha ainda era vista como metrópole cultural do mundo hispânico. Alguns acadêmicos espanhóis de primeira linha receberam convites para o México, e a Casa de España (que logo se tornaria o Colegio de Mexico) foi fundada para dar aos exilados um lugar para trabalhar. Entre os recém--chegados mais conhecidos estavam os historiadores catalães Pere Bosch-Gimpera, Lluís Nicolau d'Olwer e Josep Maria Miquel i Verges, os filósofos José Gaos e Joaquin Xirau e os sociólogos e juristas José Medina Echavarría e Luis Recásens Siches.[27]

Alguns estudiosos espanhóis buscaram refúgio na Inglaterra, como o historiador e diplomata Salvador de Madariaga e, por um tempo, Juan Negrín, professor de Fisiologia que fora primeiro-ministro da Espanha durante a guerra civil. Negrín "não conseguia decidir se – nem como – deveria retomar a carreira de fisiologista", mas fez uma

---

26 Jackson, *Juan Negrín*, p.297-8.
27 Caudet, op. cit., p.127-66; Sánchez, El exilio científico republicano en México. In: Otero Carvajal (org.), *La destrucción de la ciencia en España*, p.177-239.

O Grande Êxodo

contribuição bastante inusitada para o conhecimento quando estava no exílio, voluntariando-se como cobaia nos experimentos fisiológicos do cientista britânico J. B. S. Haldane "acerca dos efeitos do frio, da escuridão e da variação das pressões de água e ar sobre o corpo humano".[28] Muitos outros republicanos foram para os Estados Unidos. O país era a primeira opção de exilados como Américo Castro, discutido anteriormente, o ex-ministro Fernando de los Ríos, que se tornou professor de Política na New School de Nova York, o historiador da literatura Angel del Río, que lecionou em Columbia, e os poetas e críticos Pedro Salinas e Guillén (ambos professores do Wellesley College). Para alguns outros, como Amado Alonso e José Ferrater Mora, os Estados Unidos foram uma escolha posterior.

Para a Espanha, foi grave a fuga de cérebros, já chamada de "destruição da ciência".[29] Os espanhóis se viram privados até mesmo dos trabalhos que seus compatriotas publicavam no exílio. As reflexões de Américo Castro sobre a história espanhola, por exemplo, vieram a público em Buenos Aires e Princeton, mas não na Espanha.

O que os exilados aprenderam com essa variedade de experiências? Ao contrário dos refugiados de fala alemã na Grã-Bretanha e nos Estados Unidos, os exilados espanhóis na América Latina não tiveram de lidar com uma língua estrangeira, ainda que alguns deles achassem a cultura mais estrangeira do que haviam imaginado. As reações individuais aos países de acolhida variaram do tormento ao entusiasmo. Da Argentina, Sánchez Albornoz escreveu a Ortega: "Minha vida nesta extremidade do mundo é uma sequência de dias tristes".[30] Por outro lado, José Gaos se adaptou bem à vida no México, declarando que – como sublinhado na introdução – não se sentia exatamente desenraizado (*desterrado*), mas sim transplantado (*transterrado*). E Angel del

---

28 Jackson, *Juan Negrín*, p.294, 309.
29 Otero (org.), *La destrucción de la ciencia en España*.
30 Citado em Kamen, op. cit., p.273.

O Grande Êxodo

Río definiu a si mesmo como "completa e igualmente identificado" com as culturas da Espanha e dos Estados Unidos.[31] Alguns exilados trocaram os estudos sobre a Espanha pelos estudos sobre os países que os acolheram. Gaos escreveu um livro sobre a história das ideias no México; D'Olwer, que antes de se tornar ministro estudara a história e a literatura da Catalunha, passou a pesquisar o missionário quinhentista Bernardo de Sahagún e a história econômica do país adotivo na passagem do século XIX para o XX; o filósofo Adolfo Sánchez Vázquez escreveu um livro sobre Rousseau no México, ou seja, a respeito de sua influência na ideologia do movimento de independência.[32] O historiador Manuel Isidro Méndez, que vivera em Cuba ainda criança antes de retornar ao país como exilado em 1936, escreveu uma biografia do herói nacional José Martí. Outro historiador, Miquel i Verges, que chegou ao México aos 36 anos, deixou para trás seus estudos de literatura catalã para produzir um livro sobre o papel da imprensa na época da independência mexicana. Para esses exilados, o encontro com a América espanhola ampliou seus horizontes intelectuais.

O que os acadêmicos *émigrés* deram em troca? Acima de tudo, diferentes tipos de mediação. Em 1965, Angel del Río escreveu sobre seus "trinta anos de interpretação da cultura espanhola nos Estados Unidos". Américo Castro, que lecionou nas universidades de Wisconsin, Texas e Princeton, colocou a história hispano-americana no mapa mental de seus alunos, e Juan Marichal, exilado aos 16 anos em 1938, fez o mesmo pela literatura espanhola em seus cursos em Harvard nos anos 1950. Os exilados no México, Argentina e outros países fizeram a mediação entre as culturas da Europa (não apenas da Espanha, mas também da Alemanha, onde vários deles haviam estudado) e as da América espanhola.

---

31 Gaos, La adaptación de un español a la sociedad hispano-americana, *Revista de Occidente*, p.170-2; Del Río, *The Clash and Attraction of Two Cultures*, p.xii.

32 Gaos, *En torno a la filosofía mexicana*; Sánchez Vázquez, *Rousseau en México*.

O Grande Êxodo

Alguns acadêmicos exilados formaram discípulos nos países de acolhida. Por exemplo: Gaos influenciou dois alunos que se tornaram importantes intelectuais mexicanos, o historiador Edmundo O'Gorman e o filósofo Leopoldo Zea, com os quais estabeleceu diálogos tanto nos escritos quanto nas conversas.[33] De maneira similar, Sánchez Albornoz incentivou o estudo de história medieval na Argentina e também inspirou historiadores de outros períodos, notadamente José Luis Romero, que pesquisou desde o mundo antigo até o século XX, e Túlio Halperín Donghi, que escreveu sobre a América Latina a partir do período colonial.

Naturalmente, a mediação também se deu através dos livros. A exemplo dos exilados de tempos anteriores, os recém-chegados no Novo Mundo se voltaram para a tradução. O filósofo Eugenio Ímaz, que chegou ao México em 1939, dedicou boa parte de seus dias à tradução das obras completas de Wilhelm Dilthey. José Gaos traduziu vários livros de filósofos alemães: Eduard Husserl, Max Scheler, Martin Heidegger e Karl Jaspers. José Medina Echevarría traduziu Max Weber. Essas traduções, publicadas no México, circularam por todo o mundo de fala espanhola – à exceção da Espanha de Franco.

Muitos exilados se envolveram também na publicação. No México, os recém-chegados fundaram diversas editoras pequenas, assim como os *émigrés* russos haviam feito em Berlim e outros lugares – embora, em contraste com o caso russo, o público leitor do México não se restringisse à comunidade diaspórica. O Fondo de Cultura Económica, fundado por exilados espanhóis, publicou traduções de clássicos espanhóis como o livro de Marcel Bataillon sobre Erasmo e seus seguidores na Espanha, o *Ofício do historiador*, de Marc Bloch, e o *Mediterrâneo*, de Fernand Braudel.[34]

---

33 Gaos, op. cit., p.137-41, 159-63.
34 Rucquoi, Spanish Medieval History and the *Annales*. In: Rubin (org.), *The Work of Jacques Le Goff*, p.123-41, esp. 125.

O Grande Êxodo

Na Argentina, os exilados se envolveram em publicações de maior escala, com grandes empresas como as rivais Espasa-Calpe e Losada. A Calpe, que publicava títulos mais tradicionais, era ramo de uma editora espanhola e se tornou independente em 1937. A Losada, fundada em 1938 por Gonzalo Losada, ex-funcionário da Calpe, era mais aventureira. O primeiro livro que publicou foi uma tradução espanhola de *A metamorfose*, de Kafka.[35] Naquele tempo de guerra civil, as editoras espanholas não conseguiam competir com essas firmas argentinas. No campo da publicação – e não apenas nesse campo –, a guerra civil provocou a provincialização da Espanha, antiga metrópole cultural do mundo hispânico.

Alemanha e Áustria

O êxodo de intelectuais da Alemanha e da Áustria foi um movimento de escala muito maior do que os casos discutidos até aqui. Quase 1.700 cientistas e eruditos alemães foram demitidos nos primeiros anos do regime de Hitler, e mais de 75% desses acadêmicos eram judeus.[36] Além dos estudiosos de origem judaica (ter uma avó judia era suficiente para acarretar a demissão), entre os refugiados se encontravam pessoas com esposas judias e também membros dos partidos comunista e socialista. No total, mais de 1/5 dos professores universitários alemães foram demitidos.

Alguns refugiados (entre eles Erich Auerbach, como já vimos) foram para a Turquia; outros, para a Palestina (como o historiador Yitzhak Baer e o filósofo Hans Jonas); outros ainda foram para a Suécia (o filósofo Ernst Cassirer); Japão (o filósofo Karl Löwith e o urbanista Bruno Taut); Panamá (os sociólogos Franz Borkenau e Paul

---

35 Larraz Elorriaga, Los exiliados y las colecciones edi rials en Argentina, 1938-54. In: Pagni, op. cit., p.129-44.

36 Strauss, Wissenschaftsemigration als Forschungsproblem. In: Strauss et al. (orgs.), *Die Emigration der Wissenschaften nach 1933*, p.7-24; Hughes, *Sea Change*, ţ.18.

O Grande Êxodo

Honigsheim); e Egito (o sociólogo Siegfried Landshut). Mas a maioria foi para a França (partindo depois de 1940), a Grã-Bretanha e os Estados Unidos.

O grupo cuja migração provocou as maiores consequências para os países anfitriões foi, sem dúvida, o dos cientistas naturais, o qual contava com figuras famosas, como Erwin Schrödinger, que foi para a Irlanda; Enrico Fermi e Leó Szilárd (em sua segunda emigração), que trabalharam no projeto da bomba atômica nos Estados Unidos; e Albert Einstein, que recebeu um cargo no Instituto de Estudos Avançados em Princeton, junto com seu amigo, o matemático Kurt Gödel, e o polímata John von Neumann. No caso da física, já se disse que a organização da disciplina "era excepcionalmente adequada para abrir novos nichos aos recém-chegados" (ou seja, um alto grau de receptividade), e os *émigrés* foram descritos como "construtores de pontes" que elaboraram "sínteses" entre a tradição teórica alemã e a tradição anglo-americana de experimentos mais empíricos.[37] Em outras palavras, os físicos exemplificam a tal hibridização, que tem tanto destaque neste livro. Mas, nas páginas a seguir, irei me concentrar em exemplos de campos das humanidades e das ciências sociais.

Como no caso dos refugiados protestantes que discutimos anteriormente, muitos dos acadêmicos exilados passaram por dificuldades na procura por emprego. Mais uma vez, a oferta de professores (assim como a de pastores) excedia a demanda. Os postos acadêmicos eram escassos, tanto na Grã-Bretanha quanto nos Estados Unidos, e havia uma resistência à nomeação de estrangeiros quando os nativos continuavam desempregados. Alguns acadêmicos tiveram de esperar por um bom tempo até que seu futuro estivesse assegurado. O sociólogo

---

37 Weiner, The Refugees and American Physics. In: Fleming; Bailyn, *Intellectual Migration*, p.190-228, esp. 228; Hoch, The Reception of Central European Refugee Physicists, *Annals of Science* 40, p.217-46; id., Some Contributions to Physics by German-Jewish Emigrés in Britain and Elsewhere. In: Mosse, *Second Chance*, p.229-42, esp. 232-3.

O Grande Êxodo

Norbert Elias recebeu bolsas de pesquisa de curto prazo depois de sua chegada à Grã-Bretanha, mas já tinha 57 anos quando finalmente foi nomeado para um cargo permanente como palestrante na Universidade de Leicester. O medievalista Hans Liebeschütz, que chegou à Inglaterra em 1939, foi confinado durante a guerra e teve de esperar até 1946 por sua nomeação como assistente na Universidade de Liverpool – a exemplo de Elias, também aos 57 anos. O talentoso historiador econômico Fritz Redlich desembarcou nos Estados Unidos em 1936, mas só foi encontrar um cargo permanente em 1952, quando já tinha 60 anos. Outros estudiosos sofreram uma perda no status acadêmico. Karl Mannheim se ressentiu de seu rebaixamento a palestrante na London School of Economics depois de anos como professor titular em Frankfurt. O historiador da Antiguidade Victor Ehrenberg, que fora professor titular na universidade alemã de Praga entre 1929 e 1939, trabalhou como professor de clássico em duas escolas antes de se tornar palestrante no Bedford College de Londres. Eugen Täubler, que fora professor de História Antiga na Universidade de Heidelberg, assumiu um cargo bem menos prestigioso no Hebrew Union College de Cincinnati. Richard Lacqueur teve menos sorte ainda. Demitido de sua cátedra de História Antiga em Halle, Lacqueur fugiu para os Estados Unidos mas só conseguiu arranjar emprego de "empacotador em uma grande livraria".[38]

Professores de *Germanistik* sentiram ainda mais dificuldade de se recolocarem no novo lar, como sugere o exemplo de Richard Alewyn. Professor na Universidade de Heidelberg e importante especialista em literatura alemã do século XVII, ele foi demitido da cátedra porque uma de suas avós era judia. Depois de passar um tempo na França, Inglaterra, Áustria e Suíça, ele se mudou para os Estados Unidos em 1939 quando, enfim, garantiu uma nomeação para o Queen's College. Já os especialistas em italiano se recolocaram com mais facilidade. Uberto Limentani, que chegou à Inglaterra em 1938, vítima das leis

---

38 Epstein, op. cit., p.120.

O Grande Êxodo

racistas de Mussolini, trabalhou em escolas e acabou se tornando professor de italiano em Cambridge.

Como os potenciais empregadores nem sempre levavam a sério as qualificações estrangeiras, vários refugiados fizeram um segundo doutorado no país anfitrião. Entre eles, o jurista e sociólogo Franz Neumann, o cientista político Karl Deutsch, o historiador da arte George Hanfmann, o filósofo Olaf Helmer, o sociólogo Ernest Manheim (primo de Karl) e o historiador Robert Kann.

Pela primeira vez nos estudos de caso aqui examinados – e, talvez, pela primeira vez na história –, entre os acadêmicos exilados havia um número substancial de mulheres (algumas delas listadas no apêndice ao final deste livro).[39] O desenvolvimento de oportunidades para as mulheres estudarem e lecionarem em universidades foi lento, mas seus efeitos são visíveis nas pessoas dessa lista. Dito isso, vale acrescentar que as exiladas enfrentaram ainda mais dificuldades do que os colegas para encontrar emprego permanente. O apêndice deste livro, com breves biografias de cem exiladas acadêmicas dos anos 1930, deve deixar bem claras essas dificuldades. Helene Wieruszowski, por exemplo, historiadora da Idade Média que morou na Espanha e na Itália depois de ser demitida do cargo de bibliotecária na Universidade de Bonn, chegou aos Estados Unidos em 1940, aos 47 anos, e passou por uma série de postos temporários até ser nomeada professora na City University de Nova York, pouco antes da aposentadoria.[40]

Várias mulheres que depois acabaram se tornando professoras universitárias, especialmente nos Estados Unidos, onde havia mais oportunidades, encontraram trabalho mais rápido do que os homens em uma variedade maior de empregos. Algumas foram babás,

---

39 Berghahn, Women Emigrés in England. In: Quack (org.), *Between Sorrow and Strength*, p.69-80; Hammel, Gender and Migration. In: Timms; Hughes (orgs.), *Intellectual Migration and Cultural Transformation*, p.207-18.

40 Epstein, Woman, Refugee, Historian. In: Fair-Schulz; Kessler (orgs.), *German Scholars in Exile*, p.85-92.

O Grande Êxodo

garçonetes ou empregadas, fosse porque tinham menos chance de escolha que seus colegas ou porque eram mais adaptáveis. Vejamos o exemplo de Louise Holborn, irmã do exilado Hajo Holborn que estudara ciência política em Heidelberg antes de fugir para os Estados Unidos em 1934 e fazer um doutorado em Radcliffe em 1938, aos 40 anos. Ela se sustentou cuidando de crianças, trabalhando em uma biblioteca, dando aulas de alemão e auxiliando em pesquisas, antes de conseguir um cargo de professora, primeiro em Wellesley e depois no Connecticut College para mulheres. De maneira similar, a historiadora Gerda Lerner (cujo nome de nascimento era Kronstein) trocou Viena pelos Estados Unidos em 1939, aos 19 anos. Em Nova York, trabalhou como garçonete, secretária e técnica de raio X. Depois de voltar a estudar no final dos anos 1950, na New School for Social Research e, mais tarde, na Universidade Columbia, ela finalmente encontrou um cargo no Sarah Lawrence College, em 1968, quando estabeleceu um programa de graduação em história das mulheres.

Do lado positivo, já se disse que o Brooklyn College foi particularmente receptivo para com historiadoras refugiadas, oferecendo postos não apenas a Wieruszowski, mas também a Emmy Heller e a Charotte Sempell. De fato, "cerca de catorze mulheres que haviam emigrado da Europa de fala alemã por causa das políticas nazistas" acabaram se tornando professoras de faculdades e universidades americanas, "quase a mesma quantidade total de historiadoras na Alemanha", onde havia poucas oportunidades para as mulheres no mundo acadêmico.[41]

Mas as exiladas não tiveram tanta sorte em outros lugares e disciplinas. A socióloga tcheca Viola Klein, que chegou à Inglaterra em 1938, trabalhou como babá e empregada antes de fazer um segundo doutorado na London School of Economics.[42] Apesar dos dois

---

41 Epstein, Fashioning Fortuna's Whim. In: Quack (org.), *Between Sorrow and Strength*, p.301-23, esp. 306, 322.

42 Lyon, Karl Mannheim and Viola Klein. In: Marks; Weindling; Wintour (orgs.), *In Defence of Learning*, p.177-90, esp. 181-7.

O Grande Êxodo

doutorados e do livro *The Feminine Character* [O personagem feminino] (1946), Klein teve de trabalhar como tradutora e professora antes de ser finalmente nomeada como palestrante de sociologia na Universidade de Reading, aos 56 anos, em 1964. No ano seguinte, ela publicou *Britain's Married Women Workers* [Trabalhadoras casadas da Grã-Bretanha], talvez seu estudo mais importante, em uma série editada por Karl Mannheim.

De maneira similar, assim que chegou aos Estados Unidos, a historiadora da arte Sabine Gova ganhou a vida como faxineira e professora particular antes de conseguir um emprego acadêmico no St. Peter's College, em Jersey, e na Fordham University. Ilse Falk, também historiadora da arte alemã, nunca arranjou vaga em universidade, mas trabalhou como tradutora e secretária de outro historiador da arte exilado, Richard Offner. Outra historiadora da arte que não conseguiu encontrar um cargo acadêmico foi Anita Orienter. Ela fez a vida como artista e restauradora de pinturas, e também deu aula de línguas.[43]

Uma parte substancial dos refugiados migrou em mais de uma ocasião, às vezes porque o país que era a primeira opção acabou ficando muito perigoso (como a França ou a Áustria), outras vezes porque não conseguiram arrumar um emprego estável. Para vários acadêmicos, inclusive para cientistas políticos e historiadores do calibre de Hans Baron, Felix Gilbert e Hans Rosenberg, a Inglaterra não foi mais do que um entreposto no meio do caminho para os Estados Unidos. O historiador da arte marxista Frederick Antal teria seguido esse mesmo rumo, mas acabou barrado por ser considerado comunista.[44]

Voltando agora às consequências intelectuais da diáspora, parece que as humanidades e mesmo as ciências sociais estavam mais enraizadas nas culturas nacionais do que as ciências da natureza. Como resultado, elas não viajaram com a mesma facilidade, talvez à exceção da

---

43 Wendland (org.), *Biographisches Handbuch deutschsprachiger Kunsthistoriker in Exil*, s.v. "Gova", "Falk" e "Orienter".

44 Söllner, In Transit to America. In: Mosse, op. cit., p.121-36.

O Grande Êxodo

economia. No curto prazo, as diferenças culturais muitas vezes provocaram mal-entendidos, como ainda veremos. Já no longo prazo, pode-se dizer que os recém-chegados conseguiram fazer maiores contribuições a suas disciplinas nos países de acolhida exatamente por serem diferentes. Eles sabiam coisas diferentes, faziam perguntas diferentes, empregavam métodos diferentes e, em suma, ofereciam abordagens alternativas àquelas que dominavam o campo do saber em seu novo lar.

Como vimos em outros casos, o conflito entre o desejo de assimilação à cultura do país de acolhida e o desejo de resistir a essa assimilação fica muito claro nas biografias das pessoas que fizeram parte da diáspora. As que chegaram ao exílio relativamente jovens aprenderam a nova língua sem muitos problemas e se adaptaram à cultura local com certa facilidade. Algumas delas até se tornaram especialistas na cultura do país anfitrião, em sua história, literatura, filosofia e arte.

Por exemplo: Alfred Neumeyer, historiador da arte alemão que se mudou para a Califórnia, começou a escrever sobre arte nas Américas do Norte e do Sul, mas continuou trabalhando com artistas europeus. O historiador Erich Eyck escreveu sobre Gladstone e também sobre Bismarck. Ernst Cassirer, que foi da Alemanha para a Suécia aos 60 anos, aprendeu sueco, debateu com filósofos suecos e escreveu livros sobre temas suecos antes de emigrar mais uma vez, para os Estados Unidos. Nikolaus Pevsner trocou o interesse em arte da Europa Central pelo estudo da arquitetura inglesa e hoje é mais lembrado por seu *Buildings of England* [Edifícios da Inglaterra].[45] Em comparação com os exilados russos da Revolução Bolchevique, os exilados da Grande Diáspora parecem ter se adaptado mais facilmente a seus novos lares, talvez porque os judeus já tivessem muita prática na assimilação.

Mas houve exceções. Alguns alemães *émigrés* depois de 1933 – a exemplo de muitos russos emigrados depois de 1919 – não queriam mais nada além de seguir a vida em um novo lugar. Eles continuaram a falar a língua nativa sempre e onde fosse possível, a conviver com outros

---

45 Hansson; Nordin, *Ernst Cassirer*; Harries, *Nikolaus Pevsner*.

O Grande Êxodo

exilados e a se concentrar nos estudos da cultura da terra natal. Pode-se descrever sua reação como o oposto da emigração interna. Se os emigrantes internos viviam em sua terra natal como se fosse em um país estrangeiro, esses resistentes viviam em um país estrangeiro como se fosse em sua terra natal.

Dois exemplos relativamente extremos podem ilustrar esse contraste nas reações ao deslocamento. Para um exemplo do que Franz Neumann chamou de "assimilação" de acadêmicos exilados, tomemos o historiador Geoffrey Elton, que nasceu na Alemanha, cresceu em Praga e era conhecido como Gerhard Ehrenberg. Elton começou um de seus livros com uma confissão: quando ele desembarcou na Inglaterra, em 1939, aos 17 anos, "em poucos meses percebi que chegara ao país onde deveria ter nascido". Ele jamais perdeu o sotaque alemão, mas dedicou a vida à história inglesa, especialmente ao reinado de Henrique VIII.[46] Elton se identificava com a cultura inglesa e usou sua aula inaugural como *Regius Professor* para dizer que a história da Inglaterra deveria formar a "espinha dorsal" dos estudos históricos em Cambridge, defendendo que era preciso "reacender um certo respeito por um país cujo passado justifica esse respeito".[47]

Além disso, a abordagem histórica de Elton se destacava por um entusiasmo pelos "fatos verdadeiros" e uma hostilidade à teoria (e aos "teóricos inoportunos") que algumas pessoas poderiam considerar tipicamente ingleses.[48] Ele gostava de recomendar que os alunos entrassem nos arquivos sem ter perguntas nem hipóteses na cabeça, apenas "uma escolha inicial por área de estudo ou linha de abordagem" (as perguntas deviam aparecer depois e precisavam ser "sugeridas pelas evidências").[49] Em suma, a exemplo de muitos outros jovens

---

46 Elton, *The English*, prefácio. Mikuláš Teich me disse que o sotaque de Elton era de um "alemão de Praga".

47 Id., *Return to Essentials*, p.91, 124.

48 Ibid., p.54.

49 Id., *The Practice of History*, p.56-7.

émigrés, Elton estava fazendo de tudo para se assimilar, para se tornar mais inglês que os próprios ingleses. Mas ele não foi o único historiador da Alemanha a se sentir atraído pelo empirismo britânico. Francis Carsten, por exemplo, que conheceu o marxismo quando ainda estava na Alemanha, "preferia a tradição britânica da narrativa factual". De maneira similar, John Grenville (antes conhecido como Hans Guhrauer) rendeu tributos à sua "formação na escola britânica de história", descrevendo-a como "pragmática, livre de obsessões teóricas".[50] Esse esforço de assimilação não significa que Elton não tenha se beneficiado de sua condição de estrangeiro na Grã-Bretanha. Talvez lhe tenha sido mais fácil formular ideias originais sobre Henrique VIII e Thomas Cromwell exatamente porque ele não aprendera a versão convencional na escola. Quanto à sua ideia central de "Revolução Tudor no Governo", ela parece ser um estudo de caso daquilo que Max Weber, outro centro-europeu, chamou de processo de burocratização.[51]

Outros acadêmicos se recusaram à adaptação. Para um exemplo extremo do que Neumann chamou de "resistência" à cultura anfitriã, tomemos o filósofo Theodor Adorno. Ele começou o exílio em Oxford, trabalhando em um estudo sobre o pensamento de Edmund Husserl, sob a supervisão de Gilbert Ryle, um filósofo muito diferente dele. Adorno ficou infeliz no novo lar e se queixou das dificuldades de tornar seu tipo de filosofia inteligível aos ingleses (*Schwierigkeiten ... meine eigentlich philosophischen Dinge den Engländern begrifflich zu machen*), razão pela qual tinha de falar em um "nível infantil".[52] Embora tenha vivido na Inglaterra por quatro anos e nos Estados Unidos por mais doze (como membro do Institut für Sozialforschung), Adorno continuou

---

50 Carsten, From Revolutionary Socialism to German History. In: Alter (org.), *Out of the Third Reich*, p.25-40, esp. 34; Grenville, From Gardener to Professor, ibid., p.55-72, esp. 70.

51 Elton, *The Tudor Revolution in Government*.

52 Rogge (org.), *Theodor W. Adorno und Ernst Krenek, Briefwechsel*, p.44.

O Grande Êxodo

a escrever em alemão e a falar na língua materna sempre que possível. Ele se descrevia como "completamente europeu" e considerava "natural" que, mesmo morando nos Estados Unidos, ele "preservasse a continuidade intelectual" de sua vida pessoal. Seu amigo Paul Lazarsfeld disse sobre sua pessoa: "Ele se comporta como estrangeiro com tal intensidade que eu me sinto membro da Mayflower Society".[53]

A resistência à assimilação foi particularmente visível quando grupos de acadêmicos migraram juntos, dentro da organização para a qual trabalhavam, como no caso de dois institutos de pesquisa interdisciplinares: a Kulturwissenschaftliche Bibliothek Warburg [Biblioteca Warburg de Estudos Culturais] e o Institut für Sozialforschung [Instituto de Pesquisas Sociais], mais conhecidos por suas respectivas contribuições aos campos da história da arte e da sociologia, mas não confinados a essas disciplinas.

Duas instituições imigrantes

Como vimos, os russos no exílio de Praga nos anos 1920 estabeleceram suas próprias instituições acadêmicas. Mas, em dois casos famosos, os exilados alemães dos anos 1930 levaram suas instituições consigo. Esses exemplos de deslocamento coletivo ilustram com particular clareza tanto a resistência inicial à assimilação da parte dos refugiados quanto seu impacto posterior sobre os países anfitriões.

O quadro de funcionários da Kulturwissenschaftliche Bibliothek Warburg, antiga biblioteca privada do polímata judeu Aby Warburg, transferiu-se de Hamburgo para Londres em 1933, junto com seus 60 mil livros. Incorporada à Universidade de Londres em 1944, sob o nome de Warburg Institute, a biblioteca empregou importantes historiadores da arte, como o austríaco Fritz Saxl e o alemão Edgar

---

53 Adorno, Scientific Experiences of a European Scholar in America. In: Fleming; Bailyn (org.), op. cit., p.33-70, esp. 38; Lazarsfeld, An Episode in the History of Social Research, ibid., p.270-334, esp. 301.

O Grande Êxodo

Wind.[54] O Institut für Sozialforschung se transferiu de Frankfurt para os Estados Unidos depois de 1933, primeiro para Nova York e, mais tarde, para Los Angeles, mudando de nome para Institute for Social Research. Ambas as instituições funcionaram, especialmente no início, como enclaves, órgãos estrangeiros alojados na Universidade de Londres e na Universidade Columbia, o que ajudou a isolar seus sábios habitantes das culturas locais.

Por exemplo: no começo de 1934, o Warburg Institute ofereceu palestras em alemão, "frequentadas sobretudo por alemães".[55] E eu me lembro que os funcionários da sala de leitura ainda falavam alemão na década de 1960. Foi somente em 1976, 43 anos depois da chegada do instituto à Grã-Bretanha, que se nomeou um diretor cuja língua nativa era o inglês, o neozelandês Joseph Trapp. Ainda assim, o instituto de Hamburgo era mais aberto do que seu irmão de Frankfurt e não demorou a oferecer palestras em inglês, além de organizar exposições como "A arte inglesa e o Mediterrâneo". A fundação do *Journal of the Warburg and Courtauld Institutes* em 1937 aumentou a visibilidade dos recém-chegados entre seus anfitriões. O instituto transplantado estava começando a criar raízes.

O Institut für Sozialforschung constitui um exemplo ainda mais dramático de recusa à adaptação. A resistência de Adorno à cultura anglo-americana podia ser uma reação individual extrema (seu colega Max Horkheimer, por exemplo, começou a escrever em inglês logo depois da emigração), mas tinha o apoio do microambiente ao redor. O "isolamento autoimposto" do instituto nessa época, seu "deliberado afastamento do novo meio" (a despeito dos contatos entre o grupo e algumas pessoas de Columbia, como o sociólogo Robert Lynd) foi

---

54 Wuttke, Die Emigration der Kulturwissenschaftichen Bibliothek Warburg und die Anfänge des Universitätsfaches Kunstgeschichte in Grossbritannien, *Artibus et Historiae* 5, 1984, p.133-46; McEwan, Mapping the Trade Routes of the Mind. In: Timms; Hughes, op. cit., p.37-50.

55 Mann, *Translatio Studii*. In: Scazzieri; Simili (orgs.), *The Migration of Ideas*, p.151-60.

O Grande Êxodo

notado mais de uma vez. Esse afastamento se intensificou – e também se viu simbolizado – com a decisão de continuar publicando em alemão o periódico do instituto, o *Zeitschrift für Sozialforschung* [Revista de Pesquisa Social], à exceção dos artigos escritos por americanos, como os de Charles Beard e Margaret Mead. Apenas em 1940, sete anos depois da transferência, é que o nome do periódico mudou para *Studies in Philosophy and the Social Sciences* [Estudos em Filosofia e Ciências Sociais].[56] Diz-se que o Instituto de Estudos Avançados de Princeton, lar acadêmico de Einstein, Gödel, Von Neumann e Panofsky, também "funcionou quase inteiramente em alemão durante os anos da guerra".[57]

Como no caso da New School, a quantidade de acadêmicos refugiados encorajou seu "isolamento do meio ao redor", assim como, nos primeiros anos, seu financiamento.[58] Tentando prosseguir com o trabalho em território estrangeiro como se nada tivesse acontecido, os membros do grupo de Frankfurt não atuaram como mediadores entre a Alemanha e os Estados Unidos (pelo menos não no início), pois eles próprios precisavam de mediadores que explicassem suas atividades para a Universidade Columbia e os intelectuais de Nova York.

Por outro lado, com o passar do tempo, tanto o Warburg Institute quanto o Institute for Social Research (que se transferiu de Nova York para a Califórnia) foram ficando cada vez mais visíveis em seus novos mundos acadêmicos. Os institutos se tornaram símbolos de estilos e escolas intelectuais que até então eram relativamente desconhecidos para os novos ambientes, mas que agora despertavam interesse, sobretudo uma história da arte que compunha um estudo mais amplo da cultura (*Kulturwissenschaft*), no caso do Warburg Institute, e uma

---

56 Jay, *Permanent Exiles*, p.41, 43; Kettler, Negotiating Exile. In: Arni (org.), *Der Eigensinn des Materials*, p.205-24; Wheatland, *The Frankfurt School in Exile*, p.66, 73, 76-7, 205-7.

57 Gordin, *Scientific Babel*, p.204.

58 Coser, *Refugee Scholars in America*, p.12, 106.

sociologia ou "teoria crítica" que combinava ideias de Marx e Freud, no caso do Institute for Social Research.

Duas disciplinas: sociologia e história da arte

Para compreendermos o impacto (ainda que atrasado) desses dois institutos nos países anfitriões, bem como a influência de outros acadêmicos refugiados, é necessário dizer algumas palavras sobre o lugar da sociologia e da história da arte nos mundos acadêmicos britânico e americano dos anos 1930. Naquela época, ambos os temas estavam muito mais estabelecidos na Europa Central do que no mundo anglófono. E essa situação permitiu que os exilados alcançassem massa crítica suficiente para fazer uma contribuição, um tanto desproporcional à sua quantidade, ao desenvolvimento dessas disciplinas, especialmente na Grã-Bretanha.[59]

Em vez das universidades (à exceção de Edimburgo, onde se fundara uma cátedra sobre o tema em 1879), era em museus, galerias e escolas de arte que se estudava história da arte na Grã-Bretanha, normalmente como saber do *connaisseur*, uma abordagem empírica e pragmática. Kenneth Clark, por exemplo, que mais tarde se tornou um dos mais conhecidos historiadores da arte britânicos, estudou história em Oxford, mas aprendeu *connoisseurship* no Ashmolean Museum e também com Bernard Berenson, que nascera no Império Russo e fora para os Estados Unidos ainda criança. Clark trabalhou no Ashmolean e depois na National Gallery em Londres.[60]

Essa situação começou a mudar por volta de 1933. Ainda em 1944, o jovem crítico de arte John Russell podia afirmar: "Não existe história

---

59 Panofsky, The History of Art. In: Neumann (org.), *The Cultural Migration*, p.82-111; Eisler, *Kunstgeschichte* American Style; Wuttke, Die Emigration der Kunstwissenschaftlichen Bibliothek Warburg; Michels, *Transplantierte Kunstwissenschaft*; Feichtinger, The Significance of Austrian Emigré Art Historians for English Art Scholarship. In: Timms; Hughes, op. cit., p.51-70.

60 Clark, *Another Part of the Wood*.

da arte inglesa".[61] Mas Clark, que acreditava que a tradição da *connoisseurship* estava "praticamente exaurida", confessou que uma palestra de Warburg (em Hamburgo) mudara sua vida, deslocando seus interesses para a iconografia (anos depois, ele descreveu o capítulo sobre *"Pathos"*, em seu *O nu*, como "inteiramente warburguiano").[62] Voltando às instituições, estabeleceu-se uma cátedra de História da Arte na Slade School of Art em 1922, e o Courtauld Institute foi fundado em 1932, com financiamento do empresário Samuel Courtauld. Descendente de exilados huguenotes, Courtauld desempenhou um papel importante na transferência da Biblioteca Warburg de Hamburgo para a Inglaterra e fez muito para ajudar acadêmicos centro-europeus a encontrar refúgio na Grã-Bretanha. E não foram poucos: 250 historiadores da arte alemães deixaram a Alemanha depois de 1933, seguidos por muitos outros que partiram da Áustria depois de 1938.[63]

Entre os exilados que receberam cargos no Courtauld Institute entre 1933 e 1948 estavam Frederick Antal, Ernst Gombrich, Otto Kurz, Otto Pächt e Johannes Wilde. Anthony Blunt (que mais tarde foi diretor do instituto) e o crítico John Berger testemunharam a importância do estudioso húngaro Frederick Antal para sua formação intelectual, e Wilde lecionou a grandes historiadores da arte britânicos, como John Shearman. O exilado Rudolf Wittkower se tornou professor de história da arte na Slade School em 1949 e foi sucedido por outro exilado, Leopold Ettlinger, que antes de seguir carreira acadêmica trabalhara como professor e assistente social para crianças refugiadas em Birmingham.

Em 1955, fundou-se uma nova cátedra de História da Arte em Oxford, especialmente para Edgar Wind, com o apoio de proeminentes figuras da universidade, como Isaiah Berlin, também exilado. Wind logo causou impacto sobre uma ampla audiência. Não era possível estudar – ou, como se diz em Oxford, "ler" – história da arte naquela

---

61 Citado em Mann, op. cit., p.158.
62 Clark, A Lecture that Changed my Life. In: Füssell (org.), *Mnemosyne*, p.47-8.
63 Coser, op. cit., p.85; Michels, op. cit., p.15.

O Grande Êxodo

época, mas Wind palestrou para salas lotadas de estudantes de outras áreas. Assisti a essas palestras no final dos anos 1950 e acho que posso falar por toda uma geração de alunos quando digo que ficamos empolgados ao aprender com Wind (como Clark aprendera com Warburg) que a história da arte incluía a iconografia, fascinados ao vê-lo decodificar imagens renascentistas de artistas como Leonardo e Giorgione.

A situação foi um pouco diferente nos Estados Unidos, pois a História da Arte estava mais estabelecida nas universidades americanas do que nas da Grã-Bretanha ou Canadá (onde Peter Brieger, que nascera em Breslávia, praticamente fundou a disciplina acadêmica depois de sua chegada em 1936). No entanto, ensinava-se História da Arte nos Estados Unidos como uma sucessão de estilos, ao passo que os acadêmicos da tradição alemã davam mais ênfase à teoria da arte, à iconografia e ao contexto cultural das pinturas, esculturas e arquiteturas. Fosse ou não fosse ainda provinciana a História da Arte nos Estados Unidos, como argumentam alguns estudiosos, os contrastes entre as duas tradições permitiram que os refugiados fizessem uma notável contribuição tanto ao ensino quanto à pesquisa na disciplina. O nome mais famoso é, sem dúvida, o de Erwin Panofsky, que escreveu sobre iconografia e iconologia do Renascimento. Mas entre seus colegas de exílio nos Estados Unidos também estavam acadêmicos do calibre de Paul Frankl, historiador do período gótico; Walter Friedlaender, historiador do maneirismo; Julius Held, especialista em Rembrandt e Rubens; e Richard Krautheimer, cujos estudos sobre arquitetura iam do início do cristianismo até o barroco.[64]

A avaliação da influência intelectual dos exilados não pode se confinar às universidades, deve-se considerar também as publicações, abarcando editoras como a Praeger e a Schocken Books, nos Estados Unidos, e a Weidenfeld e a Nicolson, na Grã-Bretanha (Frederick Praeger e George Weidenfeld eram de Viena, e Salman Schocken, de Posen, atual Poznań). No caso da história da arte, a Phaidon Press desempenhou um

---

64 Eisler, op. cit., p.559; Coser, op. cit., p.255-60; Michels, op. cit.

208

O Grande Êxodo

papel importante, fundada em Viena no ano de 1923 por Béla Horowitz e Ludwig Goldscheider, trazida a Londres com ajuda do editor inglês Stanley Unwin. A editora ficou famosa – e próspera – ao publicar *A história da arte*, de Ernst Gombrich (1950), que vendeu mais de 7 milhões de cópias em dezesseis edições e trinta e tantas traduções. Rival da Phaidon na publicação de livros de história da arte, a Thames and Hudson foi fundada por outro *émigré* de Viena, Walter Neurath, em 1949.[65]

A exemplo da história da arte, a sociologia ocupava um lugar muito restrito na academia britânica em torno de 1933, em contraste com as universidades alemãs, onde lecionavam mais de cinquenta sociólogos antes do início das demissões. Em paralelo à *connoisseurship*, existia na Grã-Bretanha uma tradição de pesquisas sociais, pesquisas empíricas sobre condições sociais por razões práticas, como no caso dos estudos sobre alfaiates e trabalhadores portuários da região leste de Londres por volta do ano 1900, realizados por Beatrice Potter (que mais tarde ficou famosa como Beatrice Webb). Fundou-se na Grã-Bretanha uma Sociedade Sociológica em 1903 e uma revista em 1908. Os primeiros professores de sociologia do país foram o expatriado finlandês Edvard Westermarck e o ex-jornalista Leonard Hobhouse, ambos nomeados para cadeiras na London School of Economics (LSE) em 1907. Hobhouse foi sucedido por seu assistente, o refugiado Morris Ginsberg, em 1929, e Thomas Marshall se tornou *Reader* em sociologia, também na LSE, em 1930.

A partir de 1933, começou uma grande mudança na situação da sociologia na Grã-Bretanha. Houve uma tentativa de transferir o Institut für Sozialforschung para a London School of Economics, mas o grupo de Frankfurt foi para os Estados Unidos. No entanto, a LSE acabou por arranjar postos para o sociólogo Karl Mannheim (com seu assistente, Norbert Elias), o criminologista Hermann Mannheim (sem parentesco com Karl) e estudantes refugiados, como Viola Klein e Ilya Neustadt.

---

65 Westphal, German, Czech and Austrian Jews in English Publishing. In: Mosse, op. cit., p.195-208; Spivey, *Phaidon 1923-98*.

O Grande Êxodo

Entre as universidades do interior, três são dignas de nota. A Universidade de Birmingham (onde o sociólogo alemão Wilhelm Baldamus encontrou um posto) foi particularmente acolhedora para com os exilados. A de Manchester empregou Werner Stark, também sociólogo, até sua partida para os Estados Unidos. Mas a mais importante foi a Universidade de Leicester. Ilya Neustadt ali se tornou palestrante de sociologia em 1949, ensinando o tema por conta própria e depois convidando o alemão Norbert Elias para ser seu colega. Em meados dos anos 1960, havia cerca de 180 estudantes de sociologia em Leicester, que fora promovida de faculdade para universidade. Vários sociólogos que depois ganharam fama ali foram alunos ou colegas de Elias e Neustadt, entre eles Tony Giddens, John Goldthorpe, Keith Hopkins, Bryan Wilson e Stephen Mennell.

Voltando à publicação, Karl Mannheim estabeleceu um relacionamento especial com a Routledge, editando uma série de livros sob o título The International Library of Sociology and Social Reconstruction [Biblioteca Internacional de Sociologia e Reconstrução Social], com foco na sociologia da arte e da literatura, apresentando ao mundo anglófono vários estudiosos húngaros e centro-europeus (pode ser coincidência que uma importante figura dentro da Routledge a essa época, Cecil Franklin, viesse de uma família, originalmente Frankl, que migrara da Hungria para a Inglaterra no século XVIII).[66]

Nos Estados Unidos, a sociologia já estava bem estabelecida antes de 1933. Albion Small, que estudara na Alemanha com o notável sociólogo Georg Simmel, fundou o departamento na Universidade de Chicago em 1892 e o *American Journal of Sociology* em 1895. Franklin Giddens se tornou professor de Sociologia na Universidade Columbia em 1894. Robert Park, ex-jornalista (a exemplo de Hobhouse) e ex-aluno de Simmel (assim como Small), lecionou em Chicago e fundou a famosa "Escola de Chicago" de sociologia urbana, da qual

---

66 Agradeço ao professor Simon Franklin da Universidade de Cambridge por esse esclarecimento.

O Grande Êxodo

participava o *émigré* Louis Wirth, que partira da Alemanha para os Estados Unidos ainda adolescente. Harvard montou um departamento de Sociologia em 1930, com o *émigré* russo Pitirim Sorokin como primeiro professor. Pouco depois, o jovem Talcott Parsons, que estudara sociologia na Alemanha, entrou para o novo departamento na posição de palestrante. Mesmo assim, em 1933 a disciplina ainda era nova e pequena o bastante para permitir que os sociólogos refugiados ajudassem a modelá-la, em vez de simplesmente se integrarem a ela.[67]

Uma recepção mista

Apesar desses exemplos positivos, aqui, assim como em outras partes, é importante não pintar uma paisagem tão colorida. Mal-entendidos e rejeições aos exilados não foram incomuns nos países anfitriões, especialmente no começo. Tanto na Grã-Bretanha quanto nos Estados Unidos, a língua e o *habitus* dos exilados de fala alemã muitas vezes foram vistos como abstratos, difíceis e até pretensiosos. O problema se exacerbou com a demonização dos alemães depois de 1939. Em 1945, no *New English Weekly*, o jornalista pró-França Montgomery Belgion escreveu contra o que chamou de "germanização da Grã-Bretanha", citando como exemplo notório o caso de Karl Mannheim (que, aliás, era húngaro, não alemão). O historiador G. M. Young descreveu um dos projetos de Mannheim como "pomposo demais" e contrastou seu estilo alemão com o "realismo acadêmico" inglês. Os alunos dos exilados às vezes se queixavam de seus modos. O sociólogo Jean McDonald, depois conhecido como Jean Floud, frequentou cursos de Mannheim e anos mais tarde relembrou: "Seu trato conosco era muito pouco inglês".[68]

---

67 Calhoun (org.), *Sociology in America*, um trabalho coletivo que não conta com um capítulo sobre a contribuição dos *émigrés*.

68 Floud, citado em Kettler; Meja, *Karl Mannheim and the Crisis of Liberalism*, p.295; cf. seu "Karl Mannheim", *New Society* 29, p.971.

O Grande Êxodo

Mannheim, por sua vez, reclamou da dificuldade de explicar a sociologia do conhecimento aos britânicos e disse que a sociologia americana "se caracterizava por seu peculiar deleite por uma forma de empirismo que eu tenderia a chamar de 'empirismo isolante', um 'conjunto de detalhes secundários não relacionados ao todo'".[69] Em 1937, Mannheim escreveu a um amigo húngaro para dizer que estava "tentando mudar a Inglaterra". Norbert Elias também se queixou da "interminável batalha" da sociologia por reconhecimento, acrescentando que esse reconhecimento era "particularmente difícil na Grã-Bretanha".[70]

Também em outras disciplinas, entre elas a já mencionada história da arte, a abordagem relativamente teórica e metódica dos exilados se deparou com a resistência de alguns nativos. Como Saxl comentou depois de chegar ao novo lar, "as teorias são abominadas pelos ingleses em geral e pelos eruditos em particular".[71] Um notório choque de culturas ocorreu entre dois escritores de arquitetura, John Betjeman, poeta e crítico de arte assumidamente amador, e Nikolaus Pevsner, altamente profissional, a quem Betjeman chamou de "aquele pedante enfadonho da Prússia", apelidando-o de "o *Professor-Doktor*".[72] No caso da literatura, René Wellek, tcheco exilado na Inglaterra, criticou o nativo Frank Leavis, escrevendo a ele: "Gostaria muito que o senhor houvesse colocado seus pressupostos de maneira mais explícita e os defendesse de modo mais sistemático".[73]

Outra reação ao afluxo de estrangeiros foi a indiferença. O historiador Eric Hobsbawm – que cresceu em Viena e Berlim, chegando

---

69 Citado em Loader, *The Intellectual Development of Karl Mannheim*, p.127; Mannheim, *Essays on Sociology and Social Psychology*, p.225.

70 Mannheim, *Correspondence*, p.202; Loader, op. cit., p.127; Mannheim, "Function"; Kettler; Meja, op. cit., p.281; Elias, Sociology and Psychiatry. In: Foulkes; Prince (orgs.), *Psychiatry in a Changing Society*, p.117-44.

71 Citado em McEwan, op. cit., p.42.

72 Mowl, *Stylistic Cold Wars*.

73 Anderson, Components of the National Culture, *New Left Review* 50, p.3-58, esp. 51. Wellek nasceu em Viena, mas era descendente de tchecos.

O Grande Êxodo

à Inglaterra em 1932 – comentou sobre o que chamava de "extraordinário provincianismo dos britânicos dos anos 1930", que "quase não prestaram atenção às ideias" de Frederick Antal, ou às do economista Karl Polanyi (irmão de Michael).[74] Na Grã-Bretanha, o trabalho de Norbert Elias, que lecionou em Leicester de 1954 a 1977, passou muito tempo negligenciado (mais do que nos Países Baixos, Alemanha ou França). O historiador Arnaldo Momigliano fez uma queixa que ficou famosa: se você falasse de ideias para os historiadores britânicos, eles lhe davam o endereço do Warburg Institute.

Mas, com o passar dos anos, alguns exilados começaram a receber sinais de reconhecimento, e certas ideias transplantadas criaram raízes em solo estrangeiro. Os economistas húngaros Thomas Balogh e Nicholas Kaldor se tornaram barões ingleses, assim como o editor austríaco George Weidenfeld. Pevsner virou Sir Niklaus e Gombrich, Sir Ernst. Este último também foi nomeado membro da prestigiosa Ordem do Mérito, e Pevsner se tornou uma "instituição britânica", graças à sua série de guias arquitetônicos para os condados da Inglaterra.[75] Ainda hoje, quando nos intrigamos com o detalhe arquitetônico de uma casa de campo ou igreja de paróquia, dizemos: "Vamos ver no Pevsner". No Warburg Institute, o impacto de Gombrich em um acadêmico mais jovem, Michael Baxandall, ficou visível no vocabulário que este último empregou em *Painting and Experience in Renaissance Italy* [Pintura e experiência na Itália renascentista] (1972). A "linguagem" da arte, a "leitura" de quadros, a ideia de arte como uma "instituição" e de "expectativa" do espectador, tudo isso ecoa a linguagem de Gombrich em *Arte e ilusão* (1960) e outros textos. A expressão "teoria da arte", quase um oximoro para o mundo anglófono nos anos 1930, foi ficando respeitável e até entrou na moda.[76]

---

74 Hobsbawm, The Historians' Group of the Communist Party, p.23.
75 Games, *Pevsner*, p.2.
76 Freeland, *Art Theory*; Williams, *Art Theory*.

213

O Grande Êxodo

Nos Estados Unidos, a Escola de Frankfurt aos poucos provocou impactos sobre os intelectuais, notadamente no estudo do que à época se conhecia por "cultura de massa", com críticos como Dwight Macdonald "se inspirando nos trabalhos do círculo de Horkheimer sobre fetiche da mercadoria, conformidade, autoritarismo e negação". O psicanalista marxista Erich Fromm foi um importante mediador. O sociólogo marxista americano C. Wright Mills também aprendeu com a Escola de Frankfurt e com seu colega alemão Hans Gerth, a quem Mannheim descrevera como "um dos meus melhores alunos".[77]

O próprio Mannheim recebeu um convite para entrar em um clube chamado "the Moot", o que lhe permitiu frequentar membros do *establishment* britânico, de lorde Lindsay, *Master* do Balliol College, a T.S. Eliot, também imigrante. Basil Bernstein, que veio a se tornar um importante sociólogo da educação, foi inspirado pelas aulas de Mannheim, e o historiador Peter Laslett o escolheu como orientador de tese em Cambridge. O interesse de Mannheim pelo "conhecimento situado" ficou bem visível nos estudos de Laslett sobre o pensamento político de John Locke, os quais tomaram o cuidado de localizar as ideias de Locke no contexto da crise política da Grã-Bretanha nos anos 1680.[78] Elias também foi produzindo um impacto crescente na sociologia britânica, apresentando a uma jovem geração a abordagem histórica da disciplina, bem como conceitos como "figurações" e "processo civilizador".[79]

Outras disciplinas

Em outras disciplinas das humanidades e ciências sociais, a chegada dos refugiados parece ter feito menos diferença do que nos casos

---

77 Wheatland, op. cit., p.171, 178, 306-7; Mannheim, *Selected Correspondence*, p.113.
78 Laslett, Karl Mannheim in 1939, *Revue Européenne des Sciences Sociales et Cahiers Vilfredo Pareto* 17, p.223-6.
79 Mennell, *Norbert Elias*.

da sociologia e da história da arte. A história, por exemplo, já era um tema importante na Grã-Bretanha e também nos Estados Unidos antes de 1933, então os recém-chegados que tiveram a sorte de encontrar emprego – cerca de uma centena, segundo meus dados – puderam se integrar sem maiores transformações no sistema. Ainda assim, eles conseguiram trazer uma notável contribuição para os estudos históricos dos países que os acolheram, não apenas porque tinham conhecimentos sobre a Europa Central, mas também porque eram movidos pela necessidade de explicar um desastre – a exemplo de alguns exilados russos depois de 1919 ou mesmo de exilados judeus da Península Ibérica depois de 1492. Francis Carsten, por exemplo, se movia pela urgência de "descobrir o que havia de errado" com a história prussiana.[80] Eva Reichmann escreveu em Londres um segundo doutorado sobre as causas sociais do antissemitismo, colocando assim seu próprio exílio em uma perspectiva mais ampla.

Os departamentos de língua e literatura eram menores, e não há dúvidas de que Leo Spitzer e Erich Auerbach fizeram a diferença, não apenas em Istambul, o que já discutimos, mas também nas universidades Yale e Johns Hopkins. No entanto, a maioria dos críticos e filólogos refugiados trabalhou com língua e literatura alemã, um tema para o qual havia pouca demanda estrangeira – esse foi o problema de Alewyn, como já vimos, e também de Charlotte Jolles, especialista nos romances de Theodor Fontane que deu aulas em escolas inglesas antes de ser nomeada palestrante no Birkbeck College, aos 46 anos.

Dois germanistas que trilharam carreiras de sucesso apesar dessas dificuldades vieram, por coincidência, de famílias judias que falavam alemão e tinham origem no que hoje é a República Tcheca. Joseph Peter Stern foi professor de alemão no University College de Londres e Erich Heller se tornou professor de alemão na Universidade de Swansea e, depois, na Universidade de Northwestern, nos Estados Unidos. Ambos atuaram como mediadores entre os clássicos modernos da

---

80 Carsten, op. cit., p.30.

O Grande Êxodo

Alemanha e o mundo anglófono. Heller trouxe o "modo de pensar" alemão para a Inglaterra e adaptou a crítica literária inglesa ao estudo da literatura alemã.[81]

As diferenças entre os sistemas legais dificultaram que os juristas levassem sua especialidade consigo quando se mudaram da Alemanha ou da Áustria para a Grã-Bretanha ou os Estados Unidos. Nem mesmo a filosofia do direito viajou muito bem. As ideias do austríaco Hans Kelsen, por exemplo, importante jurista no mundo de fala alemã, não contou com uma recepção calorosa nos Estados Unidos, onde a tradição filosófica era muito diferente.[82] Para sobreviver no novo ambiente acadêmico, os juristas refugiados tiveram de se adaptar. Alguns deles conseguiram êxito, pois se reinventaram como cientistas políticos (transformação que se aproveitou do auxílio da tradição alemã de sociologia do direito) ou como especialistas no campo relativamente novo das relações internacionais.

Entre os exemplos bem-sucedidos dessa adaptação, temos John H. Herz (antes conhecido por Hans Herz); Hans Morgenthau (ex-aluno de Kelsen); e Franz Neumann, discutido mais adiante. Karl Deutsch oferece um excelente exemplo de acadêmico que fez a transição do direito para a ciência política em uma geração mais nova. Já se descreveu a ciência política americana dos anos 1930 como "crescentemente paroquial em sua perspectiva", uma debilidade que os refugiados tinham todas as condições de corrigir, não apenas apresentando uma abordagem alternativa, mas também dando ênfase à análise explicitamente comparativa, como fizeram Herz e outros.[83]

---

81 Livingstone, The Contribution of German-Speaking Jewish Refugees to German Studies in Britain. In: Mosse, op. cit., p.137-52, esp. 147.

82 Scheuerman, Professor Kelsen's Amazing Disappearing Act. In: Rösch (org.), *Émigré Scholars and the Genesis of International Relations*, p.81-102.

83 Söllner, Von Staatsrecht zur "political science". In: Strauss et al. (orgs.), *Die Emigration der Wissenschaften nach 1933*, p.137-64; Rösch, op. cit.; Loewenberg, The Influence of European Émigré Scholars on Comparative Politics, 1925-1965, *American Political Science Review* 100, p.597-604.

O Grande Êxodo

As diferenças nas tradições culturais trouxeram problemas também para os filósofos *émigrés*. Não é fácil imaginar Heidegger dando aulas de graduação em universidades britânicas e americanas – isso se ele tivesse optado por emigrar. Já falamos sobre os problemas de Adorno em Oxford, estudando Husserl sob a antipática supervisão de Gilbert Ryle. Hannah Arendt chegou aos Estados Unidos em 1941, mas só foi ocupar um cargo acadêmico (a não ser de professora visitante) no ano de 1959, em Princeton, um ano depois da publicação em inglês daquele que talvez seja seu livro mais famoso, *A condição humana*. Para um pouso mais suave, era melhor voar para lugares onde a cultura filosófica era mais próxima à alemã, como no caso de Groningen (que recebeu Helmuth Plessner) e Gotemburgo (que acolheu Ernst Cassirer). Outros refugiados praticaram uma filosofia mais parecida, ou pelo menos mais compatível, com as filosofias do mundo anglófono. Entre eles, Karl Popper na Nova Zelândia e Grã-Bretanha, os empiristas lógicos do Círculo de Viena, como Rudolf Carnap e Carl Hempel, nos Estados Unidos, e o teórico político Leo Strauss, que ficou obcecado pelos neoconservadores americanos.[84]

Em contrapartida, parece ter sido mais fácil traduzir economia de uma cultura para outra, graças às linguagens internacionais da matemática e da estatística. Os melhores economistas refugiados encontraram cargos e exerceram influência em seus novos lares. O austríaco Friedrich von Hayek, por exemplo, ocupou uma cátedra na LSE por quase vinte anos, antes de se mudar para Chicago e se tornar uma espécie de guru para Margaret Thatcher quando ela era primeira-ministra. Outro austríaco, Fritz Machlup, que se tornou especialista em economia do conhecimento, foi para Princeton. Um terceiro austríaco, Ludwig von Mises, lecionou na Universidade de Nova York. O alemão Adolf Löwe (depois conhecido por Adolph Lowe) lecionou em Manchester e na LSE antes de ir para os Estados Unidos. O econometrista

---

84 Feigl, The *Wiener Kreis* in America. In: Fleming; Bailyn, op. cit., p.630-73; Coser, op. cit., p.202-7, 298-306; Sheppard, *Leo Strauss and the Politics of Exile*.

O Grande Êxodo

ucraniano Jacob Marschak, exilado menchevique em 1919, partiu para a Alemanha, depois para a Inglaterra e, por fim, para os Estados Unidos, passando por uma sucessão de postos em grandes universidades – New School, Chicago, Yale e Los Angeles.

A história dos psicólogos *émigrés* é bem mais complicada, pois eles estavam e estão divididos em diversas vertentes conflitantes – experimental, social, do desenvolvimento, psicanálise e assim por diante. Em 1941, havia 141 psicólogos refugiados nos Estados Unidos. Seu êxito era limitado. A psicologia da Gestalt teve uma recepção fria, particularmente no caso de Karl Bühler, que jamais conseguiu um cargo compatível com sua antiga cátedra de Viena. Por outro lado, a psicologia social de Kurt Lewin contou com uma acolhida mais calorosa, e Rudolf Arnheim trilhou uma carreira de sucesso como autor de *Art and Visual Perception* [Arte e percepção visual] (1954) e professor de Psicologia da Arte em Harvard.

Quanto à psicanálise, já se disse que ela foi "fenomenalmente bem-sucedida" nos Estados Unidos, mas não tanto na Grã-Bretanha, apesar do fato de o próprio Freud e sua filha Anna terem buscado refúgio em Londres.[85] Os analistas imigrantes chegaram aos Estados Unidos no momento certo, quando – de acordo com um deles, Franz Alexander – a psicologia americana estava pronta para Freud. O clima das opiniões americanas parece ter sido mais favorável do que o europeu para analistas que discordavam de Freud em alguns aspectos, como testemunham as carreiras de, por exemplo, Erich Fromm, Karen Horney, Erik Erikson, Sándor Radó e Wilhelm Reich – embora Reich tenha morrido em uma penitenciária da Pensilvânia depois que seus métodos de terapia sexual foram declarados fraudulentos.

---

85 Fermi, op. cit., p.139-73; Mandler; Mandler, The Diaspora of Experimental Psychology. In: Fleming; Bailyn, op. cit., p.371-419; Jahoda, The Migration of Psychoanalysis; Ash, Disziplinentwicklung und Wissenschaftstransfer, *Berichte zur Wissenschaftsgeschichte* 7, p.207-26; Coser, op. cit., p.19, 22-7.

O Grande Êxodo

Nos clássicos, a academia alemã gozava de uma reputação formidável, que trabalhou a favor de algumas figuras excepcionais, como Werner Jaeger, que trocou sua cátedra em Berlim por outra em Chicago e, depois, em Harvard, e Eduard Fraenkel, que foi de Freiburg para Oxford. Os três volumes do estudo de Jaeger sobre a cultura grega, *Paideia*, escritos em alemão mas concluídos nos Estados Unidos, são mais famosos na tradução inglesa, e o livro de Fraenkel sobre o poeta Horácio foi lançado em inglês. Outro classicista de talento, Karl Lehmann, professor de Arqueologia na Universidade de Munster antes das demissões do regime nazista, adaptou-se tão bem ao novo ambiente nos Estados Unidos que chegou a escrever um estudo sobre Thomas Jefferson, vendo-o como um humanista americano. Entre os classicistas de outros países, o historiador italiano do mundo antigo Arnaldo Momigliano passou alguns anos em Oxford antes de assumir uma cátedra no University College de Londres, onde permaneceu por um quarto de século.

Mediação

Muitas vezes acontece de quase todas as coisas perspicazes que os historiadores podem dizer sobre determinado período terem sido antecipadas por pessoas que o viveram. Como se viu nos capítulos anteriores, as consequências negativas da migração dos artesãos huguenotes estavam em debate já nos anos 1680. De maneira similar, análises agudas sobre a situação dos intelectuais exilados na década de 1930 apareceram nos escritos de alguns deles, notadamente Karl Mannheim e Franz Neumann.

Escrevendo sobre o que chamou de "função" dos refugiados, Mannheim deu ênfase a suas oportunidades de mediação entre a cultura da terra natal e a do país para onde fugiram.[86] Neumann argumentou sobre a frutífera interação entre a abordagem teórica vigente em sua

---

86 Mannheim, The Function of the Refugee, *News English Weekly*, 19 abr. 1945.

O Grande Êxodo

terra natal e a abordagem empírica dominante no país que o acolhera, vendo a si mesmo como mediador entre as duas. Outro cientista social exilado, o austríaco Paul Lazarsfeld, comentou que as inovações acadêmicas "muitas vezes vêm de pessoas que pertencem a dois mundos, mas não se sentem seguras em nenhum deles" e se descreveu como "uma peça de conexão" entre acadêmicos europeus e americanos.[87] Muitos exilados optaram por esse caminho do meio entre a segregação e a assimilação. Alguns foram tradutores, tanto linguísticos quanto culturais, apresentando aos alunos da cultura anfitriã a linguagem e a cultura de sua terra natal. Bernard Groethuysen fez a França conhecer Kafka e a sociologia alemã. Nos Estados Unidos, Kurt Wolff traduziu Simmel e Mannheim; Hans Gerth traduziu Max Weber; Werner Stark introduziu os escritos de Max Scheler; e Walter Kaufmann traduziu e comentou muitas obras de Nietzsche.[88] O filósofo alemão Fritz Heinemann explicou o existencialismo para os britânicos na forma de livro (*Existentialism and the Modern Predicament* [O existencialismo e a condição moderna], 1958), e outros exilados, entre eles George Lichtheim, atuaram como mediadores via jornalismo.[89]

Outros exilados apresentaram aos alunos do país anfitrião a história de sua terra natal. A história alemã "não estava bem estabelecida nas universidades americanas nos anos 1930".[90] Uma geração depois, nos anos 1960, a situação já mudara completamente, graças a acadêmicos como Hajo Holborn, Hans Rosenberg, Fritz Redlich, George Mosse, Fritz Stern e Peter Gay. Holborn, por exemplo, que se tornou professor em Yale, publicou em três volumes a *History of*

---

87 Hughes, op. cit., p.114; Lazarsfeld, op. cit., p.271, 302.

88 Kaufmann, The Reception of Existentialism in the United States. In: Boyers, *The Legacy*, p.69-96, esp. 79-80; Pickus, At Home with Nietzsche, at War with Germany. In: Bodek; Lewis (orgs.), *The Fruits of Exile*, p.156-76; Breiner, Translating Max Weber. In: Rösch, op. cit., p.40-58.

89 Jay, op. cit., p.142.

90 Barkin, Émigré Historians in America, 1950-1980. In: Lehmann; Sheehan, *An Interrupted Past*, p.149-69, esp. 153.

O Grande Êxodo

Modern Germany [História da Alemanha moderna] na década de 1960. De maneira similar, o austríaco Robert Kann escreveu sobre o Império Habsburgo, e o húngaro Peter Sugar, sobre o centro e o leste da Europa. Na Grã-Bretanha, a situação era semelhante. Francis Carsten recordou que, quando fora nomeado palestrante no Westfield College, em 1947, tinha "quase o monopólio" do ensino da história alemã na Universidade de Londres.[91] A exemplo de predecessores russos como George Vernadsky, os exilados colocaram seus países de origem no mapa histórico dos Estados Unidos, da Grã-Bretanha e de outros lugares – e ensinaram uma geração de doutorandos nativos a continuar seu trabalho.

Distanciamento

A distância teve efeitos positivos e negativos sobre os acadêmicos refugiados, deixando a *big picture* mais visível mas, ao mesmo tempo, dificultando a pesquisa especializada, como nos casos de Erich Auerbach em Istambul e de Américo Castro em Princeton.

Em uma famosa passagem de sua obra-prima, *Mimesis* (1947), Auerbach advertiu aos leitores que o livro fora escrito em Istambul "onde as bibliotecas não estão bem providas para os estudos europeus". Ainda assim, ele admitiu:

> É bem possível que este livro deva sua existência justamente à falta de uma biblioteca rica e especializada. Se me fosse possível acessar todo o trabalho que já foi feito sobre tantos temas, talvez nunca tivesse chegado ao ponto de escrever.[92]

---

91 Carsten, op. cit., p.36.
92 Auerbach, *Mimesis*, p.557. Spitzer também se queixou de que "quase não havia livros" na Universidade de Istambul (citado em Konuk, op. cit., p.43), assim como Leselotte Dieckmann (Erichsen, Das Türkische Exil, p.345).

O Grande Êxodo

De maneira similar, o acadêmico espanhol Américo Castro, refugiado da Guerra Civil Espanhola, dedicou-se à filologia medieval enquanto viveu na Espanha, mas, uma vez no exílio, especialmente nos Estados Unidos a partir de 1936, produziu seu estudo mais importante, uma reinterpretação da história espanhola como fruto de um encontro prolongado de três culturas: cristã, judaica e muçulmana. Escrito no exílio, o livro só pôde ser publicado no exílio, em 1948, sob o título *España en su historia* [A Espanha em sua história], pois sua tese inovadora era um anátema para o "nacionalismo católico" da Espanha de Franco. A obra de Castro sofreu ataques violentos de outro espanhol exilado, Claudio Sánchez-Albornoz, que ficou famoso por dizer: "não há antissemitismo na Espanha" (*no hay antisemitismo en España*). Sánchez-Albornoz era, na verdade, uma refutação para sua própria afirmativa.[93]

Uma forma de distanciamento é, portanto, a ênfase na *big picture*. Outra forma, discutida anteriormente, é o olhar afastado. Esse olhar encoraja a análise comparativa, ao passo que ela é difícil, quando não impossível, sem algum grau de afastamento. Assim, não chega ser surpreendente descobrir, como vimos, que acadêmicos *émigrés* fizeram à política comparada – como à literatura comparada ou à religião comparada – uma contribuição um tanto desproporcional à sua quantidade.

Quando Erwin Panofsky escreveu em defesa da torre de marfim dos acadêmicos como um posto de observação, ele provavelmente estava pensando não apenas em sua posição no Instituto de Estudos Avançados de Princeton, mas também em seu lugar entre duas culturas (depois de ser demitido de sua cátedra na Universidade de Hamburgo em 1933, ele retornou à Alemanha apenas em 1967 e, mesmo

---

93 Kaplan, Between Yitzhak Baer and Claudio Sánchez Albornoz. In: Cohen et al. (orgs.), *Jewish Culture in Early Modern Europe*, p.356-68. Para exemplos de antissemitismo nos escritos de Sánchez-Albornoz, veja Russell, The Nessus-Shirt of Spanish History, *Bulletin of Hispanic Studies* 36, p.219-25, esp. 223, e Linehan, *History and the Historians of Medieval Spain*, p.51n.

O Grande Êxodo

assim, insistiu em palestrar em inglês).[94] Exemplos ainda mais notáveis de distanciamento são os do cientista político Franz Neumann, da historiadora Lucie Varga, do sociólogo Norbert Elias e do historiador Eric Hobsbawm. Um acadêmico americano que conheceu Franz Neumann durante seu exílio nos Estados Unidos o descreveu como alguém "curiosamente apartado do mundo ao redor", uma qualidade que certamente o ajudou na análise crítica das instituições.[95] Lucie Varga, expatriada que trocou Viena por Paris e trabalhou com Lucien Febvre, publicou em 1937 um artigo com uma fria "análise social" da gênese do nazismo – ainda mais notável pelo fato de Varga (cujo nome de nascimento era Rosa Stern) ser judia. Quanto a Norbert Elias, mais do que praticar o distanciamento, ele escreveu a respeito. Uma característica marcante de seu famoso ensaio sobre "envolvimento e distanciamento" é que, em vez de apontar as vantagens e desvantagens comparativas das duas abordagens, Elias reservou seus elogios para o distanciamento, sugerindo que ele é necessário à sobrevivência. O exemplo que se oferece é ficcional, tirado de um conto de Edgar Allen Poe sobre um homem que escapa do afogamento por manter a calma, mas Elias sem dúvida estava pensando em suas próprias experiências na Alemanha de 1933.[96]

Assim como Américo Castro e Fernand Braudel, Eric Hobsbawm viu a *big picture* com mais clareza do que a maioria de seus colegas de ofício, como ilustra vivamente a trilogia das Eras das Revoluções, do Capital e dos Impérios. Ele também constitui um impressionante exemplo de distanciamento. Com isso não quero sugerir que Hobsbawm fosse incapaz de se comprometer. Bem ao contrário: sua

---

94 Panofsky, In Defense of the Ivory Tower, *Centennial Review* 1, p.111-2; Białostocki, Erwin Panofsky, *Simiolus* 4, p.68-89, esp. 70.

95 Hughes, Franz Neumann. In: Fleming; Bailyn, op. cit., p.446-62, esp. 449, 462.

96 Varga, La genèse du national-socialisme. Notes d'analyse sociale, *Annales d'Histoire Économique et Sociale* 9, p.529-46; Elias, Problems of Involvement and Detachment, *British Journal of Sociology* 7, p.226-52.

O Grande Êxodo

lealdade à esquerda começou cedo e se manteve até o fim da vida. Essa lealdade coexistiu com uma notável capacidade de se distanciar dos objetos de estudo e até mesmo do meio ao redor. Nos encontros pessoais, parecia ser tão observador quanto participante, não exatamente "frio", mas certamente "sereno". *Tempos interessantes*, sua autobiografia, traz uma citação do diário que ele mantinha aos 18 anos, na qual Hobsbawm se descreve com um distanciamento quase inumano (ou sobre-humano?) como "rápido na absorção, com um estoque de conhecimento geral considerável, ainda que superficial, e um monte de ideias originais [...] um incorrigível detrator de atitudes".[97] No mesmo volume, Hobsbawm chegou a dissecar os erros que os comunistas (entre os quais se incluía) cometeram ao longo das décadas.

Esse distanciamento também se faz perceber nos estudos históricos de Hobsbawm, mais obviamente em *Nações e nacionalismo*, que começa imaginando o ponto de vista olímpico de "um historiador intergaláctico" e defende a necessidade de enxergar o objeto com "olhos frios e desmistificadores". Fica-se com a impressão de que esse estudioso cosmopolita viu no nacionalismo um fenômeno estranho e até mesmo patológico.[98]

Uma terceira forma de distanciamento pode ser descrita como "deslocamento", no sentido freudiano do termo: um mecanismo de defesa que substitui um tópico ameaçador por outro menos perigoso. Pode-se detectar o deslocamento no trabalho de alguns refugiados dos anos 1930 e também na obra de refugiados huguenotes dos anos 1680, discutidos no Capítulo 2. Entre os exemplos, dois ilustres historiadores da Itália renascentista, Hans Baron e seu orientando de doutorado Nicolai Rubinstein (que se tornou assistente de outro historiador no exílio, o russo Nicolai Ottokar, em Florença). Baron ressaltou o aspecto cívico e republicano do humanismo florentino, e Rubinstein restringiu sua paixão pela história de Florença ao período republicano.

---

97 Hobsbawm, op. cit., p.98.
98 Id., *Nations and Nationalism since 1780*, p.1, 130, 168; Gellner, *Nations and Nationalism*.

O Grande Êxodo

Não parece exagero insinuar que, quando escreveram sobre a República Florentina, Baron e Rubinstein estavam pensando na de Weimar. Baron chegou a dizer que "a defesa das liberdades cívicas" contra a ameaça de invasão do duque de Milão acarretou a "revolução intelectual" hoje conhecida como Renascença. De maneira mais geral, ele sugeriu que a consciência da "dependência mútua entre política e cultura" forneceu um "novo ponto de vista" a partir do qual observar o Renascimento. O próprio Baron admitiu que sua abordagem foi "disparada pelas experiências políticas de nossa geração", mesmo que Florença houvesse resistido a um tirano, enquanto a Alemanha de Weimar sucumbia a outro.[99]

De maneira similar, a socióloga Nina Rubinstein (sem parentesco com Nicolai), filha de refugiados russos da Revolução Bolchevique, estudou com Karl Mannheim em Heidelberg e escolheu como tema de sua tese de doutorado os *émigrés* franceses depois de 1789, em vez dos *émigrés* russos a quem originalmente pretendia estudar. Os nazistas demitiram Mannheim da cátedra antes que Rubinstein pudesse receber o diploma de doutora, pois ela também se viu forçada a emigrar, primeiro para Paris e depois para os Estados Unidos, onde trabalhou como intérprete. Mas essa história triste teve um final feliz. Sua tese foi premiada pela Universidade de Frankfurt em 1989, 56 anos mais tarde. O texto foi publicado em 2000, quase setenta anos depois do início de sua pesquisa.[100]

Síntese

Perry Anderson certa vez sugeriu que o efeito dos encontros entre os ingleses e os refugiados dos anos 1930 não veio a enfraquecer o empirismo, mas sim reforçá-lo. Eles "sistematizaram a recusa ao

---

99 Baron, *The Crisis of the Early Italian Renaissance*, v.1, p.x, xii, 8, 10; v.2, p.389; Molho, Hans Baron's Crisis. In Peterson; Bornstein (orgs.), *Florence and Beyond*, p.61-90.
100 Rubinstein, *Die französische Emigration*.

O Grande Êxodo

sistema. Eles codificaram o empirismo desleixado de tempos anteriores e, assim, o fortaleceram e estreitaram".[101] Aqui, ao contrário, iremos argumentar que, pelo menos no longo prazo, ficou visível uma síntese, ou no mínimo uma hibridização.

A consequência intelectual mais importante do Grande Êxodo sem dúvida foi o encontro entre refugiados carregados de teorias e a cultura empírica ou empirista de seus anfitriões, produzindo novos conhecimentos de um jeito que os refugiados huguenotes do século XVII não conseguiram alcançar. Como vimos em páginas anteriores, os físicos *émigrés* dos anos 1930 foram descritos como "construtores de pontes" entre a tradição teórica alemã e a tradição experimental britânica. Esses físicos foram tradutores culturais.

Esse processo de hibridização ou tradução cultural é ainda mais visível nas humanidades e nas ciências sociais. Pode-se considerar a sociologia acadêmica como uma tradução do conhecimento pragmático da sociedade, ao passo que a história da arte acadêmica traduziu a *connoisseurship*. As figuras-chave dessas "traduções" foram os exilados, pessoas que também haviam sido "traduzidas", no sentido de "transferidas", significado original do termo. Olhando para sua própria carreira, Erwin Panofsky disse que foi uma "bênção" ter "entrado em contato – e, ocasionalmente, em conflito – com um positivismo anglo--saxão que, em princípio, desconfia da especulação abstrata".[102]

Olhando para sua própria vida, o editor *émigré* George Weidenfeld declarou que não "quisera tirar vantagem dos ingleses, mas sim da condição de estar entre os ingleses".[103] Foi o que Pevsner de fato conseguiu, especialmente em suas palestras sobre a "inglesidade da arte inglesa". Essas palestras se basearam em um conhecimento empírico e detalhado sobre a arte do país anfitrião, mas também em especulações de alguns historiadores da arte alemães, interessados em saber o

---

101 Anderson, op. cit., p.19.
102 Panofsky, *Meaning in the Visual Arts*, p.329.
103 Weidenfeld, *Remembering My Good Friends*, p.115.

O Grande Êxodo

que havia de alemão na arte alemã. Esses acadêmicos alemães inspiraram Pevsner a fazer uma pergunta geral sobre a "inglesidade" que aos próprios ingleses não ocorrera perguntar. Em suma, ele operou uma hibridização – assim como o fizeram os estudiosos ingleses do Warburg Institute, como Michael Baxandall, e os pesquisadores de história intelectual Frances Yates e Perkin Walker. Pode-se descrevê-los como semigermanizados, uma vez que aprenderam muito com os acadêmicos refugiados com quem se encontravam todos os dias no trabalho, mas também contribuíram para a gradual anglicização da tradição Warburg.[104]

Na filosofia, as tradições anglófona e germanófona estavam particularmente afastadas nos anos 1930, à exceção de uma certa afinidade entre filósofos de língua inglesa e seus colegas austríacos do chamado "Círculo de Viena". Essa afinidade virou diálogo quando o pragmatista americano John Dewey se encontrou com o filósofo do direito austríaco Felix Kaufmann no exílio da New School, em Nova York. O resultado de suas conversas, se não a hibridização completa, foi pelo menos um tipo de interação entre as duas tradições.[105] Mais recentemente, o filósofo da ciência Nicholas Rescher, levado aos Estados Unidos ainda criança, em 1938, afirmou produzir uma síntese entre o idealismo alemão e o pragmatismo americano.

Na ciência política, Karl Deutsch, membro de uma geração mais jovem e adaptável de exilados, sentia-se em casa tanto na tradição empírica quanto na teórica. Deutsch, que saiu de Praga, chegou aos Estados Unidos quando tinha 26 anos, estudou em Harvard e seguiu caminho para lecionar em Yale, provavelmente é mais conhecido como autor de um estudo sobre comunicação política, *Os nervos do governo* (1963). Já se disse que "a marca registrada da abordagem de Deutsch é

---

104 Platt, Some Issues in Intellectual Method and Approach. In: Timms; Hughes, op. cit., p.7-20, esp. 14.

105 Abel, Felix Kaufmann. In: Boyers, *The Legacy*, p.288-91. Cf. Feigl, The *Wiener Kreis* in America.

O Grande Êxodo

sempre a fusão de ideias teóricas criativas com a busca por dados quantitativos que reforcem sua argumentação".[106]

Foi nos Estados Unidos – país que o sociólogo Edward Shils, filho de imigrantes, descreveu como "terra da lendária ausência de teoria" – que a oposição entre a teoria alemã e o empirismo local se mostrou mais óbvia, quando não mais importante.[107] Como tantas outras dicotomias, essa oposição não deve parecer tão rígida. Tanto alemães quanto americanos julgavam estar combinando teoria e fato. Até mesmo Adorno reconheceu que aprendera algo em sua experiência americana, declarando que passara a se inclinar ao "autoescrutínio crítico" porque as pessoas não paravam de lhe perguntar pelas "evidências" de suas generalizações. Ele chegou a expressar um certo grau de entusiasmo pela pesquisa empírica, pelo menos por um tempo.[108] Ainda assim, as combinações diferiam, com uma dose maior de teoria no caso alemão, como acadêmicos britânicos e americanos logo perceberam.

Em contraste com as abordagens americana e alemã, o sociólogo escocês Robert McIver, um dos anfitriões do instituto na Universidade Columbia, observou com argúcia que, mesmo quando utilizavam termos iguais, os dois grupos às vezes mal se entendiam.

> Método significa coisas completamente distintas para pesquisadores americanos e alemães. Para os americanos, método quer dizer primordialmente técnica de pesquisa [...] para os alemães, método é um princípio [...]. Numa palavra, os americanos procuram novos fatos e verificações, ao passo que os alemães buscam novas formulações e novas construções de pensamento.

---

106 Coser, op. cit., p.211-2; cf. Söllner, From International Law to International Relations. In: Rösch, op. cit., p.197-211, esp. 204.

107 Shils, The Calling of Sociology. In: Parsons et al. (orgs.), Theories of Society, p.1405-50, esp. 1407.

108 Adorno, Scientific Experiences, p.340; Jay, op. cit., p.107-37, esp. 123-4.

O próprio Adorno afirmou algo parecido, dizendo que, durante sua estada nos Estados Unidos, ficou "perturbado" por "um problema metodológico básico – compreender a palavra 'método' mais no sentido europeu de epistemologia do que no sentido americano, no qual metodologia significa técnicas práticas de pesquisa".[109] Mas esses contrastes não podem ser exagerados. Talcott Parsons, o maior sociólogo americano de sua geração, era um teórico. Paul Lazarsfeld, um dos principais sociólogos *émigrés*, era um entusiasta dos fatos que tentou "convencer Adorno a ligar suas ideias a pesquisas empíricas".[110] Vale acrescentar que Lazarsfeld não era alemão, mas austríaco, e que desde muito existia na Áustria uma tradição de empirismo e "individualismo metódico", vividamente exemplificada na obra de outro exilado, Karl Popper, mas também no trabalho do economista Carl Menger e do historiador da arte Ernst Gombrich, que começou sua *História da arte* com as famosas palavras: "Não existe uma coisa chamada Arte. Só existem artistas". De maneira similar, Margaret Thatcher, discípula do economista austríaco Friedrich von Hayek, certa vez declarou: "Não existe uma coisa chamada sociedade". É tentador falar de um "austro-empirismo", em analogia com o austro-marxismo, e até mesmo sugerir que essa foi a maneira que os intelectuais austríacos encontraram para se distinguir dos alemães. Em todo caso, a afinidade entre essa abordagem e o empirismo anglo-americano sem dúvida ajudou as obras de Popper, Gombrich, Hayek e Lazarsfeld a serem bem recebidas no mundo anglófono.

Ainda assim, McIver tinha razão. O teórico de política e direito Hans Kelsen teve uma recepção fria nos Estado Unidos por ser visto como teórico demais e também por ter chegado na hora errada, quando uma abordagem extremamente pragmática, o "realismo

---

109 McIver citado em Higham; Conkin (orgs.), *New Directions in American Intellectual History*, p.8; Adorno, Scientific Experiences, p.343.

110 Lazarsfeld, op. cit., p.322.

O Grande Êxodo

jurídico", estava em ascensão.[111] Horkheimer esperava resolver o que descrevia como "problemas da pesquisa empírica e da síntese teórica", mas em uma carta ao colega Leo Lowenthal (1942) lamentou: "a abordagem mais empírica" derrotou "a mais teórica". Uma tensão interna "destruiu o anseio do *Institut* pela unidade entre teoria e trabalho empírico".[112] No longo prazo, porém, os sociólogos americanos ficaram mais abertos à teoria, graças principalmente aos refugiados e aos filhos de emigrantes do Leste Europeu.[113]

A personalidade autoritária

Tanto os êxitos quanto as limitações da síntese entre as tradições alemã e anglófona na sociologia podem ser ilustrados em um célebre estudo que os membros da Escola de Frankfurt publicaram nos Estados Unidos. Esse estudo resultou de um compromisso, originalmente firmado por motivos econômicos. As fundações americanas consideravam o projeto de pesquisa de Adorno sobre antissemitismo muito teórico e especulativo. Quem salvou a situação foi Franz Neumann, que trabalhava no instituto como administrador e conselheiro jurídico, mas que não era um *insider*. Ex-advogado trabalhista na Alemanha de Weimar, Neumann compreendia muito bem a arte do compromisso e, nessa ocasião, defendeu o que chamou de "combinação dos métodos mais teóricos dos europeus com os métodos empíricos e quantitativos altamente desenvolvidos dos americanos". Ao negociar um financiamento para o projeto de Adorno, ele o revisou para deixá--lo mais empírico, o que trouxe mais colaboradores para a ideia.[114]

---

111 Sobre Horkheimer, veja Schmidt, *The Eclipse of Reason* and the End of the Frankfurt School in America. In: Bodek; Lewis, op. cit., p.1-28, esp. 7; sobre Kelsen, ver Telman, Selective Affinities, ibid., p.40-58, esp. 43-5; Scheuerman, Professor Kelsen's Amazing Disappearing Act.

112 Jay, op. cit., p.35, 107.

113 Shils, op. cit., p.1407.

114 Wheatland, op. cit., p.128, 131.

O Grande Êxodo

O resultado foi um livro híbrido, *A personalidade autoritária* (1950), obra coletiva de quatro autores principais (Adorno, a psicóloga refugiada Else Frenkel-Brunswik e os americanos Daniel Levenson e Nevitt Sanford) e mais três colaboradores. A teoria subjacente – que dava ênfase à relação das atitudes autoritárias dos adultos com a maneira como foram criados quando crianças – derivava de estudos anteriores sobre o antissemitismo, mas tinha um escopo mais amplo. A evidência para a teoria viera de questionários e entrevistas que Frenkel-Brunswik e Levinson traduziram para a forma estatística. Adorno contribuiu na quarta parte, intitulada "Estudos qualitativos em ideologia", e o prefácio de Horkheimer insistia que o propósito do estudo não era "simplesmente acrescentar mais algumas descobertas empíricas ao já extenso corpo de informações", mas apresentar um "conceito relativamente novo".[115]

Como se poderia esperar de um estudo realizado por sete pessoas, o casamento entre os dois estilos de pesquisa não foi muito bem-sucedido. Além disso, na seção teórica, a síntese entre Freud (cuja contribuição se reconhecia) e Marx (utilizado, mas não citado) estava longe de ser sutil. Apesar dessas falhas, *A personalidade autoritária* foi e continua sendo um marco na história da psicologia social, como nos lembra o uso contínuo de seu conceito central.[116]

Perdas e ganhos

Voltando agora aos efeitos do Grande Êxodo sobre a terra natal dos exilados, sobretudo Alemanha e Áustria, o mais óbvio é a perda. Os exilados encorajaram a desprovincialização dos países que os acolheram, mas, por outro lado, seus países de origem se tornaram mais provincianos. Depois da guerra, ficou claro que a Alemanha e a Áustria haviam perdido sua posição de destaque em várias disciplinas, da física

---

115 Adorno et al., *The Authoritarian Personality*.
116 Ibid.; Hughes, op. cit., p.3, 150, 152-3.

O Grande Êxodo

à psicologia, da sociologia à história da arte, uma posição que haviam ocupado antes da emigração. A germanização das ciências sociais deu lugar à americanização. No estudo acadêmico da psicologia, por exemplo, no qual os alemães eram pioneiros, "o domínio americano jamais foi desafiado" depois de 1933.[117] O historiador refugiado Nicolai Rubinstein comentou que o impacto do Grande Êxodo foi "particularmente destrutivo no campo da história do Renascimento, no qual acadêmicos alemães e austríacos desempenhavam um papel de liderança".[118] Em alguns aspectos, a Alemanha e principalmente a Áustria jamais se recuperaram da fuga de cérebros dos anos 1930.

Em compensação, pelo menos uma compensação parcial, a "reemigração" de alguns exilados trouxe novas ideias para a Europa Central. Depois da guerra, o Institut für Sozialforschung retornou a seu local de origem em Frankfurt, mas já não era o mesmo instituto que partira, uma vez que as tradições americanas haviam deixado suas marcas. Ernst Fraenkel voltou para a Alemanha em 1951 e ajudou a estabelecer no país uma ciência política de estilo americano, lecionando na Hochschule e na Universidade Livre de Berlim. De maneira similar, Eric Voegelin regressou em 1958 e fundou o Institut für Politische Wissenschaft [Instituto de Ciência Política] em Munique. Embora tenha continuado nos Estados Unidos depois da guerra, também ele ajudou a estabelecer a ciência política nas universidades da Alemanha Ocidental. René König, *émigré* (fugira para a Suíça) que retomou o posto de professor na Universidade de Colônia em 1949, apresentou aos estudantes as abordagens americanas da sociologia.

No longo prazo, a pesquisa de estilo americano se estabeleceu na Alemanha, embora os laços entre sociologia e filosofia tenham continuado fortes, como nos lembra o exemplo de Jürgen Habermas. Na Itália, o fisiologista Carlo Foà retornou a Milão e à sua antiga cátedra em 1945, e Bruno Rossi lecionou na Universidade de Palermo de 1974

---

117 Jahoda, op. cit., p.421.
118 Rubinstein, Germany, Italy and England. In: Alter (org.), op. cit., p.237-46, esp. 242.

O Grande Êxodo

a 1980, depois de se aposentar nos Estados Unidos. Ambos ajudaram a familiarizar os estudantes italianos com a ciência de estilo americano.

Em suma, a hibridização intelectual ocorreu não somente nos Estados Unidos ou na Grã-Bretanha, mas também na Alemanha, na Áustria e na Itália. Ao contrário do Institut für Sozialforschung, o Warburg Institute permaneceu na Inglaterra, mas a abordagem de Aby Warburg e seus amigos Erwin Panofsky e Edgar Wind renasceu na Alemanha pelas mãos de uma jovem geração de historiadores da arte. Entre eles estavam Martin Warnke e Horst Bredekamp, pesquisadores de iconografia e história da arte política que convenceram a cidade de Hamburgo a comprar a antiga casa de Warburg e transformá-la em um novo instituto, o Warburg Haus, paralelo ao instituto de Londres. No caso da literatura, Richard Alewyn, notável especialista em barroco alemão que lecionara nos Estados Unidos durante a guerra, voltou para a Alemanha e introduziu os métodos comparativos no país.[119]

Pode-se argumentar que, com o tempo, as tradições empírica e teórica viriam a se fundir, ou pelo menos interagir, mesmo sem o trabalho dos acadêmicos exilados. No entanto, as equilibradas conclusões de um estudo que se concentra nas ciências naturais são bem convincentes: "Parece improvável que esse grau de convergência e síntese teria se realizado tão rápido quanto se realizou sem as pressões especiais da migração forçada".[120]

Não se pode reduzir o impacto coletivo dos acadêmicos germanófilos sobre as humanidades e as ciências sociais nos Estados Unidos e na Grã-Bretanha ao encontro do empirismo com a teoria. Outra importante contribuição desses acadêmicos – assim como de colegas italianos como Arnaldo Momigliano, que também se formara na tradição historicista – foi encorajar o que Paul Tillich chamou de

---

119 Weber, Zur Remigration des Germanisten Richard Alewyn. In: Strauss et al., op. cit., p.235-56.
120 Hoch; Platt, op. cit., p.139.

O Grande Êxodo

"mentalidade histórica" (algo que, para ele, não existia nos Estados Unidos). Em outras palavras, a consciência da história da própria disciplina – e, no caso das ciências sociais, consciência da história econômica, social e política de longo prazo.[121] Franz Neumann, por exemplo, disse que o "predomínio da pesquisa empírica" nos Estados Unidos dificultou que os cientistas sociais "enxergassem os problemas em seu significado histórico". Sua estratégia era a "integração" da filosofia e da história com a ciência social.[122] Na Grã-Bretanha, Norbert Elias foi um crítico severo do que chamava de "retirada dos sociólogos para o presente" e, em resposta, pregou e praticou uma sociologia histórica.[123]

De maneira similar, acadêmicos alemães formados na tradição hermenêutica (inclusive na hermenêutica visual que Panofsky descreveu como "iconografia e iconologia") no exílio se confrontaram com o que consideravam uma tradição alheia, a do positivismo. Acadêmicos americanos, em particular, seguiam o modelo das ciências naturais no estudo das ciências sociais e mesmo das humanidades, em campos que iam da linguística à "ciência política", com sua forte confiança nos métodos quantitativos. Hans Morgenthau, por exemplo, que lecionou política na Universidade de Chicago e na City University de Nova York, foi crítico contumaz das analogias entre as ciências naturais e as sociais. No caso da psicologia, havia um confronto entre os representantes da tradição americana do behaviorismo, como B. F. Skinner, e os recém-chegados, cujas abordagens variavam da psicanálise à Gestalt, mas em geral rejeitavam o modelo behaviorista.

No caso da linguística, as divergências entre as duas abordagens quanto ao tema dominante no Estados Unidos e na Alemanha se viram dramatizadas em um famoso intercâmbio entre um notável

---

121 Tillich, The Conquest, p.155.
122 Neumann, op. cit., p.24; id., memorando de uma conferência sobre ciências sociais em Chicago no ano de 1939, citado por Wheatland, Frank L. Neumann: Negotiating Political Exile, *German Historical Institute Bulletin* 10, p.111-38, esp. 119-20.
123 Elias, The Retreat of Sociologists into the Present, *Theory Culture and Society* 4, p.223-47.

O Grande Êxodo

representante de cada escola, e não exatamente em uma colisão entre culturas. Em um conhecido artigo publicado em um periódico profissional, Leonard Bloomfield argumentou que a linguística era uma ciência, uma vez que empregava "apenas termos traduzíveis para a linguagem da física ou da biologia". Ele elogiou o trabalho de Pavlov e os positivistas lógicos, afirmando ainda que os linguistas deveriam descartar o que ele chamou de "terminologia do mentalismo e do animismo". Em resposta no mesmo periódico, Leo Spitzer, celebrado por sua abordagem hermenêutica à linguagem e ao estilo dos textos literários, criticou a abordagem de Bloomfield, considerando-a reducionista e "mecanicista". Spitzer demonstrou que, de acordo com seus próprios critérios, Bloomfield não deveria empregar termos básicos da linguística, como "indo-europeu" ou "protorromance", muito menos "estilística".[124] Spitzer talvez não tenha convertido os linguistas americanos à sua abordagem hermenêutica, mas pelo menos gerou a consciência de uma alternativa a Bloomfield.

Em suma: os encontros pessoais na época do Grande Êxodo promoveram uma mudança no *habitus* de ambos os lados, encorajando uma relação mais estreita entre teoria e pesquisa empírica. Entre os diferentes estudos de caso apresentados neste livro, o dos exilados dos anos 1930 oferece o exemplo mais claro e mais importante de hibridização.

Epílogo: depois de 1945

Assim como tantas outras pessoas, muitos intelectuais se tornaram exilados ou expatriados desde 1945, e não seria difícil acrescentá-los aos exemplos coletivos desta breve conclusão. Entre os exilados e refugiados, alguns fugiram de regimes comunistas, outros escaparam de governos anticomunistas, muitas vezes de ditaduras militares.

---

124 Bloomfield, Language or Ideas?, *Language* 12, p.89-95; Spitzer, Answer to Mr Bloomfield, *Language* 20, p.245-51.

O Grande Êxodo

Depois do estabelecimento de regimes comunistas no centro e no leste da Europa ao final da Segunda Guerra Mundial, um grupo de intelectuais foi para o exílio ou se recusou a voltar para casa. Por exemplo: em 1945, o cientista político polonês Zbigniew Brzezinski estava morando no Canadá, onde seu pai era diplomata. A família decidiu não voltar à Polônia comunista. Brzezinski estudou em Harvard e ali permaneceu como professor e também como conselheiro de relações internacionais de vários presidentes americanos desde Kennedy. O jornalista Jerzy Giedroyć, também polonês, mudou-se para Paris depois de 1945 e publicou o periódico *Kultura* de 1947 até sua morte, em 2000. A psicanalista húngara Maria Török fugiu para a França em 1947, ano em que o Partido Comunista venceu as eleições na Hungria.

De maneira similar, o romeno Mircea Eliade, figura de destaque nos estudos de religião comparada, estava morando no exterior quando o regime comunista se estabeleceu na Romênia depois da guerra. Eliade continuou no Ocidente, vivendo primeiro em Paris, depois se mudando para Chicago. Outro romeno, o sociólogo Zevedei Barbu, a princípio apoiou o regime e estava trabalhando como diplomata em Londres quando ouviu que um de seus melhores amigos fora executado. Ele pediu asilo político, procurou formação acadêmica e se tornou professor da Universidade de Sussex e, mais tarde, de uma universidade em Brasília.

A fundação do Estado de Israel, em 1948, também propiciou alguns exílios e expatriações. Entre os acadêmicos ou futuros acadêmicos que se mudaram para Israel nessa época se encontravam o sociólogo Yehudah Elkanah, da Iugoslávia; o historiador Saul Friedlander, de Praga; o filósofo Hans Jonas, da Alemanha; e o cientista político Zeev Sternhell, da Polônia. Os problemas de mediação foram particularmente agudos para o historiador da arte Moshe Barasch, que saiu de Czernowitz (que se localizava na Romênia quando ele partiu) e se tornou professor em Jerusalém. Especialista no período inicial do Renascimento italiano, Barasch às vezes enfrentou dificuldades para explicar arte ocidental a alunos que haviam se criado em uma cultura

O Grande Êxodo

iconofóbica, na qual se tomava literalmente o mandamento bíblico da proibição de imagens.[125]

A onda seguinte de exilados se originou na Hungria, quando cerca de 200 mil pessoas deixaram o país com a derrota da revolução de 1956, inclusive vários intelectuais, alguns já conhecidos, outros com carreiras de destaque no exterior. Entre os filósofos se encontravam Imre Lakatos, que estudou em Cambridge e lecionou filosofia da ciência na London School of Economics; e István Mészáros, ex-aluno de Georg Lukács que lecionou na Universidade de Sussex. Entre os historiadores, János Bak, que estudou em Oxford e Marburg e lecionou no Canadá antes de retornar à Hungria nos anos 1990; Nicholas Pronay, que se tornou professor na Universidade de Leeds e um dos maiores expoentes nos estudos cinematográficos; e Laszlo Péter, que foi professor de história húngara na Universidade de Londres. A exemplo dos exilados russos e alemães, esses historiadores mostraram aos alunos o lugar da Hungria na história europeia, enquanto os dois filósofos revelaram e exemplificaram modos de pensamento que contrastavam com o empirismo anglófono.

Uma terceira onda de exilados saiu da Tchecoslováquia, com cerca de 250 mil pessoas fugindo da invasão soviética de 1968, quando muitos intelectuais foram demitidos de seus postos acadêmicos. Dos que ficaram, muitos tiveram de trabalhar na construção civil, ou como secretários, motoristas de táxis e assim por diante. Aqueles que escolheram o exílio se dispersaram: alguns foram para a Europa Ocidental, outros para as Américas (do Canadá ao Chile, e também para os Estados Unidos).

Além de escritores como Milan Kundera, entre os intelectuais estavam o crítico literário Eduard Goldstuecker, que teve papel central na Primavera de Praga e se tornou professor na Universidade de Sussex; o historiador da ciência eslovaco Mikulás Teich (que já fora exilado em 1938, assim como seu amigo Goldstuecker); Dalibor Vesely

---

125 Comunicação pessoal, anos 1990.

O Grande Êxodo

(ex-aluno do filósofo dissidente Jan Patočka), que apresentou aos estudantes de arquitetura de Cambridge as ideias dos filósofos continentais; e o historiador Vilém Prečan, que foi demitido de seu cargo na Academia de Ciências tchecoslovaca depois de publicar documentos sobre a invasão soviética de 1968 (o *"livro negro tcheco"*). Prečan partiu para a Alemanha Ocidental e voltou mais de duas décadas depois para ser diretor de um novo Instituto de História Nacional.

Na Polônia dessa mesma época, enquanto o governo ia ficando cada vez mais opressor e antissemita, vários intelectuais fugiram ou foram expulsos, entre eles o filósofo Leszek Kołakowski, que se mudou para Canadá, Grã-Bretanha e Estados Unidos; os historiadores Bronisław Baczko e Krzysztof Pomian, que foram para Genebra e Paris, respectivamente; e o sociólogo Zygmunt Bauman, que se tornou professor da Universidade de Leeds. Esses exilados da Europa Central e Oriental (junto com alguns expatriados, discutidos mais adiante) atuaram como mediadores, fomentando entre os alunos do Ocidente o interesse por sua parte da Europa e também pela teoria, desde o marxismo até a semiótica, especialmente na versão russa de Juri Lotman e sua escola. Alguns exilados da Cuba de Castro, ou seus filhos, tornaram-se professores nos Estados Unidos e fizeram importantes contribuições para o estudo da cultura espanhola e hispano-americana: Teofilo Ruiz, na UCLA, e Carlo Eire, em Yale, ambos na história espanhola; e Roberto González Echevarría, também em Yale, na área de literatura espanhola e hispano-americana. Maria Rosa Menocal, que partiu de Cuba para os Estados Unidos ainda criança, lecionou história da Espanha medieval em Yale. Um de seus livros se dedicou justamente ao lugar do exílio nas origens da lírica.

Entre os refugiados de regimes de direita se encontravam intelectuais latino-americanos que fugiram dos golpes militares de 1964 no Brasil, de 1973 no Chile e de 1976 na Argentina.[126] No caso do Brasil,

---

126 Graham-Yoole, The Wild Oats They Sowed: Latin American Exiles in Europe, *Third World Quarterly* 9, p.246-53.

O Grande Êxodo

vale mencionar o economista Celso Furtado, ministro do Planejamento em 1964, que buscou refúgio na embaixada mexicana depois do golpe militar e retomou a vida acadêmica nos Estados Unidos, França e Inglaterra; o educador Paulo Freire (às vezes confundido com Gilberto Freyre), que fugiu para a Bolívia, seguiu para o Chile e depois para a Suíça; e o sociólogo (e, décadas depois, presidente) Fernando Henrique Cardoso, que viveu no Chile e na França antes de voltar para o Brasil. Entre os historiadores que partiram para o exílio nesse período estavam José Honório Rodrigues, demitido do cargo de diretor do Arquivo Nacional em 1964, e Emília Viotti da Costa, demitida da Universidade de São Paulo em 1969. Ambos se mudaram para os Estados Unidos, onde Rodrigues foi professor da Universidade Columbia e Viotti, de Yale. Viotti ajudou a colocar a história brasileira no mapa do ensino norte-americano, e as ideias de Freire sobre a alfabetização como meio de conscientização ficaram mais conhecidas no exterior graças a seu exílio.

Entre os exilados da Argentina estavam o historiador Tulio Halperín Donghi, que deixou o país em um golpe militar anterior, em 1966, e passou boa parte da vida lecionando em Berkeley, na Califórnia; o teórico cultural Walter Mignolo, que se tornou professor da Universidade Duke; os cientistas políticos Guillermo O'Donnell, que se mudou para o Brasil e depois para os Estados Unidos, e Ernest Laclau, que lecionou na Universidade de Essex e cujas ideias continuam influentes ainda hoje (no movimento *Podemos* e em Jeremy Corbyn, por exemplo); e os antropólogos Nestor Canclini, que migrou para o México e publicou importantes estudos sobre sua cultura, e Eduardo Archetti, que escolheu a Noruega e se tornou diretor do departamento de Antropologia Social da Universidade de Oslo, onde continuou estudando América Latina. A pesquisa de Archetti sobre a antropologia do tango, do polo e do futebol na Argentina, especialmente seu contraste entre o estilo do futebol latino e o do Norte, ilustra o distanciamento que muitas vezes ocorre no exílio. Um exemplo coletivo do impacto desses refugiados nos países anfitriões vem da psicanálise. Psicanalistas da Argentina

O Grande Êxodo

introduziram a prática, em especial a escola de Jacques Lacan, na Espanha a partir dos anos 1970.[127]

Como sugere a maioria desses exemplos, diferente dos republicanos espanhóis da década de 1930 (muitos dos quais se mudaram para países de língua espanhola), boa parte dos exilados hispano-americanos dos anos 1970 se estabeleceram em lugares onde precisaram aprender um idioma estrangeiro. Mais recentemente, aos exilados se seguiram os expatriados. O colombiano Carlos Jáuregui, por exemplo, leciona literatura na Universidade de Notre Dame e escreveu sobre o "canibalismo cultural" na América Latina – em outras palavras, o processo de digestão e transformação das influências europeias. Jorge Cañizares-Esguerra nasceu no Equador, cresceu no México e na Colômbia e agora ensina história latino-americana em Austin, Texas, dando ênfase à importância das contribuições ibéricas à cultura ocidental. O brasileiro Luiz Felipe de Alencastro foi nomeado professor de história brasileira na Sorbonne no ano de 2000, revertendo o movimento da década de 1930, que (como vimos) levou notáveis acadêmicos franceses para lecionar no Brasil. Coletivamente, todos esses estudiosos latino-americanos atuaram e ainda atuam como mediadores, incentivando o estudo de seu continente entre os estrangeiros. Eles também reforçaram a mensagem dos exilados do centro e do leste da Europa dos anos 1930, 1950 e 1960 sobre a importância da teoria.

A meio caminho entre o exílio e a expatriação, vemos os intelectuais que deixaram a África do Sul na época do *apartheid*, geralmente para estudar e lecionar em outros lugares. Os antropólogos Jean e John Comaroff, por exemplo, trabalharam na Universidade de Chicago, e seu colega Adam Kuper, na Universidade de Londres. Os estudos africanos na Grã-Bretanha devem muito a acadêmicos da África do Sul: aos antropólogos Meyer Fortes, Max Gluckman e Isaac Shapera, por exemplo, e à historiadora Shula Marks. Os sociólogos John Rex e Stanley Cohen também se mudaram da África do Sul para a

---

127 Archetti, *Masculinities*; Sznajder; Roniger, op. cit., p.214.

Grã-Bretanha.[128] Outro grupo de expatriados trocou o norte da África pela França: Hélène Cixous e Jacques Derrida chegaram da Argélia, e a historiadora Lucette Valensi, da Tunísia. De maneira similar, dois semioticistas búlgaros, Julia Kristeva e Tzvetan Todorov, foram estudar em Paris nos anos 1960 e desde então permaneceram na França.

O grupo de expatriados em sentido menos ambíguo inclui vários intelectuais do sul da Ásia que trilharam carreiras de sucesso no mundo anglófono. No caso da antropologia, vale mencionar os indianos Arjun Appadurai e Partha Chatterjee, bem como dois cingaleses, Gananath Obeyesekere e Stanley Tambiah. Todos os quatro se tornaram professores nos Estados Unidos. No campo da literatura e da teoria cultural, Gayatri Chakravorty Spivak, de Calcutá, e Homi Bhabha, de Bombaim, estabeleceram-se nos Estados Unidos, assim como o economista Amartya Sen e o filósofo Akeel Bilgrami. Particularmente numerosos são os historiadores indianos expatriados. Ranajit Guha, por exemplo, fundador de um grupo inovador associado à ideia dos "estudos subalternos", lecionou na Universidade de Sussex antes de se mudar para a Austrália. Entre os historiadores indianos que lecionam nos Estados Unidos se encontram Dipesh Chakrabarty, em Chicago, Gyan Prakash, em Princeton, e Sanjay Subrahmanyam, em Los Angeles (depois de breves períodos em Paris e Oxford). Coletivamente, eles colocaram a história indiana no mapa intelectual dos estudantes americanos e fomentaram tendências como a "história vista de baixo", a "história conectada" e a teoria pós-colonial.

Graças a acadêmicos como esses, os estudantes e intelectuais do Ocidente estão mais bem preparados para compreender o movimento da globalização cultural que todos vivemos nos dias de hoje. Seria impossível fornecer uma descrição mais densa e uma análise mais profunda dos diversos efeitos das diferentes diásporas apresentadas neste livro, desde os anos 1450 até a década de 1970. Em vez disso, pensando

---

128 Marks, South African Refugees in the UK. In: Marks; Weindling; Wintour, op. cit., p.257-79.

241

O Grande Êxodo

no presente, gostaria de convidar os leitores a realizar um experimento em história virtual. Tente imaginar como estaria o mundo intelectual, especialmente as humanidades e as ciências sociais, seja na Grã-Bretanha ou em qualquer outro país ocidental, se os exilados, sobretudo os exilados dos anos 1930, não houvessem chegado quando chegaram. Minha impressão é que, sem a contribuição dos exilados, várias partes da Europa e das Américas teriam continuado muito mais provincianas, assim como os exilados teriam continuado muito mais provincianos se houvessem permanecido em seus países de origem. O que eu mais quero que os leitores se lembrem depois de fecharem este livro é da importância dessa dupla desprovincialização, tanto em períodos mais remotos quanto em tempos mais recentes.

Apêndice
Cem acadêmicas no exílio na década de 1930

É digna de nota a importância dos historiadores da arte entre os acadêmicos exilados e expatriados (metade do total, embora esse número possa ser resultante de uma pesquisa mais intensiva nessa disciplina do que nas outras). Também vale notar a quantidade de historiadoras da arte que não seguiram carreira acadêmica no exílio, mas trabalharam como artistas, negociantes ou curadoras, fosse por opção ou por não terem conseguido cargo em universidades. A seguir, por ordem de popularidade, vêm as disciplinas história geral, línguas e literaturas e psicologia (incluindo psicanálise), com uma dúzia de exiladas cada, e sociologia, com meia dúzia. Algumas mulheres cientistas, não listadas aqui, também foram para o exílio, das quais a mais famosa foi Lise Meitner.

Apêndice: cem acadêmicas no exílio na década de 1930

Principais fontes

Röder, Werner; Strauss, Herbert A. (orgs.). *International Biographical Dictionary of Central European Emigrés* [Dicionário biográfico internacional de *émigrés* centro-europeus]. Munique: Saur, 1983.
Wendland, Ulrike (org.). *Biographisches Handbuch deutschsprachiger Kunsthistoriker in Exil* [Manual biográfico de historiadores da arte germanófonos no exílio]. Munique: Saur, 1999.
Blumesberger, Susanne; Doppelhofer, Michael; Mauthe, Gabriele (orgs.). *Handbuch österreichische Autorinnen und Autoren jüdische Herkunft* [Manual de autores austríacos de origem judaica]. Viena: Saur, 2002.
Dictionary of Art Historians [Dicionário de historiadores da arte]. Disponível em: https://dictionaryofarthistorians.org/.

1. Hannah Arendt, 1906-1975, de Koenigsberg; filósofa, estudou com Heidegger, Husserl e Jaspers em Freiburg e Heidelberg; fugiu para Paris em 1933 e para os Estados Unidos em 1941.

2. Erna Auerbach, 1897-1975, de Frankfurt; estudou história da arte, fugiu para a Inglaterra em 1933, estudou no Courtauld Institute; trabalhou como pintora, retratista e palestrante nas faculdades de Holloway e Westfield.

3. Ingeborg Auerbach (nascida Fraenkel), nasceu em 1903, estudou história da arte com Panofsky em Hamburgo, escreveu uma dissertação sobre Andrea del Sarto; fugiu para a Inglaterra em 1935; desistiu de trabalhar com história da arte.

4. Susan Groag Bell, nascida na Tchecoslováquia em 1926; fugiu para a Inglaterra em 1939, conheceu Barbara Hammond, que despertou seu interesse por história; depois se mudou para a Califórnia, onde descobriu a história das mulheres e lecionou em Stanford.

5. Therese Benedek (nascida Friedmann), 1890-1977, de Eger; estudou em Budapeste, passou da medicina para a psicanálise; trocou a Hungria por Leipzig em 1920, mudou-se para Chicago em 1936.

244

Apêndice: cem acadêmicas no exílio na década de 1930

6. Alice Bergel (nascida Berger), 1911-1998, de Berlim; especialista em *Romanistik*; fugiu para a Inglaterra em 1939 e se mudou para os Estados Unidos em 1941; lecionou em Irvine, Califórnia.

7. Margarete Bieber, 1879-1978, nascida em Schönau, Prússia (hoje Polônia); classicista e historiadora da arte, foi professora em Giessen; mudou-se para os Estados Unidos em 1934, a convite do Barnard College; foi professora associada até a aposentadoria.

8. Senta Bier (nascida Dietzel), 1900-1978, de Fürth; estudou história da arte com Wölfflin em Munique; fugiu para os Estados Unidos em 1938, trabalhou como professora de arte e de alemão e, por fim, como professora de história da arte em Louisville, Kentucky.

9. Gertrud Bing, 1892-1964, historiadora da arte, de Hamburgo; trabalhou com Aby Warburg, fugiu para Londres em 1933, junto com o Warburg Institute, no qual foi diretora assistente de 1933 a 1955 e diretora entre 1955 e 1959.

10. Gerda Blumenthal, nascida em 1923, de Berlim; especialista em *Romanistik*; fugiu para os Estados Unidos em 1941, estudou em Nova York; ensinou literatura francesa na Universidade Católica de Washington.

11. Hedda Bolgar, 1909-2013, nascida em Zurique; psicanalista, estudou em Viena, fugiu para os Estados Unidos; praticou análise em Chicago até os 102 anos.

12. Charlotte Bühler (nascida Malachowski), 1893-1974, de Berlim; psicanalista, professora em Viena; fugiu para a Noruega em 1938, depois para Londres e os Estados Unidos.

13. Anneliese Bulling, 1900-2004, da Saxônia; historiadora da arte chinesa, estudou em Berlim, fugiu para a Grã-Bretanha em 1935, fez doutorado em Cambridge; mudou-se para os Estados Unidos em 1956; publicou trabalhos sobre a arquitetura do Período Han e foi tradutora.

245

Apêndice: cem acadêmicas no exílio na década de 1930

14. Gertrude Coor (nascida Achenbach), 1915-1962, de Frankfurt; historiadora da arte, fugiu para a Itália depois de 1933 e, então, para o País de Gales e os Estados Unidos; trabalhou no Princeton Index of Christian Art [Índice de arte cristã de Princeton] e como assistente do historiador da arte Millard Meiss; publicou uma monografia sobre Neroccio.

15. Helene Deutsch (nascida Rosenbach), 1884-1982, da Polônia; psicóloga, fugiu para Viena em 1907; estudou medicina, trabalhou com Freud; emigrou para os Estados Unidos em 1934, trabalhou como analista.

16. Hanna Deinhard (nascida Levy), 1912-1984; historiadora da arte, aluna de Wölfflin, fugiu para a França em 1933, depois para o Brasil, onde escreveu sobre arte colonial; mudou-se para os Estados Unidos em 1947, lecionou na New School e no Queen's College em Nova York; publicou trabalhos sobre sociologia da pintura.

17. Liselotte Dieckmann (Neisser), 1902-1994; especialista em *Germanistik*, fugiu para Roma em 1933, depois para Istambul e Estados Unidos, onde lecionou em St. Louis.

18. Ilona Duczyńska, 1897-1978, de Viena; revolucionária na Hungria, foi para Zurique, depois Moscou e, então, Viena (onde se casou com Karl Polanyi) e Inglaterra; trabalhou como tradutora.

19. Ilse Falk, nascida em 1906, de Hamburgo; historiadora da arte, estudou em Berlim, escreveu uma dissertação sobre Andrea Pisano; fugiu para a Suíça em 1937, depois para os Estados Unidos; trabalhou como secretária do historiador da arte Richard Offner e como tradutora.

20. Else Frenkel-Brunswik, 1908-1958, de Lviv; psicóloga, foi para Viena em 1919, como assistente de Charlotte Bühler; fugiu para os Estados Unidos em 1938; trabalhou com Adorno.

21. Anna Freud, 1895-1982, psicanalista austríaca; fugiu para a Inglaterra em 1938, junto com o pai.

246

Apêndice: cem acadêmicas no exílio na década de 1930

22. Margarete Freudenthal-Sallis, nascida em 1893, de Speyer; socióloga, estudou com Karl Mannheim, escreveu uma tese de doutorado sobre história da família; emigrou para a Palestina em 1934.

23. Gisèle Freund, 1908-2000, de Berlim; fotógrafa, estudou em Frankfurt com Adorno, Horkheimer e Mannheim; fugiu para Paris em 1933 e, mais tarde, para Argentina e México.

24. Franziska Fried-Boxer, nascida em Viena, 1904; historiadora da arte, estudou com Strzygowski, escreveu sobre Andrea Pisano, trabalhou na Biblioteca Warburg em Hamburgo entre 1930 e 1932; voltou para a Áustria, fugiu para a Inglaterra em 1939 e, depois, para os Estados Unidos.

25. Teresa Grace Frisch, de Viena; historiadora da arte, professora e decana do Wellesley College, 1947-1966; especialista em gótico.

26. Lili Fröhlich-Bume (nascida Caroline Bum), 1886-c.1975, de Viena; historiadora da arte, fugiu para a Inglaterra em 1938; tornou-se jornalista de arte, escrevendo resenhas sobre exposições.

27. Erika Fromm (nascida Oppenheimer), 1910-2003; psicóloga, especializada em psicologia experimental em Frankfurt; fugiu para os Países Baixos em 1934 e para os Estados Unidos em 1936.

28. Melitta Gerhard, 1891-1981; especialista em *Germanistik*, *Privatdozent* em Kiel; demitida em 1933, foi para os Estados Unidos em 1934, lecionou no Wellesley College, escreveu sobre Schiller e Goethe.

29. Francis Gray Godwin (Franziska Grabkowitz), 1908-1979, de Viena; historiadora da arte, aluna de Strzygowski; fugiu para os Estados Unidos em 1930, lecionou no Queen's College entre 1945 e 1970; estudou com Richard Offner, conhecida como grande professora.

Apêndice: cem acadêmicas no exílio na década de 1930

30. Sabine Gova (nascida Spiero), 1901-2000, de Hamburgo; historiadora da arte; fugiu para a França em 1933, estudou em Paris, foi deportada mas escapou para os Estados Unidos em 1941; trabalhou como faxineira, deu aulas de francês e alemão, foi professora no St. Peter's College de Jersey City e em Fordham.

31. Hanna Gray (nascida Holborn), nasceu em Heidelberg no ano de 1930, filha de Hajo Holborn; fugiu para os Estados Unidos com a família em 1934; historiadora da Renascença e presidente da Universidade Yale.

32. Carmen Gronau (nascida von Wogau), 1910-1999; historiadora do Renascimento italiano; trocou a Alemanha por Londres em 1935, trabalhou na Sotheby's.

33. Yvonne Hackenbroch, 1912-2012, de Frankfurt; estudou com Pinder, fugiu para a Inglaterra em 1937, foi curadora do British Museum, especialista em joias; foi para o Canadá em 1945 e para os Estados Unidos em 1949, depois voltou para a Inglaterra.

34. Elisabeth Maria Hajós, 1900-1982, da Hungria; historiadora da arte, trabalhou na Galeria Albertina em Viena, lecionou em Budapeste; fugiu para os Estados Unidos em 1938; publicou sobre arquitetura do século XX e sobre o Renascimento.

35. Betty Heimann, 1888-1961, de Wandsbek; indóloga, estudou em Kiel e Halle, foi professora em Hamburgo; fugiu para a Inglaterra em 1933 e para a Alemanha (Oriental) em 1957.

36. Emmy Heller, 1886-1956; medievalista, estudou em Heidelberg, fugiu para os Estados Unidos, lecionou no Brooklyn College de 1937 a 1956.

37. Herta Herzog, 1910-2010, de Viena; psicóloga social, mudou-se para os Estados Unidos em 1935, retornou à Europa em 1976.

38. Rosemarie Heyd (nascida Burkart), 1905-2002, de Berlim; trabalhou com *Romanistik*, aluna e assistente de Leo Spitzer,

248

Apêndice: cem acadêmicas no exílio na década de 1930

a quem seguiu para Istambul em 1933; voltou para a Alemanha com o marido em 1942, lecionou línguas em Darmstadt e atuou como intérprete.

39. Hedwig Hintze (nascida Guggenheimer), 1884-1942, de Munique; historiadora, estudou com Meinecke, trabalhou com Revolução Francesa, recebeu um convite para assumir um cargo na New School mas foi proibida de entrar nos Estados Unidos; fugiu para os Países Baixos em 1939; morreu (suicídio?) antes de ser deportada.

40. Ursula Hoff, 1909-2005, nascida na Inglaterra, criada em Hamburgo; historiadora da arte, aluna de Panofsky; fugiu para a Inglaterra em 1933, foi curadora de museu; mudou-se para a Austrália em 1939, trabalhou na National Gallery Victoria e na Universidade de Melbourne.

41. Louise Wilhelmine Holborn, 1898-1975, irmã de Hajo Holborn; especialista em política, fugiu para Londres em 1933 e para os Estados Unidos no ano seguinte; concluiu seu doutorado em 1938, sustentou-se trabalhando como babá, bibliotecária, professora de alemão, assistente de pesquisa; lecionou em Wellesley e no Connecticut College para mulheres.

42. Marie Jahoda, 1907-2001; psicóloga social austríaca; fugiu para a Inglaterra em 1937, depois para os Estados Unidos; estudou em Barnard e Columbia, orientanda de Lazarsfeld; foi professora em Barnard no ano de 1938 e da Universidade de Sussex em 1965.

43. Charlotte Jolles, 1909-2003, de Berlim; estudou *Germanistik*; fugiu para a Inglaterra em 1939, trabalhou com crianças refugiadas, lecionou em escolas e, a partir de 1955, em Birkbeck; especialista em Fontane.

44. Sonja Karsen, nascida em Berlim no ano de 1919; estudou *Romanistik*; foi para a Suíça em 1933 e depois para os Estados

Apêndice: cem acadêmicas no exílio na década de 1930

Unidos; PhD em Columbia, professora de espanhol em várias universidades americanas.

45. Viola Klein, 1908-1973, de Praga; fugiu para a Inglaterra em 1938, trabalhou como babá, fez um segundo doutorado na LSE, foi tradutora, professora e, por fim (aos 56 anos), palestrante na Universidade de Reading.

46. Olgar Koselleff-Gordon, nascida em Sebastopol no ano de 1904; historiadora da arte, mudou-se para Dresden em 1906, escreveu sobre iluminuras e esculturas medievais; fugiu para os Estados Unidos em 1933.

47. Trude Krautheimer-Hess, 1902-1987, de Erfurt; historiadora da arte, estudou em Frankfurt, fugiu para a Itália em 1933, depois para os Estados Unidos; foi colecionadora de arte, colaborou com o marido, Richard, em um estudo sobre Ghiberti.

48. Betty (Bettina Dorothea) Kurth (nascida Kris), 1878-1948, de Viena; historiadora da arte, estudou com Dvořák, especialista em tapeçaria medieval; fugiu para a Grã-Bretanha em 1939, encontrou um emprego de meio período na Glasgow Art Gallery.

49. Hilde Kurz (nascida Schüller), 1910-1970, de Viena; historiadora da arte, aluna de Schlosser, mudou-se para a Inglaterra em 1937, colaborou com o marido, Otto.

50. Claire Lachmann (nascida Ullman), 1904-1991, de Haia; historiadora da arte, estudou em Hamburgo com Panofsky e Saxl, foi assistente do Warburg Institute; fugiu para a Palestina em 1934 e se tornou crítica de arte e jornalista.

51. Ursula Lamb (nascida Schaefer), 1914-1996, de Essen; historiadora e antinazista, deixou a Alemanha em 1935; estudou em Berkeley, lecionou em Columbia, Yale e Arizona, escreveu sobre o Império Espanhol.

52. Júlia Láng, psicóloga húngara; em 1933, fugiu da Alemanha para a Inglaterra com o marido, Karl Mannheim.

Apêndice: cem acadêmicas no exílio na década de 1930

53. Olga Lang (nascida Joffe), 1897-1992, sinóloga russa associada à Escola de Frankfurt; casada com Karl Wittfogel, fugiu para os Estados Unidos em 1934, lecionou russo em Swarthmore, escreveu sobre a família chinesa.

54. Edith Lenel; historiadora, estudou com Rothfels em Koenigsberg, fugiu para os Estados Unidos; foi assistente de Hans Kohn no Smith College e bibliotecária no Montclair State College; mais tarde, lecionou alemão e se tornou catedrática do departamento de alemão.

55. Gerda Lerner (nascida Kronstein), 1920-2013, de Viena; historiadora e antinazista, foi presa antes de partir para os Estados Unidos em 1939; trabalhou como garçonete, estudou na New School, foi professora no Sarah Lawrence College, organizou um programa sobre história das mulheres.

56. Aenne Liebreich, 1889-*c*.1940, de Vestfália; historiadora da arte, escreveu sobre as esculturas de Sluter; fugiu para a França por volta de 1933 e se tornou assistente de Focillon; cometeu suicídio.

57. Ilse Lipschutz (nascida Hempel), nasceu em Württemberg no ano de 1923; especialista em *Romanistik*; fugiu para Paris em 1936, depois para a Espanha e os Estados Unidos; foi professora de francês em Vassar, chefe de departamento.

58. Margaret Mahler (nascida Schönberger), 1897-1985, de Sopron; psicanalista, estudou medicina em Munique e Viena, fugiu para o Reino Unido e depois para os Estados Unidos, em 1938; trabalhou no Instituto Psicanalítico de Nova York.

59. Erna Mandowsky, 1906-1970, de Hamburgo; historiadora da arte, aluna de Panofsky; fugiu para a Inglaterra em 1933 e depois para Estados Unidos; publicou estudos sobre Ripa e Ligório.

60. Anne Marie Meyer, 1919-2004, de Berlim; fugiu para a Inglaterra com a família em 1933; trabalhou como secretária no

Apêndice: cem acadêmicas no exílio na década de 1930

Warburg Institute de 1937 a 1984, estudou a história da ópera e do balé.

61. Sibyl Moholy-Nagy (nascida Pietzsch), 1903-1971, da Alemanha; filha de arquiteto, casada com Laszlo Moholy-Nagy; fugiu para Amsterdã em 1934 e para os Estados Unidos em 1937; tornou-se historiadora da arquitetura depois da morte do marido, lecionou em Chicago.

62. Elisabeth Moses, 1894-1957, de Colônia; estudou história da arte em Bonn, foi curadora de museu, demitida em 1933; no mesmo ano fugiu para a Itália e depois para os Estados Unidos; tornou-se curadora em São Francisco.

63. Alice Mühsam (nascida Freymarck), 1889-1968, de Berlim; historiadora de arte antiga e restauradora de arte; fugiu para os Estados Unidos em 1940, trabalhou como faxineira em Nova York, como restauradora no Brooklyn Museum e como tutora em Columbia.

64. Anita Orienter, 1896-*c*.1990, nascida no Brasil, de pai romeno; foi para Berlim em 1900, estudou com Wölfflin, voltou para o Brasil em 1939, onde foi pintora e restauradora; foi para Nova York em 1948, mas não conseguiu trabalho com arte, deu aula de idiomas.

65. Dorothea (Dora) Panofsky (nascida Mosse), 1885-1965; esposa de Erwin, foi para os Estados Unidos com o marido e colaborou com ele.

66. Lotte Brand Philip (nascida Forster), 1910-1986, de Altona; historiadora da arte, aluna de Panofsky; foi para os Estados Unidos em 1941, trabalhou como designer de joias, estudou e publicou sobre a arte dos Países Baixos; lecionou na NYU e no Queen's College.

67. Annemarie Pope (nascida Henle), 1910-2001; historiadora da arte, PhD em Heidelberg em 1931; fugiu para os Estados Unidos, trabalhou em Washington como administradora de arte.

Apêndice: cem acadêmicas no exílio na década de 1930

68. Edith Porada, 1912-1994, de Viena; arqueóloga e historiadora de arte do Oriente Próximo antigo; fugiu para os Estados Unidos em 1938, trabalhou no Metropolitan Museum, Queens e Columbia.

69. Lieselotte Pulvermacher Egers, 1904-?, de Berlim; historiadora da arte, estudou com Walter Friedlaender, publicou sobre escultura alemã; fugiu para os Estados Unidos por volta de 1937, lecionou alemão e história da arte em várias faculdades.

70. Beata Rank (nascida Minzer), 1886-1967, da Polônia; psicanalista, morou em Viena depois do casamento, traduziu Freud para o polonês, emigrou para os Estados Unidos em 1936.

71. Annie Reich (nascida Pink), 1902-1971, de Viena; psicanalista, estudou medicina, foi analisada por W. Reich e se casou com ele, viveu em Berlim; mudou-se para Praga em 1933 e para os Estados Unidos em 1938, trabalhou no Instituto Psicanalítico de Nova York.

72. Eva Gabriele Reichmann (nascida Jungmann), 1897-1998, da Silésia; historiadora e socióloga judia; fugiu para Londres em 1939, trabalhou como tradutora, fez um segundo doutorado na LSE sobre as causas sociais do antissemitismo; foi diretora do departamento de pesquisa da Biblioteca Wiener, pioneira dos estudos do Holocausto.

73. Grete Ring, 1887-1952, de Berlim; historiadora da arte, estudou com Wölfflin em Munique e se tornou negociadora de arte; abriu a galeria Paul Cassirer em Londres no ano de 1938 e se especializou em desenhos do século XIX; escreveu sobre pinturas francesas do século XV.

74. Helen Rosenau, 1900-1984; historiadora da arte, estudou em Munique com Wölfflin; fugiu para a Inglaterra em 1933, trabalhou no Courtauld Institute e na London School

253

Apêndice: cem acadêmicas no exílio na década de 1930

of Economics, lecionou nas universidades de Londres e Manchester.

75. Gertrud Rosenthal, 1903-1989, de Mayen; historiadora da arte, estudou na Universidade de Colônia, fugiu para a Inglaterra em 1938, trabalhou no Courtauld Institute; mudou-se para os Estados Unidos em 1940, foi bibliotecária e curadora do Baltimore Museum of Art.

76. Nina Rubinstein, 1908-1996, de Berlim; filha de liberais russos exilados (germano-bálticos); escreveu uma dissertação sobre *émigrés* franceses orientada por Karl Mannheim; em 1933, fugiu para Paris e depois para Nova York; trabalhou como intérprete.

77. Leonie Sachs (nascida Feiler), nasceu em Berlim no ano de 1908; estudou *Romanistik*; fugiu para a Espanha em 1933, depois para a França e para os Estados Unidos; foi professora de espanhol no Hunter College.

78. Rosa Schapire, 1874-1954, da Galícia; historiadora da arte, estudou em Heidelberg com Thode; foi colecionadora de arte contemporânea; fugiu para Londres em 1939, ganhou a vida como tradutora.

79. Felicie Scharf (nascida Radziejewski), nasceu em Berlim no ano de 1901; historiadora da arte, escreveu uma tese sobre escultura romanesca; fugiu para Londres em 1933, deu aulas de alemão e depois se tornou negociadora de arte.

80. Herta Schubart (nascida Müller, conhecida como Susanne Carwin graças a seu romance histórico *Faith and Inquisition* [Fé e inquisição]), 1898-1975; historiadora da arte, estudou em Hamburgo com Panofsky, escreveu uma tese sobre ilustrações da Bíblia; fugiu para a Espanha em 1933, depois para a França e a Inglaterra em 1937, voltou para a Alemanha em 1945; trabalhou como negociadora de arte e jornalista.

81. Berta Segall, 1902-1976; judia, historiadora da arte, estudou com Schlosser; fugiu para a Inglaterra em 1933 e para

Apêndice: cem acadêmicas no exílio na década de 1930

Atenas no ano seguinte; trabalhou no Benaki Museum, foi para os Estados Unidos em 1938 (Museum of Fine Arts, Johns Hopkins), voltou em 1956 e trabalhou no museu de arte de Hamburgo.

82. Charlotte Sempell, 1909-?; historiadora, publicou estudos sobre a questão Schleswig-Holstein e sobre Robespierre; antinazista, fugiu para Paris e depois para o Uruguai e os Estados Unidos; aos 38 anos, em meio período, começou a lecionar no Brooklyn College, de 1947 a 1974.

83. Judith Shklar, 1928-1992, judia de Riga; fugiu para o Canadá por volta de 1940 e depois para os Estados Unidos; foi professora de política em Harvard.

84. Erika Spivakovsky (nascida Zarden), 1909-1998, de Hamburgo; historiadora, estudou em Buenos Aires e Berlim; lecionou espanhol na Universidade de Melbourne entre 1936 e 1939 e no Radcliffe Institute de 1962 a 1964; publicou uma biografia de Diego Hurtado de Mendoza.

85. Kate Steinitz (nascida Traumann, às vezes assinou como Annette C. Nobody), 1889-1975, da Silésia; historiadora da arte, fugiu para os Estados Unidos em 1936, foi bibliotecária e artista.

86. Selma Stern-Täubler, 1890-1981; historiadora, estudou história judaica; fugiu para os Estados Unidos em 1941, foi arquivista no American Jewish Archive [Arquivo Judaico Americano], em Cincinnati.

87. Alice Teichova, 1920-2015, economista austríaca; fugiu para a Inglaterra em 1938 e foi para a Tchecoslováquia em 1945; lecionou na Charles University, voltou para a Inglaterra em 1968, foi professora na Universidade de East Anglia.

88. Erica Tietze-Conrat, 1883-1958, de Viena; historiadora da arte, aluna de Riegl, trabalhou com o marido, fugiu para os Estados Unidos em 1938, foi palestrante na Universidade Columbia.

Apêndice: cem acadêmicas no exílio na década de 1930

89. Lucie Varga (Rosa Stern), 1904-1941; historiadora austríaca, aluna de Dopsch; casou-se com Borkenau e deixou Paris em 1933, trabalhou como assistente de Febvre de 1934 a 1937.

90. Edith Weigert (nascida Vowinckel), 1894-1982, de Düsseldorf; psicanalista, estudou em Berlim, fugiu com o marido para Ancara e depois para os Estados Unidos, em 1938.

91. Josefa Weitzmann (nascida Fiedler), 1904-2000; historiadora da arte, casou-se com Kurt Weitzmann na Alemanha e seguiu com ele para Princeton, em 1935.

92. Herta Wescher (nascida Kauert), 1899-1971, de Krefeld; historiadora da arte, estudou com Wölfflin em Munique; fugiu em 1933 para Paris, onde trabalhou como jornalista, e em 1942 para a Suíça, onde trabalhou para faculdades.

93. Dorothee Westphal, 1902-1968; historiadora da arte, estudou com Wölfflin e Schlosser, escreveu sobre pinturas venezianas do Renascimento; foi para a Inglaterra, onde trabalhou com conservação.

94. Helene Wieruszowski, 1893-1978, de Elberfeld; historiadora, estudou com Levison e Meinecke, foi bibliotecária na Universidade de Bonn, acabou demitida em 1934; fez pesquisas na Espanha e na Itália; mudou-se para os Estados Unidos, trabalhou em uma série de cargos de meio período e, por fim, como professora na CUNY.

95. Rahel Wischnitzer (nascida Bernstein), 1885-1989, de Minsk; judia, historiadora da arte, estudou e morou na Alemanha, trabalhou em uma enciclopédia judaica e no Museu Judaico de Berlim; foi para a França em 1938 e para os Estados Unidos em 1940; lecionou no Yeshiva College de Nova York, publicou trabalhos sobre arte e arquitetura judaicas.

96. Margot Wittkower (nascida Holzmann), 1902-1995, de Berlim; designer e historiadora da arte, casou-se com Rudolf, fugiu para Londres em 1933 e depois para os Estados Unidos; publicou livros junto com o marido.

Apêndice: cem acadêmicas no exílio na década de 1930

97. Alma Wittlin (nascida Frischauer), 1899-1990, de Lviv; historiadora da arte, estudou com Strzygowski em Viena; fugiu para a Inglaterra em 1937, trabalhou no museu de arqueologia e antropologia de Cambridge; mudou-se para os Estados Unidos em 1952, foi diretora do museu de Santa Fe.

98. Alice Wolfe (Wolf, nascida Frisch), 1905-1983, da Hungria; historiadora da arte, estudou em Viena, fugiu para a Inglaterra em 1939 e depois para os Estados Unidos; trabalhou na galeria de arte de Yale até se mudar com o marido para Idaho.

99. Käthe Maria Wolf, 1907-1957, de Viena; psicóloga infantil, assistente de Bühlers; fugiu para a Suíça em 1939 e para os Estados Unidos em 1941, trabalhou em Yale e CUNY.

100. Maria Zambrano, 1904-1991; filósofa, aluna de Ortega, viveu em Cuba, Porto Rico, Itália, França, Suíça e, em 1984, voltou para a Espanha.

Referências bibliográficas

ABEL, Reuben. Felix Kaufmann. In: BOYERS, Robert (org.). *The Legacy of the German Refugee Intellectuals*. Nova York: Schocken, 1972. p.288-91.

ABELLÁN, José Luis (org.). *El exilio español de 1939*. Madri: Taurus, 1976. 2v.

ADELMAN, Jeremy. *Worldly Philosopher*: the odyssey of Alberto O. Hirschman. Princeton: Princeton University Press, 2013.

ADORNI BRACCESI, Simonetta; RAGAGLI, Simone. Lando, Ortensio. In: *Dizionario Biografico degli Italiani*. Roma: Istituto dell'Enciclopedia Italiana, 2004. v.63. Disponível em: http://www.treccani.it/enciclopedia/ortensio-lando_(Dizionario-Biografico).

ADORNO, Theodor. *Minima Moralia*. Frankfurt: Suhrkampf, 1951. [Ed. bras.: *Minima Moralia*. Rio de Janeiro: Azougue Editorial, 2008.]

_____. Scientific Experiences of a European Scholar in America. In: FLEMING, Donald; BAILYN, Bernard (orgs.). *The Intellectual Migration*: Europe and America, 1930-1960. Cambridge (MA): Harvard University Press, 1968. p.33-70.

Referências bibliográficas

ADORNO, Theodor et al. *The Authoritarian Personality*. Nova York: Norton, 1950.

ALENCASTRO, Luiz Felipe de. Henri Hauser et le Brésil. In: MARIN, Séverine-Antigone; SOUTOU, Georges-Henri (orgs.). *Henri Hauser*. Paris: Presses de l'Université Paris-Sorbonne, 2006. p.281-96.

ALMAGOR, Joseph. *Pierre Des Maizeaux*. Amsterdã: APA-Holland University Press, 1989.

ANDERSON, Perry. Components of the National Culture. *New Left Review* 50, p.3-58, 1968.

ANDRADE, António Júlio de; GUIMARÃES, Maria Fernanda. *Jacob de Carlos Sarmento*. Lisboa: Vega, 2010.

ANDRÉS Y MORELL, Juan. *Dell'origine, progressi e stato d'ogni attuale letteratura*. Parma: Stamperia Reale, 1782-1799.

ANDREYEV, Catherine; SAVICKÝ, Ivan. *Russia Abroad*: Prague and the Russian Diaspora, 1919-38. New Haven: Yale University Press, 2004.

APP, Urs. *The Birth of Orientalism*. Filadélfia (PA): University of Penn Press, 2010.

APTER, Emily. Global *Translatio*: the "Invention" of Comparative Literature, Istanbul 1933. *Critical Inquiry* 29, p.253-81, 2003.

ARBLASTER, Paul. *Antwerp and the World*: Richard Verstegan and the International Culture of Catholic Reformation. Leuven: Leuven University Press, 2004.

ARBOUSSE-BASTIDE, Paul. O que o Brasil me ensinou. *Revista da Faculdade de Educação* 10, p.331-44, 1984.

ARCHETTI, Eduardo P. *Masculinities*: Football, Polo and the Tango in Argentina. Oxford: Berg, 1999.

ARENDT, Hannah. We Refugees. In: FELDMAN, Ron H. (org.). *The Jew as Pariah*: Hannah Arendt. Nova York: Grove Press, 1978. p.55-66.

ASH, Mitchell G. Disziplinentwicklung und Wissenschaftstransfer – Deutschsprachige Psychologen in der Emigration. *Berichte zur Wissenschaftsgeschichte* 7, p.207-26, 1984.

Referências bibliográficas

ASH, Mitchell G. Forced Migration and Scientific Change. In: SCAZ-ZIERI, Roberto; SIMILI, Raffaella (orgs.). *The Migration of Ideas*. Sagamore Beach (MA): Science History Publications, 2008. p.161-78.

ASHTON, Rosemary. *Little Germany*: Exile and Asylum in Victorian England. Oxford: Oxford University Press, 1986.

AUERBACH, Erich. *Mimesis*: the Representation of Reality in Western Literature [1947]. Tradução inglesa. Princeton: Princeton University Press, 1953. [Ed. bras.: *Mimesis*: a representação da realidade na literatura ocidental. São Paulo: Perspectiva, 2015.]

BABINGER, Franz. *Gottlieb Siegfried Bayer*. Munique: Schön, 1915.

BAER, Yitzhak. *Galut* [1936]. Tradução inglesa. Nova York: Schocken, 1947.

BAETS, Antoon de. Exile and Acculturation: Refugee Historians since the Second World War. *International History Review* 28, p.316-35, 2006.

BALDENSPERGER, Fernand. *Le movement des idées dans l'émigration française, 1789-1815*. Paris: Plon, 1924. 2v.

BARKIN, Kenneth D. Émigré Historians in America, 1950-1980. In: LEHMANN, Hartmut; SHEEHAN, James J. (orgs.). *An Interrupted Past*: *German-speaking Refugee Historians in the United States after 1933*. Washington (DC): German Historical Institute, 1991. p.149-69.

BARNETT, Pamela R. *Theodore Haak FRS*. Haia: Mouton, 1962.

BARON, Hans. *The Crisis of the Early Italian Renaissance*. Princeton (NJ): Princeton University Press, 1955. 2v.

BARRETO XAVIER, Ângela; ŽUPANOV, Ines G. *Catholic Orientalism*: Portuguese Empire, Indian Knowledge (16th-18th Centuries). Délhi: Oxford University Press, 2015.

BASNAGE, Jacques. *Histoire des Juifs*. Roterdã: Leers, 1706-1707. 6v.

BATLLORI, Miquel. *La cultura hispano-italiana de los jesuitas expulsos*. Madri: Gredos, 1966.

BAUMAN, Zygmunt. *Modernity and the Holocaust*. Cambridge: Polity Press, 1989. [Ed. bras.: *Modernidade e holocausto*. Rio de Janeiro: Zahar, 1998.]

BAYLE, Pierre. *Dictionnaire Historique et Critique* [1697]. 5.ed. Amsterdã: Brunel, 1740.

BAYLY, Christopher A. *Empire and Information*: intelligence Gathering and Social Communication in India, 1780-1870. Cambridge: Cambridge University Press, 1996.

BEINART, Haim. *The Expulsion of the Jews from Spain*. Tradução inglesa. Oxford: Littman Library, 2002.

BELLOT, Jacques. *Familiar Dialogues* [1586]. Ed. fac-similar. Menston: Scolar Press, 1969.

BENEDICT, Philip. *Rouen during the Wars of Religion*. Cambridge: Cambridge University Press, 1981.

BEREC, Laurent. *Claude de Sainliens*: un Huguenot Bourbonnais au temps de Shakespeare. Paris: Orizons, 2012.

BERGHAHN, Marion. Women Emigrés in England. In: QUACK, Sybille (org.). *Between Sorrow and Strength*. Cambridge: Cambridge University Press, 1995. p.69-80.

BERKEL, Klaas van. Een Onwillige Mecenas? De Rol van de VOC bij het Natuurwetenschappelijk Onderzoek in de Zeventiende Eeuw. In: BETHLEHEM, J.; MEIJER, A. C. (orgs.). *VOC en Cultuur*. Amsterdã: Schiphouwer and Brinkman, 1993. p.59-76.

_____. The Natural Sciences in the Colonies. In: BERKEL, Albert van Helden; PALM, Lodewijk (orgs.). *A History of Science in the Netherlands*. Leiden: Brill, 1999. p.210-28.

BERKVENS-STEVELINCK, Christiane. *Prosper Marchand*. Leiden: Brill, 1987.

_____. Prosper Marchand, intermédiaire du Refuge Huguenot. In: BERKVENS-STEVELINCK, C.; BOTS, Hans; HÄSELER, Jens. *Les grands intermédiaires de la République des Lettres*. Paris: Champion, 2005. p.361-86.

BERNARD, Henri. Les sources mongoles et chinoises de l'Atlas Martini. In: MALEK, Roman; ZINGERLE, Arnold (orgs.). *Martino Martini SJ und die Chinamission*. Nettetal: Institut Monumenta Serica, 2000. p.223-40.

Referências bibliográficas

BIAŁOSTOCKI, Jan. Erwin Panofsky: Thinker, Historian, Human Being, *Simiolus* 4, p.68-89, 1970.

BLACK, Joseph L. *G.-F. Müller and the Imperial Russian Academy*. Kingston; Montreal: McGill-Queen's University Press, 1986.

BLEKASTAD, Milad. *Comenius*. Oslo: Universitetsforlaget, 1969.

BLOK, Anton. *The Blessings of Adversity*. Cambridge: Polity Press, 2016.

BLOOMFIELD, Leonard. Language or Ideas?, *Language* 12, p.89-95, 1936-1938.

BLUSSE, Leonard; OOMS, Ilonka (orgs.). *Kennis en Compagnie*: De VOC en de Moderne Wetenschap. Amsterdã: Balans, 2002.

BOERI, Tito et al. (org.). *Brain Drain and Brain Gain*. Oxford: Oxford University Press, 2012.

BOND, Donald F. Armand de la Chapelle and the First French Version of *The Tatler*. In: CAMDEN, Carroll (org.). *Restoration and Eighteenth--Century Literature*. Chicago: University of Chicago Press, 1963. p.161-84.

BOST, Hubert. *Un intellectuel avant la lettre*: le journaliste Pierre Bayle. Amsterdã-Maarssen: APA-Holland University Press, 1994.

_____. *Ces Messieurs de la R. P. R.* Paris: Champion, 2001.

_____. *Pierre Bayle historien, critique et moraliste*. Turnhout: Brepols, 2006.

BOTS, Hans. Les Provinces-Unies, centre d'information européenne au XVIIe siècle. *Quaderni del Seicento Francese* 5, p.283-306, 1983.

_____. Le role des périodiques néerlandais pour la diffusion du livre (1684-1747). In: BERKVENS-STEVELINCK, Christiane (org.). *Le Magasin de l'Univers*: the Dutch Republic as the Centre of the European Book Trade. Leiden: Brill, 1992. p.49-70.

_____. Les pasteurs français au refuge des Provinces-Unies. In: HÄSELER, Jens; McKENNA, Antony (orgs.). *La vie intellectuelle aux refuges protestants*. Paris: Champion, 1999. p.9-18.

_____. Pierre Bayle's *Dictionnaire* and a New Attitude towards the Islam. In: DERKS, Marjet et al. (orgs.). *What's Left Behind*: the *Lieux de Mémoire* of Europe beyond Europe. Nijmegen: Vantilt, 2015. p.183-9.

Referências bibliográficas

BOYERS, Robert (org.). *The Legacy of the German Refugee Intellectuals*. Nova York: Schocken, 1972.

BOXER, Charles R. *Jan Compagnie in Japan, 1600-1817* [1936]. 2.ed. Londres: Oxford University Press, 1968.

BOZAY, Kemal. *Exil Türkei*: ein Forschungsbeitrag zur Deutschsprachigen Emigration in der Türkei (1933-1945). Münster: LIT, 2001.

BRADING, David. *The First America*: the Spanish Monarchy, Creole Patriots and the Liberal State 1492-1866. Cambridge: Cambridge University Press, 1991.

BRANCH, Michael. The Academy of Sciences in St Petersburg as a Centre of Finno-Ugrian Studies, 1725-1860 [1994]. Disponível em: ajsjogren.weebly.com/.../m_branch_academy_in_st_petersburg_part_1.pdf.

BRAUDEL, Fernand. A travers un continent d'histoire: le Brésil et l'œuvre de Gilberto Freyre. *Mélanges d'Histoire Sociale* 4, p.3-20, 1943.

_____. *La Méditerranée et le monde méditerranéen à l'époque de Philippe II* [1949]. 2.ed. Paris: Armand Colin, 1966. [Ed. bras.: *Mediterrâneo e o mundo mediterrâneo na época de Filipe II*. São Paulo: Edusp, 2016. 2v.]

_____. Histoire et sciences sociales: la longue durée [1958]. Reimp. em *Les ambitions de l'histoire*. Paris: Fallois, 1997. p.149-79.

BREINER, Peter. Translating Max Weber. In: RÖSCH, Felix (org.). *Émigré Scholars and the Genesis of International Relations*. Basingstoke: Ashgate, 2014. p.40-58.

BUCHER, Gudrun. *"Von Beschreibung der Sitten und Gebräuche der Völker"*: Die Instruktionen Gerhard Friedrich Müllers und ihre Bedeutung für die Geschichte der Ethnologie und der Geschichtswissenschaft. Wiesbaden: Harrassowitz, 2002.

BURK, Lâle Aka. An Open Door: German Refugee Scholars in Turkey. In: ROSE, Peter I. (org.). *The Dispossessed*. Amherst: University of Massachusetts Press, 2005. p.235-56.

BURKE, Peter. The Spread of Italian Humanism. In: GOODMAN, Anthony; MACKAY, Angus (org.). *The Impact of Humanism on Western Europe*. Londres: Longman, 1990. p.1-22.

Referências bibliográficas

BURKE, Peter. The Myth of 1453: Notes and Reflections. In: ERBE, Michael et al. (orgs.). *Querdenken*: Dissens und Toleranz im Wandel der Geschichte: Festschrift Hans Guggisberg. Mannheim: Palatium, 1996. p.23-30.

_____. History as Allegory. *Inti* 45, p.337-51, 1997.

_____. *A Social History of Knowledge from Gutenberg to Diderot*. Cambridge: Polity Press, 2000. [Ed. bras.: *Uma história social do conhecimento de Gutenberg a Diderot*. Rio de Janeiro: Zahar, 2003.]

_____. The Jesuits and the Art of Translation in Early Modern Europe. In: O'MALLEY, John et al. (org.). *The Jesuits, II*: Cultures, Sciences and the Arts, 1540-1773. Toronto: University of Toronto Press, 2006. p.24-32.

_____. *A Social History of Knowledge from the Encyclopédie to Wikipedia*. Cambridge: Polity Press, 2012. [Ed. bras.: *Uma história social do conhecimento II*: da Enciclopédia a Wikipédia. Rio de Janeiro: Zahar, 2012.]

_____. *The French Historical Revolution*: the Annales School, 1929-2014 [1990]. Ed. rev. e ampl. Cambridge: Polity Press, 2015. [Ed. bras.: *A Escola dos Annales (1929-1989)*: a Revolução Francesa da historiografia. São Paulo: Editora Unesp, 2010.]

_____; PALLARES-BURKE, Maria Lúcia. *Gilberto Freyre*: Social Theory in the Tropics. Oxford: Peter Lang, 2008.

BURRIEZ SÁNCHEZ, Javier. Los misioneros de la restauración católica: la formación en los colegios ingleses. In: CASTELNAU-L'ESTOILE, Charlotte de (org.). *Missions d'évangélisation et circulation des savoirs*: XVIe-XVIIIe siècle. Madri: Casa de Velázquez, 2011. p.87-110.

BUTTERFIELD, Herbert. *George III and the Historians*. Ed. revis. Nova York: Macmillan, 1959.

CALHOUN, Craig (org.). *Sociology in America*: a History. Chicago: University of Chicago Press, 2007.

CANTIMORI, Delio. *Eretici italiani del Cinquecento*. Florença: Sansoni, 1939.

Referências bibliográficas

CARPENTER, Kirsty. *Refugees of the French Revolution*: émigrés in London, 1789-1802. Basingstoke: Macmillan, 1999.

CARSTEN, Francis. From Revolutionary Socialism to German History. In: ALTER, Peter (org.). *Out of the Third Reich*: Refugee Historians in Post-war Britain. Londres: I. B. Tauris, 1998. p.25-40.

CASTRO, Américo. *The Structure of Spanish History*. Princeton: Princeton University Press, 1954.

CAUDET, Francisco. *El exilio republicano de 1939*. Madri: Cátedra, 2005.

CERNY, Gerald. *Theology, Politics and Letters at the Crossroads of European Civilization*: Jacques Basnage and the Baylean Huguenot Refugees in the Dutch Republic. Haia: Nijhoff, 1987.

CHRISTMANN, Hans Helmut; HAUSMANN, Frank-Rutger (orgs.). *Deutsche und österreichische Romanisten als Verfolgte des National Sozialismus*. Tübingen: Stauffenburg, 1989.

CIAN, Vittorio. *L'immigrazione dei gesuiti spagnuoli letterati in Italia*. Turim: Clausen, 1895.

CIPOLLA, Carlo. The Diffusion of Innovations in Early Modern Europe. *Comparative Studies in Society and History* 14, p.46-52, 1972.

CLARK, Kenneth. *Another Part of the Wood*. Londres: Murray, 1974.

_____. A Lecture that Changed my Life. In: FÜSSELL, Stephan (org.). *Mnemosyne*. Göttingen: Gratia-Verlag, 1979. p.47-8.

CLEMENTS, Rebekah. *A Cultural History of Translation in Early Modern Japan*. Cambridge: Cambridge University Press, 2015.

CLOSSEY, Luke. *Salvation and Globalization in the Early Jesuit Missions*. Cambridge: Cambridge University Press, 2008.

COHN, Bernard S. *Colonialism and its Forms of Knowledge*: the British in India. Princeton: Princeton University Press, 1996.

COLCUTT, Martin. *Five Mountains*. Cambridge (MA): Harvard University Press, 1981.

COLLEY, Linda. *Lewis Namier*. Londres: Weidenfeld and Nicolson, 1989.

CONGDON, Lee. *Exile and Social thought*: Hungarian Intellectuals in Germany and Austria, 1919-1933. Princeton: Princeton University Press, 1991.

CONSIDINE, John P. *Dictionaries in Early Modern Europe*. Cambridge: Cambridge University Press, 2008.

COOK, Harold J. Global Economies and Local Knowledge in the East Indies. In: SCHIEBINGER, Londa; SWAN, Claudia (orgs.). *Colonial Botany*. Filadélfia: University of Pennsylvania Press, 2005. p.100-18.

_____. *Matters of Exchange*: Commerce, Medicine and Science in the Dutch Golden Age. New Haven: Yale University Press, 2007.

_____. Amsterdam, entrepôt des savoirs au XVIIe siècle. *Revue d'Histoire Moderne et Contemporaine* 55, p.19-42, 2008.

CORTESÃO, Armando (org.). *The* Suma Oriental *of Tomé Pires*. Londres: Hakluyt Society, 1944. 2v.

COSER, Lewis A. *Refugee Scholars in America*: their Impact and their Experiences. New Haven: Yale University Press, 1984.

COUTO, Dejanirah. The Role of Interpreters, or *Linguas*, in the Portuguese Empire in the Sixteenth Century. Disponível em: <www.brown.edu/Departments/Portuguese_Brazilian_Studies/ ejph/html/issue2/html.>

CRACRAFT, James. *The Petrine Revolution in Russian Culture*. Cambridge (MA): Harvard University Press, 2004.

CRAWFORD, Michael H. L'insegnamento di Arnaldo Momigliano in Gran Bretagna. In: RUGGINI, Lellia Cracco (org.). *Omaggio ad Arnaldo Momigliano*. Como: New Press, 1989. p.27-42.

CROSS, Anthony. *By the Banks of the Neva*: Chapters from the Lives and Careers of the British in Eighteenth-Century Russia. Cambridge: Cambridge University Press, 1997.

DAHL, Folke. Amsterdam – Earliest Newspaper Centre of Western Europe. *Het Boek* 25, p.160-97, 1939.

DAMES, Mansel (org.). *The Book of Duarte Barbosa*. Londres: Hakluyt Society, 1918-21. 2v.

DARNTON, Robert. *The Forbidden Best-Sellers of Pre-Revolutionary France*. Nova York: Norton, 1995.

DAVIES, David W. *The World of the Elseviers, 1580-1712*. Haia: Nijhoff, 1954.

Referências bibliográficas

DAVIS JR., Donald R. Law in the Mirror of Language. In: *Trautmann, Thomas R.* (org.). *The Madras School of Orientalism.* Oxford: Oxford University Press, 2009. p.288-309.

DAVIS, Jack L. Roger Williams among the Narragansett Indians. *New England Quarterly* 43, p.593-604, 1970.

DAVIS, Natalie Z. *Trickster Travels*: a sixteenth-Century Muslim between Worlds. Londres: Faber, 2007.

DELMAS, Adrian. From Travelling to History: an Outline of the VOC Writing System During the Seventeenth Century. In: DELMAS, Adrian; PENN, Nigel (orgs.). *Written Culture in a Colonial Context.* Leiden: Brill, 2012. p.97-126.

DEMARCHI, Franco; SCARTEZZINI, Riccardo (orgs.). *Martino Martini umanista e scienziato nella Cina del secolo XVII.* Trento: Università di Trento, 1995.

DESMOND, Ray. *The European Discovery of the Indian Flora.* Oxford: Oxford University Press, 1992.

DODSON, Michael S. *Orientalism, Empire and National Culture*: India, 1770-1880. Basingstoke: Palgrave Macmillan, 2007.

DÖRNER, Anke. *La Vita Spezzata.* Leonardo Olschki, ein jüdische Romanist zwischen Integration und Emigration. Tübingen: Stauffenburg, 2005.

DRAYTON, Richard H. *Nature's Government.* New Haven: Yale University Press, 2000.

DRÖSCHER, Ariane. Gli italiani e l'estero: flussi di migrazione intellettuale. In: CASSATA, Francesco; POGLIANO, Claudio (orgs.). *Storia d'Italia, Annali* 26. Turim: Einaudi, 2011. p.807-32.

EDNEY, Matthew H. *Mapping an Empire*: the Geographical Construction of British India, 1765-1843. Chicago: University of Chicago Press, 1990.

EHRENPREIS, Stefan. Empiricism and Image-Building: the creation and Dissemination of Knowledge in Dutch Brazil, 1636-1750. In: FRIEDRICH, Susanne; BRENDECKE, Arndt; EHRENPREIS, Stefan (orgs.). *Transformations of Knowledge in Dutch Expansion.* Berlim: De Gruyter, 2015. p.69-92.

Referências bibliográficas

EISENSTEIN, Elizabeth. *Grub Street Abroad*: Aspects of the French Cosmopolitan Press from the Age of Louis XIV to the French Revolution. Oxford: Clarendon Press, 1992.

EISLER, Colin. *Kunstgeschichte* American Style: a Study in Migration. In: FLEMING, Donald; BAILYN, Bernard (orgs.). *The Intellectual Migration*: Europe and America, 1930-1960. Cambridge (MA): Harvard University Press, 1968. p.544-629.

ELIAS, Norbert. Problems of Involvement and Detachment. *British Journal of Sociology* 7, 1956, p.226-52.

_____. Sociology and Psychiatry. In: FOULKES, Siegmund H.; PRINCE, G. Stewart (orgs.). *Psychiatry in a Changing Society*. Londres: Tavistock, 1969. p.117-44.

_____. The Retreat of Sociologists into the Present. *Theory Culture and Society* 4, 1987, p.223-47.

_____; SCOTSON, John. *The Established and the Outsiders*. Londres: Cass, 1965.

ELKANAH, Yehudah. *Leben in Contexten*. Berlim: Wissenschaftskolleg, 2015.

ELTON, Geoffrey R. *The Tudor Revolution in Government*. Cambridge: Cambridge University Press, 1953.

_____. *Return to Essentials*. Cambridge: Cambridge University Press, 1991.

_____. *The English*. Oxford: Blackwell, 1992.

_____. *The Practice of History* [1967]. 2.ed. Oxford: Blackwell, 2002.

ELUKIN, Jonathan M. Jacques Basnage and the History of Jews. *Journal of the History of Ideas* 53, 1992, p.603-30.

EPSTEIN, Catherine. *Schicksalsgeschichte*: Refugee Historians in the United States. In: LEHMANN, Hartmut; SHEEHAN, James (orgs.). *An Interrupted Past*: German-Speaking Refugee Historians in the United States after 1933. Washington (DC): German Historical Institute, 1991. p.116-35.

_____. Fashioning Fortuna's Whim: German-Speaking Women Emigrant Historians in the United States. In: QUACK, Sybille (org.).

Referências bibliográficas

Between Sorrow and Strength: Women Refugees in Nazi Germany. Cambridge: Cambridge University Press, 1995. p. 301-23.

EPSTEIN, Catherine. Woman, Refugee, Historian: the Life and Career of Helene Wieruszowski. In: FAIR-SCHULZ, Axel; KESSLER, Mario (orgs.). *German Scholars in Exile*. Lanham (MD): Lexington Books, 2011. p.85-92.

ERICHSEN, Regine. Das Turkische Exil als Geschichte von Frauen. *Berichte zur Wissenschaftsgeschichte* 28, p.337-53, 2005.

ESPAGNE, Michel; WERNER, Michael (orgs.). *Transferts*. Les relations interculturelles dans l'espace franco-allemand, XVIIIe et XIXe siècles. Paris: Éditions Recherche sur les Civilisations, 1988.

ETKIND, Alexander. *Internal Colonization*: Russia's Imperial Experience. Cambridge: Polity Press, 2011.

FABIAN, Johannes. *Out of Our Minds*: Reason and Madness in the Exploration of Central Africa. Berkeley: University of California Press, 2000.

FEICHTINGER, Johannes. The Significance of Austrian Emigré Art Historians for English Art Scholarship. In: TIMMS, Edward; HUGHES, Jon (orgs.). *Intellectual Migration and Cultural Transformation*. Viena; Nova York: Springer, 2003. p.51-70.

FEIGL, Herbert. The *Wiener Kreis* in America. In: FLEMING, Donald; BAILYN, Bernard (orgs.). *The Intellectual Migration*: Europe and America, 1930-1960. Cambridge MA: Harvard University Press, 1968. p.630-73.

FEINGOLD, Mordechai. Jesuits: Savants. In: _____ (org.). *Jesuit Science and the Republic of Letters*. Cambridge (MA): MIT Press, 2003. p.1-46.

FÉL, Edit; HOFER, Tamás. *Proper Peasants*: Traditional Life in a Hungarian Village. Chicago: Aldine, 1969.

FELDHAY, Riva. Knowledge and Salvation in Jesuit Culture. *Science in Context* 1, p.195-213, 1987.

FENTON, William N.; MOORE, Elizabeth L. J.-F. Lafitau (1681-1746), Precursor of Scientific Anthropology. *Southwestern Journal of Anthropology* 25, p.173-87, 1964.

FERMI, Laura. *Illustrious Immigrants*: the Intellectual Migration from Europe 1930-41. Chicago: University of Chicago Press, 1968.

FISCHER-TINÉ, Harald. *Pidgin-Knowledge*: Wissen und Kolonialismus. Zurique; Berlim: Diaphanes, 2013.

FLEMING, Juliet. The French Garden: an Introduction to Women's French. *English Literary History* 56, 1989, p.19-51.

FLOUD, Jean. Karl Mannheim. *New Society* 29, dez. 1966, p.971.

FRANK, Tibor. *Double Exile*: Migrations of Jewish-Hungarian Professionals through Germany to the United States, 1919-1945. Oxford: Oxford University Press, 2009.

FRANKLIN, Michael J. *Orientalist Jones*. Oxford: Oxford University Press, 2011.

FREELAND, Cynthia. *Art Theory*: a Very Short Introduction. Oxford: Oxford University Press, 2003.

FREYRE, Gilberto. *Ingleses*. Rio de Janeiro: José Olympio, 1942.

FRIEDRICH, Markus. *Der lange Arm Roms?* Globale Verwaltung und Kommunikation im Jesuitenorden 1540-1773. Frankfurt: Campus, 2011.

FRYE, Richard N. *The Golden Age of Persia*. Londres: Weidenfeld and Nicolson, 1975.

FUKS, Lajb; FUKS-MANSFELD, Renata G. *Hebrew Typography in the Northern Netherlands, 1585-1815*. Leiden: Brill, 1984.

FUKS-MANSFELD, Renata G. The Hebrew Book Trade in Amsterdam in the 17th Century. In: BERKVENS-STEVELINCK, Christiane et al. (orgs.). *Le magasin de l'univers*: the Dutch Republic as the Centre of the European Book Trade. Leiden: Brill, 1992. p.155-68.

GAMES, Stephen. *Pevsner*: the Early Life. Londres: Continuum, 2010.

GAOS, José. La adaptación de un español a la sociedad hispano-americana. *Revista de Occidente* 14, p.168-78, 1966.

_____. *En torno a la filosofía Mexicana*. Cidade do México: Alianza, 1980.

GARRETT, Christina H. *The Marian Exiles*. Cambridge, 1938.

GEANAKOPLOS, Deno J. *Greek Scholars in Venice*. Cambridge (MA): Harvard University Press, 1962.

GELDER, Roelof van. Engelbert Kaempfer as a Scientist in the Service of the Dutch East India Company. In: HABERLAND, Detlef (org.). *Engelbert Kaempfer*: ein Gelehrtenleben zwischen Tradition und Innovation. Wiesbaden: Harassowitz, 2004. p.211-25.

GELDNER, Ferdinand. *Die deutsche Inkunabeldrucker*. Stuttgart: Hiersemann, 1968-1970. 2v.

GELLNER, Ernest. *Words and Things*. Londres: Gollancz, 1959.

GELZER, Matthias. *Die Nobilität der römanischen Republik*. Leipzig. Berlim: Teubner, 1912.

GENOT-BISMUTH, Jacqueline. L'argument de l'histoire dans la tradition espagnole de polémique judéo-chrétienne. In: STILLMAN, Yedida K.; STILLMAN, Norman A. (orgs.). *From Iberia to Diaspora*. Leiden: Brill, 1999. p.197-213.

GERBI, Antonello. *La disputa del nuovo mondo*: storia di una polemica (1750-1900). 2.ed. Milão: Adelphi, 2000.

GIBBON, Edward. *Decline and Fall of the Roman Empire*. Ed. de David Womersley. Londres: Allen Lane, 1994. [Ed. bras.: *Declínio e queda do Império Romano*. São Paulo: Companhia das Letras, 2005.]

GIBBS, Grahame C. The Role of the Dutch Republic as the Intellectual Entrepot of Europe in the Seventeenth and Eighteenth Centuries. *Bijdragen en Mededelingen betreffende de Geschiedenis van de Nederlanden* 86, p.323-49, 1971.

_____. Some Intellectual and Political Influences of the Huguenot Emigrés in the United Provinces. *Bijdragen en Mededelingen betreffende de Geschiedenis der Nederlanden* 90, p.264-87, 1975.

GINZBURG, Carlo. *Wooden Eyes*: Nine Reflections on Distance [1998]. Tradução inglesa. Londres: Verso, 2002. [Ed. bras.: *Olhos de madeira*: nove reflexões sobre a distância. São Paulo: Companhia das Letras, 2001.]

GONZÁLEZ MONTERO, Marisa. *Lorenzo Hervás y Panduro, el gran olvidado de la Ilustración Española*. Madri: Iberediciones, 1994.

GORDIN, Michael. *Scientific Babel*: the Language of Science. Londres: Profile Books, 2015.

Referências bibliográficas

GOUSSEFF, Cathérine. *L'exil russe*: la fabrique du réfugié apatride. Paris: CNRS, 2008.

GOUZEVITCH, Irina. Le transfert des connaissances et les réformes de Pierre I. *Bulletin de la Sabix 33*, p.74-121, 2003.

GRAHAM, Richard. An Interview with Sergio Buarque de Holanda. *Hispanic American Historical Review* 62, p.3-18, 1982.

GRAHAM-YOOLE, Andrew. The Wild Oats They Sowed: Latin American Exiles in Europe. *Third World Quarterly*, n.9, p.246-53, 1987.

GRAY, Rockwell. The Spanish Diaspora: a culture in exile. *Salmagundi*, n.77, 1988, p.53-83.

GREENBERG, Karen J. Refugee Historians and American Academe. In: LEHMANN, Hartmut; SHEEHAN, James (orgs.). *An Interrupted Past*: German-Speaking Refugee Historians in the United States after 1933. Washington (DC): German Historical Institute, 1991. p.94-101.

GREENGRASS, Mark; LESLIE, Michael; RAYLOR, Timothy (orgs.). *Samuel Hartlib and Universal Reformation*. Cambridge: Cambridge University Press, 1994.

GRELL, Ole P.; CUNNINGHAM, Andrew; ARRIZABALAGA, Jon (orgs.). *Centres of Medical Excellence?* Medical Travel and Education in Europe, 1500-1789. Aldershot: Ashgate, 2010.

GRENVILLE, John. From Gardener to Professor. In: ALTER, Peter (org.). *Out of the Third Reich*: Refugee Historians in Post-war Britain. Londres: I. B. Tauris, 1998. p.55-72.

GROVE, Richard. The Transfer of Botanical Knowledge between Asia and Europe, 1498-1800. *Journal of the Japan-Netherlands Institute* 3, p.160-76, 1991.

GRUEN, Erich S. *Diaspora*: Jews amidst Greeks and Romans. Cambridge (MA): Harvard University Press, 2002.

_____. Polybius and Josephus on Rome. In: GIBSON, Bruce; HARRISON, Thomas (orgs.). *Polybius and his World*. Oxford: Oxford University Press, 2013. p.255-65.

Referências bibliográficas

GUASTI, Niccolò. The Exile of the Spanish Jesuits in Italy. In: BURSTON, Jeffrey D.; WRIGHT, Jonathan (orgs.). *The Jesuit Suppression in Global Context*. Cambridge: Cambridge University Press, 2015. p.248-61.

GUERRIER, Vladimir I. *Leibniz in seinen Beziehungen zu Russland und Peter den Grossen*. São Petersburgo: Akademie der Wissenschaften, 1873.

GUTAS, Dimitri. *Greek Thought, Arabic Culture*: the Graeco-Arabic Translation Movement in Baghdad and Early Abbasid Society. Londres: Routledge, 1998.

HAASE, Erich. *Einführung in der Literatur der Refuge*. Berlim: Duncker and Humblot, 1959.

HABERLAND, Detlef. *Engelbert Kaempfer 1651-1716*. Londres: British Library, 1996.

HÄSELER, Jens. Les Huguenots traducteurs. In: HÄSELER, Jens; McKENNA, Antony (orgs.). *La vie intellectuelle aux refuges protestants*. v.2. Paris: Champion, 1999-2002. p.15-25. 2v.

_____. J. H. S. Formey. In: BERKVENS-STEVELINCK, Christiane; BOTS, Hans; HÄSELER, Jens (orgs.). *Les grands intermédiaires de la République des Lettres*. Paris: Champion, 2005. p.413-34.

HAIM, Sylvia G. (org.). *Arab Nationalism*. Berkeley: University of California Press, 1962.

HALL, John A. *Ernest Gellner*. Londres: Verso, 2010.

HAMMEL, Andrea. Gender and Migration. In: TIMMS, Edward; HUGHES, Jon (orgs.). *Intellectual Migration and Cultural Transformation*. Viena e Nova York: Springer, 2003. p.207-18.

HANSSON, Jonas; NORDIN, Svante. *Ernst Cassirer*: the Swedish Years. Berna: Peter Lang, 2006.

HANSSON, Stina. *"Afsatt på Swensko"*: 1600-talets tryckta översättningslitteratur. Gotemburgo: Litteraturvetenskapliga institutionen, 1982.

HARRIES, Susie. *Nikolaus Pevsner*: the Life. Londres: Chatto and Windus, 2011.

HARRIS, Steven T. Confession-Building, Long-Distance Networks, and the Organization of Jesuit Science. *Early Science and Medicine* 1, p.287-318, 1996.

Referências bibliográficas

HARTWEG, Frédéric. Die Huguenotten in Deutschland. Einer Minderheit Zwischen Zwei Kulturen. In: VON THADDEN, Rudolf; MAGDELAINE, Michelle (orgs.). *Die Huguenotten, 1685-1985*. Munique: Beck, 1985. p.172-85.

HASSLER, Gerda. Teoría lingüística y antropología en las obras de Lorenzo Hervás y Panduro. In: TIETZ, Manfred; BRIESEMEISTER, Dietrich (orgs.). *Los jesuitas españoles expulsos*. Frankfurt: Vervuert, 2001. p.379-400.

HAY, Denys. *Polydore Vergil*: Renaissance Historian and Man of Letters. Oxford: Clarendon Press, 1952.

HELLER, Marvin J. *The Seventeenth-Century Hebrew Book*. Leiden: Brill, 2011. 2v.

HELLER, Michel. L'histoire de l'expulsion des personnalités culturelles hors de l'Union Soviétique en 1922. *Cahiers du Monde Russe et Soviétique* 20. p.131-72, 1979.

HENNOCK, Peter. Myself as Historian. In: ALTER, Peter (org.). *Out of the Third Reich*: Refugee Historians in Post-war Britain. Londres: I. B. Tauris, 1998. p.73-98.

HERMANN, Tomáš; KLEISNER, Karel. The Five "Homes" of Mikhail M. Novikov. *Jahrbuch für Europäische Wissenschaftskultur* 1, p.87-130, 2005.

HERVÁS Y PANDURO, Lorenzo. *Catalogo delle lingue conosciute*. Cesena: Biasini, 1784.

HIGHAM, John; CONKIN, Paul (orgs.). *New Directions in American Intellectual History*. Baltimore: Johns Hopkins University Press, 1979.

HOBSBAWM, Eric J. The Historians' Group of the Communist Party. In: CORNFORTH, Maurice (org.). *Rebels and Their Causes*: Essays in Honour of A. L. Morton. Londres: Lawrence and Wishart, 1978. p.21-48.

_____. *Nations and Nationalism since 1780*. Cambridge: Cambridge University Press, 1990. [Ed. bras.: *Nações e nacionalismo desde 1780*. São Paulo: Paz e Terra, 2013.]

Referências bibliográficas

HOBSBAWM, Eric. *Interesting Times*: a Twentieth-Century Life. Londres: Weidenfeld and Nicolson, 2002. [Ed. bras.: *Tempos interessantes*: uma vida no século XX. São Paulo: Companhia das Letras, 2002.]

HOCH, Paul K. The Reception of Central European Refugee Physicists. *Annals of Science* 40, p.217-46, 1983.

_____. Institutional *versus* Intellectual Migrations in the Nucleation of New Scientific Specialities. *Studies in the History and Philosophy of Science* 18, p.481-500, 1987.

_____. Some Contributions to Physics by German-Jewish Emigrés in Britain and Elsewhere. In: MOSSE, Werner E. (org.). *Second Chance*: Two Centuries of German-speaking Jews in the United Kingdom. Tübingen: Mohr, 1991. p.229-42.

_____; PLATT, Jennifer. Migration and the Denationalization of Science. In: CRAWFORD, Elizabeth et al. (orgs.). *Denationalizing Science*. Dordrecht; Boston: Kluwer, 1993. p.133-52.

HOFFMANN, Christhard. The Contribution of German-speaking Jewish Immigrants to British Historiography. In: MOSSE, Werner E. (org.). *Second Chance*: Two Centuries of German-speaking Jews in the United Kingdom. Tübingen: Mohr, 1991. p.153-76.

HOFFMANN, Peter. *Gerhard Friedrich Müller (1705-1783)*. Historiker, Geograph, Archivar im Dienste Russlands. Frankfurt: Peter Lang, 2005.

HOFTIJZER, Paul. Metropolis of Print: the Amsterdam Book Trade in the Seventeenth Century. In: O'BRIEN, Patrick (org.). *Urban Achievement in Early Modern Europe*. Cambridge: Cambridge University Press, [s.d.]. p.249-65.

HOPPE, Brigitte. Kaempfer's Forschungen über japanische Pflanzen. In: HABERLAND, Detlef (org.). *Engelbert Kaempfer*: ein Gelehrtenleben zwischen Tradition und Innovation. Wiesbaden: Harassowitz, 2004. p.125-53.

HSIA, Florence. *Sojourners in a Strange Land*: Jesuits and their Scientific Missions in Late Imperial China. Chicago: University of Chicago Press, 2009.

Referências bibliográficas

HSIA, Ronnie Po-chia. *A Jesuit in the Forbidden City*. Oxford: Oxford University Press, 2010.

HUGHES, H. Stuart. Franz Neumann. In: FLEMING, Donald; BAILYN, Bernard (orgs.). *The Intellectual Migration*: Europe and America, 1930-1960. Cambridge (MA): Harvard University Press, 1968. p.446-62.

_____. *Sea Change*: the Migration of Social thought 1930-1965. Nova York: Harper, 1975.

HUNT, Lynn; JACOB, Margaret; MIJNHARDT, Wijnand. *The Book that Changed Europe*: Picart and Bernard's Religious Ceremonies of the World. Cambridge (MA): Harvard University Press, 2010.

HUTCHISON, Ross. *Locke in France 1688-1734*. Oxford: Voltaire Foundation, 1991.

ISRAEL, Jonathan. *The Dutch Republic*: its Rise, Greatness and Fall, 1477-1806. Oxford: Oxford University Press, 1995.

_____. Jews and the Stock Exchange [1990]. Versão revisada em *Diasporas within a Diaspora*. Leiden: Brill, 2002. p.449-88.

JACKMAN, Jarrell J.; BORDEN, Carla M. (orgs.). *The Muses Flee Hitler*. Washington (DC): Smithsonian Press, 1983.

JACKSON, Gabriel. *Juan Negrín*. Eastbourne: Sussex Academic Press, 2010.

JAHODA, Marie. The Migration of Psychoanalysis. In: FLEMING, Donald; BAILYN, Bernard (orgs.). *The Intellectual Migration*: Europe and America, 1930-1960. Cambridge (MA): Harvard University Press, 1968. p.371-419.

JANI, Catherine. The Jesuits' Negotiation of Science between France and China. In: KONTLER, László et al. (orgs.). *Negotiating Knowledge in Early Modern Empires*. Basingstoke: Palgrave Macmillan, 2014. p.53-78.

JANSSEN, Geert H. The Counter-Reformation of the Refugee. *Journal of Ecclesiastical History* 63. p.671-92, 2012.

JAUMANN, Herbert. Der Refuge und der Journalismus um 1700. In: POTT, Sandra; MULSOW, Martin; DANNEBERG, Lutz (orgs.).

The Berlin Refuge, 1680-1780: Learning and Science in European context. Leiden: Brill, 2003. p.155-82.

JAY, Martin. *Permanent Exiles*: Essays on the Intellectual Migration from Germany to America. Nova York: Columbia University Press, 1986.

JOHANNESSON, Kurt. *The Renaissance of the Goths in Sixteenth-Century Sweden*: Johannes and Olaus Magnus as Politicians and Historians [1982]. Tradução inglesa. Berkeley: University of California Press, 1991.

JOHNSTON, Robert H. *"New Mecca, New Babylon"*: Paris and the Russian Exiles, 1920-1945. Kingston; Montreal: Magill University Press, 1988.

KAEMPFER, Engelbert. *History of Japan*. Londres: Woodward, 1727.

KAMEN, Henry. The Mediterranean and the Expulsion of the Spanish Jews in 1492. *Past & Present* 119, p.30-55, 1988.

_____. *The Disinherited*: the Exiles who Created Spanish Culture. Londres: Allen Lane, 2007.

KÄMMERER, Jürgen. *Russland und die Huguenotten im 18. Jht*. Wiesbaden: Harrassowitz, 1978.

KAPLAN, Yosef. The Portuguese Community in Seventeenth-Century Amsterdam and the Ashkenazi World. In: MICHMAN, Jozeph (org.). *Dutch Jewish History*. v.2. Jerusalém: Hebrew University, 1989. p.23-45.

_____. La Jérusalem du Nord. In: MECHOULAN, Henry (org.). *Les juifs d'Espagne*: histoire d'une disaspora, 1492-1992. Paris: Lévi, 1992. p.191-209.

_____. Between Yitzhak Baer and Claudio Sánchez Albornoz: the Rift that Never Healed. In: COHEN, Richard I. et al. (orgs.). *Jewish Culture in Early Modern Europe*. Pittsburgh: University of Pittsburgh Press, 2014. p.356-68.

KAUFMANN, Walter. The Reception of Existentialism in the United States. In: BOYERS, Robert (org.). *The Legacy of the German Refugee Intellectuals*. Nova York: Schocken, 1972. p.69-96.

KEENE, Donald. *The Japanese Discovery of Europe 1720-1830* [1952]. Ed. rev. Stanford: Stanford University Press, 1969.

KETTLER, David. Negotiating Exile: Franz L. Neumann as Political Scientist. In: ARNI, Caroline (org.). *Der Eigensinn des Materials*. Frankfurt: Stroemfeld, 2007. p.205-24.

_____; MEJA, Volker. *Karl Mannheim and the Crisis of Liberalism*. New Brunswick: Rutgers University Press, 1995.

KILLINGER, Charles. *Gaetano Salvemini*. Westport (CN): Praeger, 2002.

KLOR DE ALVA, Jorge. Sahagún and the Birth of Modern Ethnography. In: _____; NICHOLSON, Henry B.; KEBER, Eloise G. (orgs.). *The Work of Bernardino de Sahagún*. Austin (TX): University of Texas Press, 1988. p.31-52.

KOENIGSBERGER, Helmut. Fragments of an Unwritten Biography. In: ALTER, Peter (org.). *Out of the Third Reich*: Refugee Historians in Post-war Britain. Londres: I. B. Tauris, 1998. p.99-118.

KOŁAKOWSKI, Leszek. In Praise of Exile [1985]. Reimp. em *Modernity on Endless Trial*. Chicago: University of Chicago Press, 1990. p.55-59.

KONUK, Kader. Jewish-German Philologists in Turkish Exile: Leo Spitzer and Erich Auerbach. In: STEPHAN, Alexander (org.). *Exile and Otherness*: New Approaches to the Experience of the Nazi Refugees. Oxford: Oxford University Press, 2005. p.31-47.

KORNICKI, Peter. European Japanology at the End of the Seventeenth Century. *Bulletin of the School of Oriental and African Studies* 56, p.502-24, 1993.

KOSTYLO, Joanna. *Medicine and Dissent in Reformation Europe*. Oxford: Oxford University Press, 2015.

KRACHT, Klaus G. *Zwischen Berlin und Paris*: Bernhard Groethuysen (1880-1946). Tübingen: Niemeyer, 2002.

KRAMER, Lloyd S. *Threshold of a New World*: Intellectuals and the Exile Experience in Paris, 1830-1848. Ithaca: Cornell University Press, 1988.

KUTTER, Markus. *Celio Secondo Curione*. Basileia: Helbing and Lichtenhahn, 1955.

Referências bibliográficas

LABOURT, Jérôme. *Le christianisme dans l'empire Perse*. Paris: Lecoffre, 1904.

LABROUSSE, Elisabeth. *Pierre Bayle*. Haia: Nijhoff, 1963-1964. 2v.

_____. *Bayle*. Oxford: Oxford University Press, 1983.

LACH, Donald F.; VAN KLEY, Edwin J. *Asia in the Making of Europe*. v.3. Chicago: University of Chicago Press, 1993.

LAGUERRE, Michel S. The Tranglobal Network Nation: Diaspora, Homeland and Hostland. In: BEN-RAFAEL, Eliezer; STERNBERG, Yitzhak (orgs.). *Transnationalism*: Diasporas and the Advent of a New (Dis)Order. Leiden: Brill, 2009. p.195-210.

LAMB, Ursula. *Cosmographers and Pilots of the Spanish Maritime Empire*. Aldershot: Variorum, 1995.

LAMBLEY, Katherine R. *The Teaching of French in England during Tudor and Stuart Times*. Manchester: Manchester University Press, 1920.

LANDRY-DERON, Isabelle. *La preuve par la Chine*: la "description" de J.-B. Du Halde. Paris: Éditions EHESS, 2002.

LARRAZ ELORRIAGA, Fernando. Los exiliados y las colecciones editorials en Argentina, 1938-54. In: PAGNI, Andrea (org.). *El exilio republican español en México y Argentina*. Madri: Iberoamericana, 2011. p.129-44.

LASLETT, Peter. Karl Mannheim in 1939: a Student's Recollection. *Revue Européenne des Sciences Sociales et Cahiers Vilfredo Pareto* 17, p.223-6, 1979.

LATOUR, Bruno. *Science in Action*. Cambridge (MA): Harvard University Press, 1987.

LAUER, Reinhard. Schlözer und die Slaven. In: DUCHHARDT, Heinz; ESPENHORST, Martin (orgs.). *August Ludwig (von) Schlözer in Europa*. Göttingen: Vandenhoeck und Rupprecht, 2012. p.23-40.

LAVEN, Mary. *Mission to China*: Matteo Ricci and the Encounter with the East. Londres: Faber, 2011.

LAZARSFELD, Paul. An Episode in the History of Social Research. In: FLEMING, Donald; BAILYN, Bernard (orgs.). *The Intellectual Migration*: Europe and America, 1930-1960. Cambridge (MA): Harvard University Press, 1968. p.270-334.

Referências bibliográficas

LEFEBVRE, Jean-Paul. Les professeurs français des missions universitaires au Brésil (1934-44). *Cahiers du Brésil Contemporain* 12, p.1-10, 1990. Disponível em: www.revues.msh-paris.fr/.../8-J.P%20 Lefebvre.pdf.

LENNON, Colm. *Richard Stanihurst the Dubliner, 1547-1618*. Dublin: Irish Academic Press, 1981.

LEÓN-PORTILLA, Miguel. *Bernardino de Sahagún*: pionero de la antropología. Cidade do México City: Unam, 1999.

LÉVI-STRAUSS, Claude. *Tristes tropiques*. Paris: Plon, 1955. [Ed. bras.: *Tristes trópicos*. São Paulo: Companhia das Letras, 1996.]

_____. *Le regard éloigné*. Paris: Plon, 1983.

LEVY, Avigdor. *The Sephardim in the Ottoman Empire*. Princeton: Darwin Press, 1992.

LINDEN, David van der. *Experiencing Exile*: Huguenot Refugees in the Dutch Republic, 1680-1700. Farnham: Ashgate, 2015.

LINEHAN, Peter. *History and the Historians of Medieval Spain*. Oxford: Clarendon Press, 1993.

LIVINGSTONE, Rodney. The Contribution of German-Speaking Jewish Refugees to German Studies in Britain. In: MOSSE, Werner E. (org.). *Second Chance*: Two Centuries of German-Speaking Jews in the United Kingdom. Tübingen: Mohr, 1991. p.137-52.

LOADER, Colin. *The Intellectual Development of Karl Mannheim*. Cambridge: Cambridge University Press, 1985.

LOEWENBERG, Gerhard. The Influence of European Émigré Scholars on Comparative Politics, 1925-1965. *American Political Science Review* 100, p.597-604, 2006.

LÓPEZ SÁNCHEZ, José María. El exilio científico republicano en México. In: OTERO CARVAJAL, Luis Enrique (org.). *La destrucción de la ciencia en España*. Madri: Complutense, 2006. p.177-239.

LORENZEN, David N. *Who Invented Hinduism?* Nova Délhi: Yoda Press, 2006.

LOWENTHAL, David. *The Past is a Foreign Country* [1985]. Ed. rev. Cambridge: Cambridge University Press, 2015.

Referências bibliográficas

LUBAC, Henri de. *La rencontre du Bouddhisme et de l'occident*. Paris: Aubier, 1952.

LUCASSEN, Jan; LUCASSEN, Leo (orgs.). *Migration, Migration History, History*: Old Paradigms and New Perspectives. Berna: Peter Lang, 1997.

LYON, E. Stina. Karl Mannheim and Viola Klein. In: MARKS, Shula; WEINDLING, Paul; WINTOUR, Laura (orgs.). *In Defence of Learning*: the Plight, Persecution and Placement of Academic Refugees, 1933-1980s. Oxford: Oxford University Press, 2011. p.177-90.

MANCEBO, María Fernanda. *La España de los exilios*. València: Universitat de València, 2008.

MANDELBROTE, Scott. Pierre des Maizeaux: History, Toleration and Scholarship. In: LIGOTA, Christopher; QUANTIN, J.-L. (orgs.). *History of Scholarship*. Oxford: Oxford University Press, 2006. p.385-98.

MANDLER, Jean M.; MANDLER, George. The Diaspora of Experimental Psychology. In: FLEMING, Donald; BAILYN, Bernard (orgs.). *The Intellectual Migration*: Europe and America, 1930-1960. Cambridge (MA): Harvard University Press, 1968. p.371-419.

MANN, Nicholas. *Translatio Studii*: Warburgian *Kunstwissenschaft* in London, 1933-45. In: SCAZZIERI, Roberto; SIMILI, Raffaella (orgs.). *The Migration of Ideas*. Sagamore Beach (MA): Science History Publications, 2008. p.151-60.

MANNHEIM, Karl. *Ideology and Utopia* [1929]. Tradução inglesa. Londres: Routledge, 1936.

_____. The Function of the Refugee. *New English Weekly*, 19 abr. 1945.

_____. The Problem of a Sociology of Knowledge. Trad. em *Essays in the Sociology of Knowledge*. Londres: Routledge, 1952. p.134-90.

_____. *Essays on Sociology and Social Psychology*. Londres: Routledge, 1953.

_____. *Correspondence*. Ed. de Éva Gábor. Lewiston (NY): Edwin Mellen Press, 2003.

MARINO, John. The Exile and his Kingdom: the Reception of Braudel's *Mediterranean*. *Journal of Modern History* 75, p.622-652, 2004.

Referências bibliográficas

MARKS, Shula. South African Refugees in the UK. In: _____; WEINDLING, Paul; WINTOUR, Laura (orgs.). *In Defence of Learning*: the Plight, Persecution and Placement of Academic Refugees, 1933-1980s. Oxford: Oxford University Press, 2011. p.257-79.

MARRUS, Michael. *The Unwanted*: European Refugees in the 20th Century. Nova York: Oxford University Press, 1985.

MARSHALL, Peter J. (org.) *The British Discovery of Hinduism in the Eighteenth Century*. Cambridge: Cambridge University Press, 1970.

MASSARELLA, Derek. Epilogue: Inquisitive and Intelligent Men. In: BODART-BAILEY, Beatrice; MASSARELLA, Derek (orgs.). *The Furthest Goal*: Engelbert Kaempfer's Encounter with Tokugawa Japan. Folkestone: Japan Library, 1995. p.152-64.

MASSIL, Stephen W. Huguenot Librarians and Some Others. *World Library and Information Congress*, 2003. Disponível em: webdoc.sub. gwdg.de/ebook/aw/2003/ifla/vortraege/.../058e-Massil.pdf.

MASTERSON, James R.; BROWE, Helen. *Bering's Successors, 1745-1780*: Contributions of Peter Simon Pallas to the History of Russian Exploration toward Alaska. Seattle: University of Washington Press, 1948.

MAZOWER, Mark. *Salonica, City of Ghosts*: Christians, Muslims and Jews, 1430-1950. Londres: HarperCollins, 2004.

McEWAN, Dorothea. Mapping the Trade Routes of the Mind: the Warburg Institute. In: TIMMS, Edward; HUGHES, Jon (orgs.). *Intellectual Migration and Cultural Transformation*. Viena; Nova York: Springer, 2003. p.37-50.

MEIER, Johannes. Los jesuitas expulsados de Chile. In: TIETZ, Manfred; BRIESEMEISTER, Dietrich (orgs.). *Los jesuitas españoles expulsos*. Frankfurt: Vervuert, 2001. p.423-41.

MENNELL, Stephen. *Norbert Elias*. Oxford: Blackwell, 1989.

MERTON, Robert K. The Matthew Effect in Science. *Science* 159, p.56-63, 1968.

MICHELS, Karen. *Transplantierte Wisssenschaft*: der Wandel einer Disziplin als Folge der Emigration deutschsprachiger Kunsthistoriker in die USA. Berlim: Akademie Verlag, 1999.

Referências bibliográficas

MIL, Patrick van (org.). *De VOC in de kaart gekeken, 1602-1799*. Haia: SDU, 1988.

MILLER, Edward. *Prince of Librarians*: the Life and Times of Antonio Panizzi of the British Museum. Londres: Deutsch, 1967.

MILLER, Peter (org.). *Momigliano and Antiquarianism*: Foundations of the Modern Cultural Sciences. Toronto: University of Toronto Press, 2007.

MOLDAVSKY, Aliocha. The Problematic Acquisition of Indigenous Languages. In: O'MALLEY, John et al. (org.). *The Jesuits, II*: Cultures, Sciences and the Arts, 1540-1773. Toronto: University of Toronto Press, 2006. p.602-15.

MOLHO, Anthony. Hans Baron's Crisis. In: PETERSON, David S.; BORNSTEIN, Daniel E. (org.). *Florence and Beyond*. Toronto: University of Toronto Press, 2008. p.61-90.

MOMIGLIANO, Arnaldo. Ancient History and the Antiquarian [1950]. Reimp. em *Studies in Historiography*. Londres: Weidenfeld and Nicolson, 1966. p.1-39.

MORAES FERREIRA, Marieta de. Les professeurs français et l'enseignement de l'histoire à Rio de Janeiro pendant les années 1930. In: CROUZET, François; BONICHON, Philippe; ROLLAND, Denis. *Pour l'histoire du Brésil*. Paris: L'Harmattan, 2000. p.123-40.

MOSSE, Werner E. (org.). *Second Chance*: Two Centuries of German-speaking Jews in the United Kingdom. Tübingen: Mohr, 1991.

MOTTA, Roberto. L'apport brésilien dans l'œuvre de Roger Bastide. In: LABURTHE-TOLRA, Philippe (org.). *Roger Bastide ou le réjouissement de l'abîme*. Paris: L'Harmattan, 1994. p.169-78.

MOWL, Tim. *Stylistic Cold Wars*: Betjeman versus Pevsner. Londres: John Murray, 2000.

MÜHLPFORDT, Günther. Schlözer als Begründer der kritisch-ethnischen Geschichtsforschung. *Jahrbuch für Geschichte* 25, p.23-72, 1982.

MULKAY, Michael. Conceptual Displacement and Migration in Science. *Science Studies* 4, p.205-34, 1974.

MÜLLER, Hildegard. German Librarians in Exile in Turkey. *Libraries and Culture* 33, p.294-305, 1998.

MULSOW, Martin. Views of the Berlin Refuge. In: POTT Sandra, MULSOW Martin e DANNEBERG Lutz (org.). *The Berlin Refuge, 1680-1780*: Learning and Science in European Context. Leiden: Brill, 2003. p.25-46.

MUNTSCHICK, Wolfgang. The Plants that Carry his Name: Kaempfer's study of the Japanese Flora. In: BODART-BAILEY, Beatrice; MASSARELLA, Derek (orgs.). *The Furthest Goal*: Engelbert Kaempfer's Encounter with Tokugawa Japan. Folkestone: Japan Library, 1995. p.71-95.

MURILLO RUBIERA, Fernando. *Andrés Bello*. Caracas: La Casa de Bello, 1986.

MURR, Sylvia. *L'Inde philosophique entre Bossuet et Voltaire*. Paris: École Français d'Extrême-Orient, 1987. 2v.

NAMIER, Lewis. *The Structure of Politics at the Accession of George III*. Londres: Macmillan, 1929.

_____. The Biography of Ordinary Men [1928]. Reimp. em *Crossroads of Power*. Londres: Hamish Hamilton, 1961. p.1-6.

NASR, Seyyed Hossein. Life Sciences, Alchemy and Medicine. In: FRYE, Richard N. (org.). *The Cambridge History of Iran*. v.4. Cambridge: Cambridge University Press, 1975. p.396-418.

NETANYAHU, Benzion. *Don Isaac Abravanel, Statesman and Philosopher* [1953]. 2.ed. Filadélfia: Jewish Publication Society of America, 1968.

NEUMANN, Franz. The Social Sciences. In: *The Cultural Migration*: the European Scholar in America. Filadélfia: University of Pennsylvania Press, 1953. p.4-26.

NICHOLSON, Henry B. Fray Bernardino de Sahagun. In: KEBER, Eloise Q. (org.). *Representing Aztec Ritual*. Boulder (CO): University of Colorado Press, 2002. p.21-39.

NICOLAZZI, Fernando. *Um estilo de história*. São Paulo: Editora Unesp, 2015.

Referências bibliográficas

NIGGEMANN, Ulrich. *Immigrationspolitik zwischen Konflikt und Konsens*: Die Huguenotten Siedlung in Deutschland und England, 1681-1697. Colônia: Böhlau, 2008.

NORDENSTAM, Bertil (org.). *Carl Peter Thunberg*: Linnean, resenäre, Naturforskare, 1743-1828. Estocolmo: Atlantis, 1993.

NUSTELING, Hubert. The Netherlands and the Huguenot Émigrés. In: BOTS, J.; MEYJES, G. H. M. Posthumus (orgs.). *La Révocation de l'Édit de Nantes et les Provinces-Unies, 1685*. Amsterdã: APA-Holland University Press, 1986. p.26-30.

OBERMAN, Heiko. *Europa Afflicta*: the Reformation of the Refugees. *Archiv für Reformationsgeschichte* 83, p.91-111, 1992.

ODDIE, Geoffrey A. Constructing "Hinduism": the impact of the Protestant Missionary Movement on Hindu Self-Understanding. In: FRYKENBERG, Robert E. (org.). *Christians and Missionaries in India*. Londres: RoutledgeCurzon, 2003. p.155-82.

_____. *Imagined Hinduism*: British Protestant Missionary Constructions of Hinduism, 1793-1900. Londres: Sage, 2006.

ORTIZ, Fernando. *Contrapunteo Cubano*. Havana: Montero, 1940.

OTERO, Luis Enrique (org.). *La destrucción de la ciencia en España*. Madri: Complutense, 2006.

PAGDEN, Anthony. *The Fall of Natural Man*: the American Indian and the Origins of Comparative Ethnology. Cambridge: Cambridge University Press, 1982.

PAGE, Scott. *The Difference*: How the Power of Diversity Creates better Groups, Firms, Schools and Societies. Princeton: Princeton University Press, 2007.

PAGNI, Andrea (org.). *El exilio republicano español en México y Argentina*. Madri: Iberoamericana, 2011.

PALLARES-BURKE, Maria Lúcia G. Entrevista com Zygmunt Bauman, *Tempo Social* 16, p.301-25, 2004.

_____. *O triunfo do fracasso*. Rudiger Bilden, o amigo esquecido de Gilberto Freyre. São Paulo: Editora Unesp, 2012.

PANOFSKY, Erwin. The History of Art. In: NEUMANN, Franz (org.). *The Cultural Migration*: the European Scholar in America. Filadélfia: University of Pennsylvania Press, 1953. p.82-111.

_____. *Meaning in the Visual Arts*. Nova York: Doubleday, 1955. [Ed. bras.: *Significado nas artes visuais*. São Paulo: Perspectiva, 2014.]

_____. In Defense of the Ivory Tower. *Centennial Review* 1, p.111-2, 1957.

PARIS, Erato. *La genèse intellectuelle de l'oeuvre de Fernand Braudel*. Atenas: Institut de Recherches Néo-Helléniques, 1999.

PARK, Robert E. Human Migration and the Marginal Man. *American Journal of Sociology* 33, p.881-93, 1928.

PARRY, Graham. *The Trophies of Time*: English Antiquarians of the Seventeenth Century. Oxford: Oxford University Press, 1995.

PATERNICÒ, Luisa Maria. *When the Europeans began to Study Chinese*: Martino Martini's *Grammatica Linguae Sinensis*. Leuven: Ferdinand Verbiest Institute, 2013.

PAULUS, Paul B.; NIJSTAD, Bernard A. (orgs.). *Group Creativity*: Innovation through Collaboration. Oxford: Oxford University Press, 2003.

PENNEC, Hervé. Missionary Knowledge in Context: Geographical Knowledge of Ethiopia. In: DELMAS, Adrian; PENN, Nigel. *Written Culture in a Colonial Context*. Leiden: Brill, 2012. p.75-96.

PEREIRA DE QUEIROZ, Maria Isaura. La recheche géographique au Brésil. In: THERY, Hervé; DROULERS, Martine (orgS.). *Pierre Monbeig*. Paris: Institut des Hautes Études de l'Amérique Latine, 1991. p.59-64.

PERINI, Leandro. *La vita e tempi di Pietro Perna*. Roma: Edizioni di Storia e Letteratura, 2002.

PETECH, Luciano (org.). *I missionari italiani nel Tibet e nel Nepal*. parte 6. Roma: Istituto Poligrafico dello Stato, 1955.

PETERS, Martin. *Altes Reich und Europa*: der Historiker, Statistiker und Publizist August Ludwig (v.) Schlözer (1735-1809). Münster: LIT, 2005.

PFLANZE, Otto P. The Americanization of Hajo Holborn. In: LEHMANN, Hartmut; SHEEHAN, James (org.). *An Interrupted Past*:

Referências bibliográficas

German-Speaking Refugee Historians in the United States after 1933. Washington (DC): German Historical Institute, 1991. p.170-9.

PHILLIPS, Mark S. *On Historical Distance*. New Haven: Yale University Press, 2013.

PICKUS, David. At Home with Nietzsche, at War with Germany: Walter Kaufmann and the Struggles of Nietzsche Interpretation. In: BODEK, Richard; LEWIS, Simon (orgs.). *The Fruits of Exile*. Columbia (SC): University of South Carolina Press, 2010. p.156-76.

PINEDO, Javier. El exílio de los jesuitas latinoamericanos: un creativo dolor. In: SANHUEZA, Carlos; PINEDO, Javier (orgs.). *La patria interrumpida*: latinoamericanos en el exílio. Siglos XVIII-XX. Santiago: Universidad de Talca, 2010. p.35-57.

PIZZORUSSO, Giovanni. La Congrégation De Propaganda Fide: centre d'accumulation et de production des "savoirs missionaires". In: CASTELNAU-L'ESTOILE, Charlotte de (org.). *Missions d'évangélisation et circulation des savoirs*: XVIe-XVIIIe siècle. Madri: Casa de Velázquez, 2011. p.25-40.

PLATT, Jennifer. Some Issues in Intellectual Method and Approach. In: TIMMS, Edward; HUGHES, Jon (org.). *Intellectual Migration and Cultural Transformation*. Viena; Nova York: Springer, 2003. p.7-20.

PLUTARCO. On Exile. In: *Moralia*. v.7. Londres: Heinemann, 1959. p.519-71.

POLANYI, Michael. *Personal Knowledge*. Londres: Routledge, 1958.

PORTUONDO, Maria M. *Secret Science*: Spanish Cosmography and the New World. Chicago: University of Chicago Press, 2009.

PRIETO, Andrés I. *Missionary Scientists*: Jesuit Science in Spanish South America, 1570-1810. Nashville: Vanderbilt University Press, 2011.

PROCHNIK, George. *The Impossible Exile*: Stefan Zweig at the End of the world. Nova York: Other Press, 2014.

PROSPERI, Adriano. "Otras *Indias*": missionari della contrarriforma tra contadini e selvaggi. In: ZAMBELLI, Paola (org.). *Scienze, credenze occulte, livelli di cultura*. Florença: Olschki, 1982. p.205-34.

288

RAEFF, Marc. *Russia Abroad*: a Cultural History of the Russian Emigration. Nova York: Oxford University Press, 1990.

RAJ, Kapil. Surgeons, Fakirs, Merchants and Craftspeople. In: SCHIEBINGER, Londa; SWAN, Claudia (orgs.). *Colonial Botany*. Filadélfia: University of Pennsylvania Press, 2005. p.252-69.

_____. *Relocating Modern Science*: Circulation and the Construction of Knowledge in South Asia and Europe, 1650-1900. Basingstoke: Ashgate, 2007.

_____. Dynamiques urbaines et savants à Calcutta (XVIIIe siècle). *Revue d'histoire moderne et contemporaine* 55, p.70-99, 2008.

_____. Beyond Postcolonialism. *Isis* 104, p.337-47, 2013.

RAPIN-THOYRAS, Paul de. *Histoire de l'Angleterre* (1723). Basileia: Brandmuller, 1740. 4v.

RAVEN, Diederick; KROHN, Wolfgang. Edgar Zilsel: his Life and Work. Introdução a ZILSEL, Edgar. *The Social Origins of Modern Science*. Dordrecht: Kluwer, 2000.

RAY, Jonathan. *After Expulsion*: 1492 and the Making of Sephardic Jewry. Nova York: New York University Press, 2013.

REID, Donald M. *The Odyssey of Farah Antun*. Minneapolis; Chicago: Bibliotheca Islamica, 1975.

REINHARTZ, Dennis. In the Service of Catherine the Great: the Siberian Explorations and Map of Sir Samuel Bentham. *Terrae Incognitae* 26, p.49-60, 1994.

REUTER, Astrid. *Das Wilde Heilige*: Roger Bastide (1898-1974) und die Religionswissenschaft seiner Zeit. Frankfurt: Campus, 2000.

RIASANOVSKY, Nikolai. The Norman Theory of the Origin of the Russian State. *Russian Review* 7, p.96-110, 1947.

RIBEIRO, Darcy. Gilberto Freyre: uma introdução a *Casa-grande e senzala* [1977]. Reimp. em: GIUCCI, Guillermo; LARRETA, Enrique; FONSECA, Edson Nery de (orgs.). *Casa-grande e senzala*: edição crítica. Nanterre: Allca XX, 2002. p.1026-37.

RIETBERGEN, Peter. VOC Travelogues. In: FRIEDRICH, Susanne; BRENDECKE, Arndt; EHRENPREIS, Stefan (orgs.).

Referências bibliográficas

Transformations of Knowledge in Dutch Expansion. Berlim: De Gruyter, 2015. p.231-49.

RÍO, Angel del. *The Clash and Attraction of Two Cultures*. Trad. inglesa. Baton Rouge: Louisiana State University Press, 1965.

ROBERTS, Lissa. Re-Orienting the Transformation of Knowledge in Dutch Expansion: Nagasaki as a Centre of Accumulation and Management. In: FRIEDRICH, Susanne; BRENDECKE, Arndt; EHRENPREIS, Stefan (orgs.). *Transformations of Knowledge in Dutch Expansion*. Berlim: De Gruyter, 2015. p.19-42.

ROBINSON, Eric. The Transference of British Technology to Russia, 1760-1820. In: RATCLIFFE, Barrie M. (org.). *Great Britain and her World*. Manchester: Manchester University Press, 1975. p.1-26.

ROCHER, Rosane. *Orientalism, Poetry and the Millennium*. Nova Délhi: Banarsidess, 1983.

ROGGE, Wolfgang (org.). *Theodor W. Adorno und Ernst Krenek, Briefwechsel*. Frankfurt: Suhrkampf, 1974.

ROMANO, Antonella. Les jésuites entre apostolat missionaire et activité scientifique. *Archivum Historicum Societatis Jesu* 74, p.213-36, 2005.

RUBIÉS, Joan Pau. *Travel and Ethnology in the Renaissance*: South India through European Eyes, 1250-1625. Cambridge: Cambridge University Press, 2000.

_____. The Jesuit Discovery of Hinduism. *Archiv Für Religionsgeschichte* 3, p.210-256, 2001.

_____. Reassessing "the Discovery of Hinduism": Jesuit Discourse on Gentile Idolatry and the European Republic of Letters. In: AMALADASS, Anand; ŽUPANOV, Ines (orgs.). *Intercultural Encounter and the Jesuit Mission in South Asia (16th-18th Centuries)*. Bangalore: ATC, 2014. p.113-55.

RUBINSTEIN, Nicolai. Germany, Italy and England. In: ALTER, Peter (org.). *Out of the Third Reich*: Refugee Historians in Post-war Britain. Londres: I. B. Tauris, 1998. p.237-46.

RUBINSTEIN, Nina. *Die französische Emigration nach 1789*: ein Beitrag zur Soziologie der politischen Emigration. Graz: Nausner and Nausner, 2000.

RUCQUOI, Adeline. Spanish Medieval History and the *Annales*. In: RUBIN, Miri (org.). *The Work of Jacques Le Goff*. Woodbridge: Boydell Press, 1997. p.123-41.

RUMBOLD, Margaret E. *Traducteur huguenot*: Pierre Coste. Nova York: Lang, 1991.

RUSSELL, Peter. The Nessus-Shirt of Spanish History. *Bulletin of Hispanic Studies* 36. p.219-25, 1959.

SAID, Edward W. *Representations of the Intellectual*. Londres: Vintage, 1994. [Ed. bras.: *Representações do intelectual*. São Paulo: Companhia das Letras, 2005.]

_____. *Out of Place*: a Memoir. Londres: Granta, 2000. [Ed. bras.: *Fora do lugar*. São Paulo: Companhia das Letras, 2004.]

_____. Reflections on Exile (1984). Reimp. em: *Reflections on Exile*. Londres: Granta, 2001. [Ed. bras.: *Reflexões sobre o exílio*. São Paulo: Companhia das Letras, 2003.]

SÁNCHEZ VÁZQUEZ, Adolfo. *Rousseau en México*. Cidade do México: Grijalbo, 1967.

_____. *Del exilio en Mexico*. Cidade do México: Grijalbo, 1991.

SANDMAN, Alison. Controlling Knowledge: Navigation, Cartography and Secrecy in the Early Modern Spanish Atlantic. In: DELBOURGO, James; DEW, Nicholas (orgs.). *Science and Empire in the Atlantic World*. Nova York: Routledge, 2008. p.31-51.

SARTON, George. *Galen of Pergamon*. Lawrence (KS): University of Kansas Press, 1954.

SCHEUERMAN, William E. Professor Kelsen's Amazing Disappearing Act. In: RÖSCH, Felix (org.). *Émigré Scholars and the Genesis of International Relations*. Basingstoke: Ashgate, 2014. p.81-102.

SCHILDER, Günther. Organization and Evolution of the Dutch East India Company's Hydrographic Office. *Imago Mundi* 28, p.61-78, 1976.

Referências bibliográficas

SCHILLING, Heinz. *Niederländische Exulanten im 16. Jahrhundert*. Gütersloh: Mohn, 1972.

_____. Innovation through Migration: the Settlements of Calvinistic Netherlanders in Sixteenth- and Seventeenth-Century Central and Western Europe. *Histoire sociale-Social History* 16, p.7-34, 1983.

SCHMIDT, James. *The Eclipse of Reason* and the End of the Frankfurt School in America. In: BODEK, Richard; LEWIS, Simon (orgs.). *The Fruits of Exile*. Columbia (SC): University of South Carolina Press, 2010. p.1-28.

SCHÖN, Donald A. *Displacement of Concepts*. Londres: Tavistock, 1963.

SCHULZE, Ludmilla. The Russification of the St. Petersburg Academy of Sciences and Arts in the Eighteenth Century. *British Journal for the History of Science* 18, p.305-35, 1985.

SCOVILLE, Warren C. *The Persecution of Huguenots and French Economic Development, 1680-1720*. Berkeley: University of California Press, 1960.

SGARD, Jean (org.). *Dictionnaire des journalistes, 1600-1789*. Oxford: Voltaire Foundation, 1999.

SHAW, Denis J. B. Geographical Practice and its Significance in Peter the Great's Russia. *Journal of Historical Geography* 22, p.160-76, 1996.

SHEPPARD, Eugene R. *Leo Strauss and the Politics of Exile*: the Making of a Political Philosopher. Hanover (NH): University Press of New England, 2006.

SHILS, Edward. The Calling of Sociology. In: PARSONS, Talcott et al. (orgs.). *Theories of Society*. Nova York: Free Press, 1961. p.1.405-50.

SIMMEL, Georg. The Stranger. In: LEMERT, Charles (org.). *Social Theory*. Boulder (CO): Westview Press, 1999. p.184-9.

SINGH, Anjana. Botanical Knowledge in Early Modern Malabar and the Netherlands. In: FRIEDRICH, Susanne; BRENDECKE, Arndt; EHRENPREIS, Stefan (orgs.). *Transformations of Knowledge in Dutch Expansion*. Berlim: De Gruyter, 2015. p.187-208.

Referências bibliográficas

SKIDMORE, Thomas. Lévi-Strauss, Braudel and Brazil: a Case of Mutual Influence. *Bulletin of Latin American Research* 22, p.340-9, 2003.

SLÁDEK, Zdeněk. Prag: das 'russische Oxford'. In: SCHLÖGEL, Karl (org.). *Der Grosse Exodus.* Munique: Beck, 1994. p.218-33.

SMITH, Woodruff D. Amsterdam as an Information Exchange in the Seventeenth Century. *Journal of Economic History* 44. p.985-1.005, 1984.

SNOWMAN, Daniel. *The Hitler Emigrés*: the Cultural Impact on Britain of Refugees from Nazism. Londres: Chatto and Windus, 2002.

SÖLLNER, Alfons. In Transit to America: Political Scientists from Germany in Great Britain. In: MOSSE, Werner (org.). *Second Chance*: Two Centuries of German-Speaking Jews in the United Kingdom. Tübingen: Mohr, 1991. p.121-36.

_____. Von Staatsrecht zur "Political Science" – die Emigration deutscher Wissenschaftler nach 1933, ihr Einfluss auf die Transformation einer Disziplin. In: STRAUSS, Herbert A. et al. (orgs.). *Die Emigration der Wissenschaften nach 1933.* Munique: Saur, 1991. p.137-64.

_____. From International Law to International Relations: Émigré Scholars in American Political Science and International Relations. In: RÖSCH, Felix (org.). *Émigré Scholars and the Genesis of International Relations.* Basingstoke: Ashgate, 2014. p.197-211.

SOYER, François. *The Persecution of the Jews and Muslims of Portugal.* Leiden: Brill, 2007.

SPENCE, Jonathan. *The Memory Palace of Matteo Ricci.* Londres: Faber, 1985.

SPITZER, Leo. Answer to Mr. Bloomfield. *Language* 20, p.245-51, 1944.

SPIVEY, Nigel. *Phaidon 1923-98.* Londres: Phaidon, 1999.

SPRAT, Thomas. *History of the Royal Society.* Ed. de Jackson I. Cope e Harold W. Jones. Londres: Routledge, 1958.

STADLER, Friedrich K. Transfer and Transformation of Logical Empiricism. In: HARDCASTLE, Gary L.; RICHARDSON, Alan W.

(orgs.). *Logical Empiricism in North America*. Minneapolis: University of Minnesota Press, 2003. p.216-33.

STAGL, Justin. *A History of Curiosity*. Londres: Routledge, 1995.

STANLEY, John D. Joachim Lelewel. In: BROCK, Peter et al. (orgs.). *Nation and History*. Toronto: University of Toronto Press, 2006. p.52-84.

STEENSGAARD, Nils. The Dutch East India Company as an Institutional Innovation. In: AYMARD, Maurice (org.). *Dutch Capitalism and World Capitalism*. Cambridge: Cambridge University Press, 1982. p.235-57.

STEJNEGER, Leonhard. *Georg Wilhelm Steller*: the Pioneer of Alaskan Natural History. Cambridge (MA): Harvard University Press, 1936.

STERN, Fritz. *Five Germanies I have known*. Wassenaar: NIAS, 1998.

STIPA, Günter Johannes. *Finnisch-Ugrische Sprachforschung von der Renaissance bis zum Neupositivismus*. Helsinque: Suomalais-Ugrilainen Seura, 1990.

STIRK, Peter. International Law, Émigrés and the Foundation of International Relations. In: RÖSCH, Felix (org.). *Émigré Scholars and the Genesis of International Relations*. Basingstoke: Palgrave Macmillan, 2014. p.61-80.

STRAUSS, Herbert A. Wissenschaftsemigration als Forschungsproblem. In: STRAUSS, H. et al. (org.). *Die Emigration der Wissenschaften nach 1933*. Munique: Saur, 1991. p.7-24.

SWEETMAN, Will. *Mapping Hinduism*: "Hinduism" and the Study of Indian Religions, 1600-1776. Halle: Franckeschen Stiftungen, 2003.

SWINDLEHURST, Catherine. "An Unruly and Presumptuous Rabble": the Reaction of the Spitalfields Weaving Community to the Settlement of the Huguenots, 1660-90. In: VIGNE, Randolph; LITTLETON, Charles (orgs.). *From Strangers to Citizens*. Brighton: Sussex Academic Press, 2001. p.366-74.

SZILARD, Leo. Reminiscences. In: FLEMING, Donald; BAILYN, Bernard (orgs.). *The Intellectual Migration*: Europe and America,

1930-1960. Cambridge (MA): Harvard University Press, 1968. p.94-151.

SZNAJDER, Mario; RONIGER, Luis. *The Politics of Exile in Latin America*. Cambridge: Cambridge University Press, 2009.

TEDESCHI, John. Italian Reformers and the Diffusion of Renaissance Culture. *Sixteenth-Century Journal* 5, p.79-94, 1974.

TELMAN, Jeremy. Selective Affinities. In: BODEK, Richard; LEWIS, Simon (orgs.). *The Fruits of Exile*. Columbia (SC): University of South Carolina Press, 2010. p.40-58.

TERPSTRA, Nicholas. *Religious Refugees in the Early Modern World*. Cambridge: Cambridge University Press, 2015.

THACKRAY, Arnold; MERTON, Robert. On Discipline Building: the Paradoxes of George Sarton. *Isis* 63, p.472-95, 1972.

TIETZ, Manfred; BRIESEMEISTER, Dietrich (orgs.). *Los jesuitas españoles expulsos*. Frankfurt: Vervuert, 2001.

TIHANOV, Galin. Russian Emigré Literary Criticism and Theory between the World Wars. In: DOBRENKO, Evgeny; TIHANOV, Galin (orgs.). *A History of Russian Literary Theory and Criticism*. Pittsburgh (PA): University of Pittsburgh Press, 2011. p.144-62.

TILLICH, Paul. The Conquest of Theological Provincialism. In: NEUMANN, Franz (org.). *The Cultural Migration*. Filadélfia: University of Pennsylvania Press, 1953. p.138-56.

TOCQUEVILLE, Alexis de. *De la démocratie en Amérique* (1835-40). Ed. de Eduardo Nolla. v.1. Paris: Vrin, 1990.

TÖRNQVIST, Gunnar. Creativity and the Renewal of Regional Life. In: BUTTIMER, Anne (org.). *Creativity and Context*. Lund: University of Lund, 1983. p.91-112.

TÓTH, Heléna. *An Exiled Generation*: German and Hungarian Refugees of Revolution, 1848-1871. Cambridge: Cambridge University Press, 2014.

TRAUTMANN, Thomas R. *Languages and Nations*: the Dravidian Proof in Colonial Madras. Berkeley: University of California Press, 2006.

Referências bibliográficas

TREVOR-ROPER, Hugh R. Three Foreigners. *Encounter*, p.3-20, fev. 1960.

_____. A Huguenot Historian: Paul Rapin. In: SCOULOUDI, Irene (org.). *Huguenots in Britain and their French Background, 1550-1800*. Basingstoke: Macmillan, 1987. p.3-19.

_____. Mayerne. In: *Oxford Dictionary of National Biography*, v.37. Oxford: Oxford University Press, 2004. p.581.

_____. *Europe's Physician*: the Various Life of Sir Theodore de Mayerne. New Haven: Yale University Press, 2006.

TURNER, Frederick Jackson. The Significance of History. In: MOOD, Fulmer (org.). *The Early Writings of Frederick Jackson Turner*. Madison (WI): University of Wisconsin Press, 1938.

VALERO PIE, Aurelia. Metáforas del exilio: José Gaos y su experiencia del "transtierro". *Revista de Hispanismo Filosófico* 18, p.71-8, 2013.

VARGA, Lucie. La genèse du national-socialisme. Notes d'analyse sociale. *Annales d'Histoire Économique et Sociale* 9, p.529-46, 1937.

VEBLEN, Thorstein. The Intellectual Pre-Eminence of Jews in Modern Europe. *Political Science Quarterly* 34, p.33-42, 1919.

VEGA, Joseph Penso de la. *Confusión de Confusiones* [1688]. Ed. fac-similar. Madri: Sociedad de Estudios y Publicaciones, 1958.

VELDE, Paul van der. The Interpreter Interpreted: Kaempfer's Japanese Collaborator Imamura Genemon Eisei. In: BODART-BAILEY, Beatrice; MASSARELLA, Derek (org.). *The Furthest Goal*: Engelbert Kaempfer's Encounter with Tokugawa Japan. Folkestone: Japan Library, 1995. p.44-58.

VERMEULEN, Han F. The German Invention of *Völkerkunde*. In: EIGEN, Sara; LARRIMORE, Mark (orgs.). *The German Invention of Race*. Albany (NY): State University of New York Press, 2006. p.123-46.

_____. Von der Empirie zur Theorie: Deutschsprachige Ethnographie und Ethnologie, 1740-1881. *Zeitschrift für Ethnologie* 134, p.253-66, 2009.

VERMEULEN, Han F. *Before Boas*: the Genesis of Ethnography and Ethnology in the German Enlightenment. Lincoln (NE): University of Nebraska Press, 2015.

VINCENT, Bernard. *1492*: l'année admirable. Paris: Aubier, 1991.

VUCINICH, Alexander. *Science in Russian culture, a history to 1860*. Stanford: Stanford University Press, 1963.

WALBANK, Frank W. *Polybius*. Berkeley: University of California Press, 1972.

WEBER, Regina. Zur Remigration des Germanisten Richard Alewyn. In: STRAUSS, Herbert A. et al. (org.). *Die Emigration der Wissenschaften nach 1933*. Munique: Saur, 1991. p.235-56.

WEIDENFELD, George. *Remembering My Good Friends*. Londres: HarperCollins, 1994.

WEINER, Charles. The Refugees and American Physics. In: FLEMING, Donald; BAILYN, Bernard (orgs.). *The Intellectual Migration*: Europe and America, 1930-1960. Cambridge (MA): Harvard University Press, 1968. p.190-228.

WENDLAND, Ulrike (org.). *Biographisches Handbuch deutschsprachiger Kunsthistoriker in Exil*. Munique: Saur, 1999.

WERBLOWSKY, R. J. Zwi. *Joseph Caro, Lawyer and Mystic* (1962). 2.ed. Filadélfia: Jewish Publication Society of America, 1977.

WES, Marinus A. *Michael Rostovtzeff, Historian in Exile*. Stuttgart: Steiner, 1990.

WESTPHAL, Uwe. German, Czech and Austrian Jews in English Publishing. In: MOSSE, Werner E. (org.). *Second Chance*: Two Centuries of German-Speaking Jews in the United Kingdom. Tübingen: Mohr, 1991. p.195-208.

WHEATLAND, Thomas. *The Frankfurt School in Exile*. Minneapolis (MN): University of Minnesota Press, 2009.

_____. Frank L. Neumann: Negotiating Political Exile. *German Historical Institute Bulletin*, Supplement 10. p.111-38, 2014.

WICKI, José (org.). *Tratado do Pe. Gonçalo Fernandez Trancoso sobre o hinduísmo*. Lisboa: Centro de Estudos Históricos Ultramarinos, 1973.

Referências bibliográficas

WIDMANN, Horst. *Exil und Bildungshilfe*: die deutsch-sprachige akademische Emigration in der Türkei nach 1933. Berna: Lang, 1973.

WILLIAMS, Robert C. *Culture in Exile*: Russian Émigrés in Germany, 1881-1941. Ithaca: Cornell University Press, 1972.

_____. *Art Theory*: an Historical Introduction. Oxford: Blackwell, 2004.

WINTER, Eduard (org.). *Die Deutsch-Russische Begegnung und Leonard Euler*. Berlim: Akademie Verlag, 1958.

_____. *Lomonosov Schlözer Pallas*. Berlim: Akademie Verlag, 1962.

WU, Jiang. The Taikun's Zen Master from China. *East Asian History* 38, p.75-96, 2014.

WUTTKE, Dieter. Die Emigration der Kulturwissenschaftichen Bibliothek Warburg und die Anfänge des Universitätsfaches Kunstgeschichte in Grossbritannien. *Artibus et Historiae* 5, p.133-46, 1984.

YARDENI, Myriam. *Le refuge protestant*. Paris: Champion, 1985.

_____. *Le Refuge Huguenot*: assimilation et culture. Paris: Champion, 2002.

YERUSHALMI, Yosef H. *Zakhor*: Jewish History and Jewish Memory. Seattle: University of Washington Press, 1982.

YOUNG, John T. *Faith, Medical Alchemy and Natural Philosophy*: Johann Moriaen, Reformed Intelligencer, and the Hartlib Circle. Aldershot: Ashgate, 1998.

ZANDVLIET, Kees. *Mapping for Money*. Amsterdã: Batavian Lion International, 1998.

ZHANG, Qiong. *Making the New World their Own*: Chinese Encounters with Jesuit Science in the Age of Discovery. Leiden: Brill, 2015.

ZHIRI, Oumelbanine. *L'Afrique au miroir de l'Europe*: fortunes de Jean--Léon l'Africain à la Renaissance. Genebra: Droz, 1991.

ZIMAN, John M. *Ideas Move Around Inside People*. Londres: Birkbeck College, 1974.

ZIMMERMANN, Klaus. Los aportes de Hervás a la lingüística. In: TIETZ, Manfred; BRIESEMEISTER, Dietrich (orgs.). *Los jesuitas españoles expulsos*. Frankfurt: Vervuert, 2001. p.647-68.

Referências bibliográficas

ZUIDERVAART, Huib J.; VAN GENT, Rob H. "A Bare Outpost of Learned European Culture on the Edge of the Jungles of Java": Johan Maurits Mohr (1716-1775) and the Emergence of Instrumental and Institutional Science in Dutch Colonial Indonesia. *Isis* 95, p.1-33, 2004.

ŽUPANOV, Ines. *Disputed Mission*: Jesuit Experiments and Brahmanical Knowledge in Seventeenth-Century South India. Nova Délhi: Oxford University Press, 1999.

ZWILLING, Leonard (org.). *Mission to Tibet*. Boston: Wisdom Publishers, 2010.

SOBRE O LIVRO

Formato: 14 x 21 cm
Mancha: 24,5 x 38,7 paicas
Tipologia: Iowan Old Style 10/14
Papel: Off-white 80g/m² (miolo)
Cartão Supremo 250g/m² (capa)
1ª edição: Editora Unesp 2017

EQUIPE DE REALIZAÇÃO

Capa
Marcelo Girardi

Edição de texto
Silvia Massimini Felix (Copidesque)
Tulio Kawata (Revisão)

Editoração Eletrônica
Sergio Gzeschnik (Diagramação)

Assistência Editorial
Alberto Bononi
Richard Sanches

Impressão e Acabamento

assahi
gráfica e editora ltda.